W0277404

GÜTERSLOHER
VERLAGSHAUS

wirf deinen Samen auf die Zeit
und sie wird weit

wirf deine Fragen über die Grenze
und sie tut sich auf

wirf deine Liebe über die Ufer
und sie begegnen sich

wirf deine Rätsel über Bord
und er steigt

wirf deine Antworten auf Gott
und Gott wagt

Gerhard
Engelsberger

Gemeinde auf dem Weg durch das KIRCHENJAHR

Andachten, Meditationen und Gottesdienste für die Zeit von Ostern bis Ewigkeitssonntag

Gütersloher Verlagshaus

Bibliografische Information der Deutschen Nationalbibliothek
Die Deutsche Nationalbibliothek verzeichnet diese Publikation in der Deutschen Nationalbibliografie; detaillierte bibliografische Daten sind im Internet über https://portal.dnb.de abrufbar.

FSC
www.fsc.org
MIX
Papier aus verantwortungsvollen Quellen
FSC® C005833

Verlagsgruppe Random House FSC-DEU-0100
Das für dieses Buch verwendete FSC-zertifizierte Papier *Munken Premium Cream* liefert Arctic Paper Munkedals AB, Schweden.

Quellennachweis:
Die Bibeltexte stammen, soweit nicht anders angegeben, aus: Lutherbibel, revidierter Text 1984, durchgesehene Ausgabe. © 1999 Deutsche Bibelgesellschaft, Stuttgart.

1. Auflage
Copyright © 2013 by Gütersloher Verlagshaus, Gütersloh, in der Verlagsgruppe Random House GmbH, München

Dieses Werk einschließlich aller seiner Teile ist urheberrechtlich geschützt. Jede Verwertung außerhalb der engen Grenzen des Urheberrechtsgesetzes ist ohne Zustimmung des Verlages unzulässig und strafbar. Das gilt insbesondere für Vervielfältigungen, Übersetzungen, Mikroverfilmungen und die Einspeicherung und Verarbeitung in elektronischen Systemen.

Umschlagmotiv: © ivan kmit – Fotolia.com
Satz: Satz!zeichen, Landesbergen
Druck und Einband: Těšínská tiskárna, a.s., Český Těšín
Printed in Czech Republic
ISBN 978-3-579-06188-7

www.gtvh.de

Inhaltsverzeichnis

Die Farbe der Treue

Das Cover schmücken Kornblumen.
Blaue Blumen.
Symbole der Hoffnung.

Solange die Erde steht, soll nicht aufhören Saat und Ernte, Frost und Hitze, Sommer und Winter, Tag und Nacht. Solange die Erde steht, sind die Jahreszeiten, Aufgang und Untergang der Sonne und des Mondes, ist der Himmel ein Garantiezeichen. Der Himmel über uns als Zeichen der Treue Gottes.

Der Himmel war für unsere Vorfahren noch eine feste Größe. Unbeweglich, endlich. Kein Labor für menschlichen Größenwahn, klar, nah und stetig. *»Das Wort des Herrn hat festgefügt die Himmel«*, heißt es in Psalm 33. Das Feste über der Erde, das ist der Himmel (1. Mose 1,8). Und Blau ist seine Farbe. Blau, die Farbe des Allerhöchsten. Blau, die Farbe der Treue, der Stetigkeit, der Festigkeit.

Wenn ich gar nichts mehr glaube, aber das glaube ich: Gott ist treu.

Emanuel bin Gorion zitiert alte rabbinische Weisheiten: »Es heißt in der Schrift: ›Wisse, dass der Herr, dein Gott, ein verlässlicher Gott ist.‹ Unsere Weisen sprachen: Wenn schon unter den Sterblichen Treue vorkommt, wie muss da die Treue des Ewigen sein.« (Emanuel bin Gorion, Der Born Judas, Jüdischer Verlag Frankfurt a.M. 1993, S. 154)

Es ist das Prinzip der Analogie. Die Weisen erleben Treue unter Menschen als etwas Befreiendes, Tragendes, Wohltuendes. »Wenn schon unter den Sterblichen Treue vorkommt, wie muss da die Treue des Ewigen sein.«

Emanuel bin Gorion erzählt weiter und benutzt das Reden über menschliche Treue, um Lesern und Hörern ein Bild zu machen von Gottes Treue. »Der fromme Pinebas, der Sohn Jairs, wohnte in einer Stadt im Süden. Eines Tages kamen Fremde in seine Gegend, um ihr Brot zu suchen, und ließen bei ihm zwei Mag Gerste zum Verwahren zurück. Danach zogen sie ihres Weges weiter und vergaßen das Pfand. R. Pinebas aber säte die Gerste auf ein Feld, erntete sie und sammelte den Ertrag in einer Scheune. So verfuhr er sieben Jahre nacheinander.

Da kamen die Gesellen von damals und forderten ihre zwei Maß Körner von Pinebas zurück. Alsbald erkannte sie der Fromme, öffnete die Scheune und sprach: Kommt, holt euch euren Besitz!« (a.a.O.)

Kann man von Gott anders reden als in menschlichen Bildern? Der Philosoph Ludwig Feuerbach greift im 19. Jahrhundert den christlichen Glauben an zentraler Stelle an und meint, wir sollten nicht mehr Theologie betreiben, sondern Anthropologie. Sollten nicht über Gott reden, sondern über den Menschen. Könnten auf den Umweg über Gott verzichten und den Nahen und Fernen ohne Umweg lieben.

Kann man von Gott anders reden als in menschlichen Bildern? Der Verdacht, wir würden nur unsere menschlichen Wunschbilder »an den Himmel projizieren«, ist so alt wie die Religion selbst. Vor zweieinhalb Jahrtausenden meint der griechische Rapsode Xenophanes: »Wenn Ochsen, Rosse, Löwen malen könnten, würden sie jeweils ihnen ähnliche Göttergestalten bilden.« (Fragment 15) (Fragmente über Gott nach Diels-Kranz) Und weiter: »Die Äthiopen behaupten, ihre Götter seien stumpfnasig und schwarz, die Thraker, blauäugig und rothaarig.« (Fragment 16)

Will sagen: Nicht die Götter schaffen uns, wir schaffen uns die Götter und ihre Bilder. Religion ist Projektion. Erzählt bilderreich von der Sehnsucht des Menschen nach Heil, Frieden, Glück oder Überwindung des Todes. Ist damit eine grandiose Bilderschau menschlicher Innenwelten, erlebter und erlittener Defizite, Verluste und Tragödien.

»Wenn ich gar nichts mehr glaube, aber das glaube ich: Gott ist treu«, meint eine Frau oder ein Mann aus der Gemeinde. Ich höre darin viele Klänge, rieche viele Düfte und sehen viele Farben. »Wenn ich gar nichts mehr glaube, aber das glaube ich: Gott ist treu.«

Hier äußert sich ein Mensch nicht »orthodox«, nicht »im Sinne des Gesetzes«, nicht gemäß eines überlieferten Bekenntnisses – oder doch? Dieser Mensch hat für sich die Stufen abgeschritten, die zum Sinn seines Lebens weisen. Er hat die Stufen der Lehre über die Trinität Gottes, die Diskussion über Reinkarnation und die Frage nach dem menschlichen oder göttlichen Wesen Christi verlassen. Am Ende, nachdem sozusagen »alle möglichen« Wege abgegangen sind, reduziert sich sein Glaube auf den Satz: »Gott ist treu.«

In einer Zeit der short-cuts, der kurzen Schnitte, des immer kürzeren Verfalldatums von Gedanken, Überzeugungen und Beziehungen reklamiert ein Mensch das Recht auf Dauer, auf Gültigkeit, auf Heimat und Bleibe.

Dieser Mensch steht in der Tradition der Gesangbuchlieder von Paul Gerhardt – 1653 – (»Gelobt sei deine Treue, die alle Morgen neue« – EG 58,7) bis Johann Christoph Hampe – 1969 – (»Gottes Güte, Gottes Treu sind an jedem Morgen neu« – EG 454).

Noch weiter zurück: Sie oder er steht in der Tradition der Bibel von Mose bis zur Offenbarung:

> 5. Mose 32,4:
> *»Er ist ein Fels. Seine Werke sind vollkommen; denn alles, was er tut, das ist recht. Treu ist Gott und kein Böses an ihm, gerecht und wahrhaftig ist er.«*

> Offenbarung 19,11:
> *»Und ich sah den Himmel aufgetan; und siehe, ein weißes Pferd. Und der darauf saß, hieß: Treu und Wahrhaftig, und er richtet und kämpft mit Gerechtigkeit.«*

In treuloser Zeit werfen wir unsere Hoffnung auf Treue »an den Himmel«. Ja, wir »projizieren«. So wie wir in friedloser Zeit den Friedensfürsten anrufen und im Elend einen gerechten Gott, so ist Gott der Garant für Treue, für Dauer; eben dafür, dass gilt, was gesagt ist. Dass Hoffnung einen Grund hat und nicht auf Sand gebaut ist, wie so vieles, was Heimat und Bleibe versprach.

Menschliches Reden von Gott ist immer menschliches Reden von Gott. Es wird dadurch weder falsch noch richtig. Aber Ehrlichkeit befreit.

»Wenn ich gar nichts mehr glaube, aber das glaube ich: Gott ist treu.«

Hier klagt ein Mensch sein Menschenrecht ein. Die Charta ist über Zehntausende von Jahren von Menschenherzen und Menschenhänden und Menschenseelen gestaltet, »erfunden«, »erlebt« und bis in die Gaskammern von Auschwitz und in die Schlammlawinen der Inseln und Südseeländer hinein in Minuten und Sekunden geklagt.

Jeder Mensch hat ein Recht auf einen treuen Gott.

Wenn anders, wäre Gott ein Gespenst, eine Schimäre, ein Instrument.

Gott ist treu – oder es ist kein Gott.

Mich hat die Kornblume auf dem Cover angelacht.
So wie mich die Treue Gottes in dunklen Zeiten anlacht.
Rätselhaft alles.
Ich habe keine Antworten.
Bin auch die vielen offenen Fragen leid.
Doch ohne offene Fragen – das ist das Ende.

Ich habe in jungen Jahren die »blaue Blume« (Symbol ursprünglich von Novalis) immer wieder mit anderen besungen.

Im Lied »Wir wollen zu Land ausfahren« (Text von Hjalmar Kutzleb) heißt es:

»Es blühet im Walde tief drinnen die blaue Blume fein,
die Blume zu gewinnen, ziehn wir in die Welt hinein.«

Uns war das romantische Geheimnis der blauen Blume nicht bekannt. Wir besangen die »Sturmwinde«, die »Zelte jenseits des Tales«, nicht anders die »blaue Blume«.

Mir scheint, sie habe mehr verdient als eine Randnotiz in der Oberstufe Deutsch. Mir ist sie ein Hoffnungszeichen geblieben, ein widerständiges Symbol gegen jeden, meist doch am Markt orientierten »Realismus«.

Gott mag sich manchmal schwertun, in die knappen Ritzen und Spalten zu kriechen und das links und rechts Gehäufte mit Leben zu infizieren. Ich traue der Treue Gottes. Und wünsche mir, dass jemand mir in meinen Dunkelheiten singt oder liest aus dem bodenständigen Schatz derer, denen Geschwätzigkeit – auch theologische Geschwätzigkeit – zuwider ist. Es sind wenige. Zu viele verlieren Worte.

Hoffnung ist ein Menschenrecht.

Dielheim, im Winter 2012

OSTERFESTKREIS: LEBEN – UND LEBEN LASSEN

MEDITATION: Verborgenes, bergendes Wort

1. Korinther 15,16–20

Ulla Hahn beschreibt in ihrem 50er-Jahre-Epos »Das verborgene Wort« die Kindheit und Jugendzeit eines Mädchens im Rheinland. An Worten und Sätzen entlang tastet sich die Protagonistin Hildegard in die Freiheit. Ein großartiger Roman. Eine kleine Episode daraus hat mich neu nachdenklich gemacht:

> *»Im letzten Herbst ... war ich in der Großenfelder Martinskirche gefirmt worden. Fünf Kirchengemeinden hatten sich zusammengetan, damit sich der Aufwand für den Weihbischof lohnte. ›Widersagt ihr dem Teufel?‹ – ›Wir widersagen.‹ – ›Und all seinen Werken?‹ – ›Wir widersagen.‹ Die Zeremonien nahmen mich gefangen wie eh und je. Ich genoss es, die großen, alten Worte im Mund zu fühlen, den Worten nachzulauschen, zu hören, wie sie sich hundertfach verstärkten, wie ich, wie wir alle hier zu ihrer Stärkung beitrugen, ihrer jahrhundertealten Kraft. Doch hörte und fühlte ich sie noch in meinem Herzen? ›Widersagt ihr dem Teufel?‹ Dunja hatte sich ertränkt, Maria war krank, und meine Zähne waren so schief, dass ich nur mit geschlossenen Lippen lächelte. Gäbe mir der Teufel gerade Zähne, ich widersagte ihm nicht. Die krummen kamen schließlich von Gott.«*
>
> (Ulla Hahn, Das verborgene Wort © 2001, Deutsche Verlagsanstalt, München, in der Verlagsgruppe Random House GmbH)

Die Wucht des Wortes, das Mysterium vertrauter Sätze, gregorianischer Gesang, Mantras oder Predigt. Liturgische Wiederholungssituation oder Christoph Blumhardts »Protestleute gegen den Tod«? Auf welche Seite schlage ich mich, schlägt es mich?

Mir geht es – je länger, je mehr – wie Hildegard. Ich genieße es, die großen, alten Worte im Mund zu fühlen, den Worten nachzulauschen, zu hören, wie sie sich hundertfach verstärken, wie ich, wie wir alle zu ihrer Stärkung beitragen, ihrer jahrhundertealten Kraft. Doch höre und fühle ich sie noch in meinem Herzen? Werden die Worte lebendig, wurzeln sie sich ein in Herz und Verstand, in Füße und Hände, oder sind sie der sehnsüchtige Seufzer der Seele, Abgesang meiner Kindheitsträume?

Steht das »Der Herr ist auferstanden!« der Osternacht, verbunden mit Kerzenprozession und sich steigernder Lichterfülle, das Osterfeuer, der Gottesdienst am Ostermorgen auf dem Friedhof mit seinen Posaunenchorälen und dem trotzigen »Christ ist erstanden« – steht dieses große, alte Wort nur in meiner Agende oder erfüllt es mein Herz? Glaube ich? Glaube ich an die Auferstehung?

Diese Frage untergräbt meine »pastorale Autorität« an jedem Sonntag neu, bei jeder Beerdigung, bei jeder Taufe. Die »Christusfinsternis«, von der ich gelegentlich schreibe, ist meine Christusfinsternis. Im Kern ist die »Christusfinsternis« eine »Auferstehungsfinsternis«.

Otto Haendler hat in den 40er-Jahren des letzten Jahrhunderts folgenden homiletischen Rat gegeben.

> *»Der christologisch gehemmte Theologe nehme das mit Ernst und Liebe vor, was er an Christentum hat, wenn er diesen Besitz auch nur als Torso, besser als ›Vorhofchristentum‹ empfindet. ... er nehme Christus in seiner Lebendigkeit, er nehme ihn, sehr ernsthaft ›in Gottes Namen‹, ohne Christologie. ... Er habe Geduld zu warten, ob sich ihm eine Christologie bildet oder nicht.«*
>
> (Otto Haendler, Die Predigt, Berlin 1960, S. 118f)

Und wenn sich die Christologie nicht bildet?

Oder wenn sie sich anders als in Schrift und Bekenntnis bildet?

Ist es mein »bürgerlicher Rest«, ist es meine Hybris, mein Größenwahn oder meine Angst, dass mir der »Auferstehungsglaube« die angefochtenste, verborgenste, dunkelste und sehnsüchtigste Dimension meines immer wieder aufgescheuchten Glaubens ist?

Durch mantrahaftes Wiederholen der bekenntnishaften Antworten werden die Worte noch nicht lebendig und wurzeln sich nicht ein in Herz und Seele.

Nach über 40 Jahren (Predigt-)Geduld mit mir selbst stelle ich fest: Mir hat sich noch keine Christologie gebildet, die einerseits tief in den biblischen Schriften wurzelt und andererseits Herz und Seele überzeugt und bewegt. Nur Worte finde ich, die andere zu überzeugen scheinen, die mir »trauen«. Beim Reden und Schreiben bildet sich im Augenblick Überzeugendes – auch mich selbst Überzeugendes –, um mich dann wieder allein zu lassen.

Das »Risiko« ist ein existenzielles. Ich will ja an Auferstehung glauben, an die Auferstehung Jesu, an die Auferstehung der Toten und damit auch hoffen auf meine eigene, und nicht nur auf die. Aber es stellen sich immer wieder Zweifel ein, oder zumindest andere Bilder als die biblischen.

Ähnlich wird es den Christen in Korinth gegangen sein. Nicht anders als wir lebten sie in »multikultureller Landschaft« mit vielfältigen Sinnangeboten und spirituellen Wegen. Die Verführung, auf dem religiösen Markt shoppen zu gehen, ist groß. Doch: Kämpferischer biblischer Fundamentalismus, trotziger Paulinismus ist auch eine Verführung.

Ich muss wohl, um ein Bild von H. Thielicke aufzugreifen, nicht nur beim Glauben an Gott, ich muss auch in meinem Christusglauben und in meiner Auferstehungshoffnung von Bild zu Bild springen, wie ich auf dem Weg ans andere Ufer von Eisscholle zu Eisscholle springen muss, um einen Fluss zu überqueren, in dem Eisschollen treiben. Muss üben, Bilder loszulassen, um neue Bilder zu finden, die ich wieder loslassen muss. Intellektuell redlich, seelsorgerlich eine Zumutung.

Logische Argumentationsketten sind wichtig, doch der Argumentationsstil des Paulus greift Erfahrungen auf, die eigenen und die der Leserinnen und Leser (es sagen einige unter euch, unsere Predigt, euer Glaube, wir bezeugen oder bezeugen nicht, wir wären verloren, wir hoffen ...). Es wird darauf ankommen, mit allem persönlichen Gewicht, unter Zuhilfenahme aller »Zeugnisse« aus der Tradition, unter Aufnahme aller Widerreden, Frustrationen und Zweifel unter den Hörern glaubwürdig nach der »Mitte« unseres Glaubens zu suchen, diese Mitte zu bezeugen und in die konturenlose Hoffnung/Hoffnungslosigkeit der Hörerinnen und Hörer hinein zu übersetzen.

Auf wen wird die Auferstehungsbotschaft in der Kirche treffen? Wohl kaum auf Konfirmanden und Jugendliche, kaum auf Familien, eher auf Einzelne, eher treue Kirchenbesucher, auf der Suche nach Gemeinschaft, Bestätigung und Ermutigung. Und auf welche Voreinstellungen wird die Auferstehungsbotschaft treffen? Wohl auf ganz unterschiedliche, sehr individuelle. Es gibt außer den blutleeren Sätzen des Credo wenig Gemeinsames, Verbindendes.

Walter P., Kirchenältester, 57 Jahre, Handwerksmeister, zum Kollekte-Zählen oder zur Lesung eingeteilt, Sorgen im Betrieb (Aufträge fehlen) und um den Betrieb (die beiden Töchter haben nicht das geringste Interesse), die Ehefrau leidet unter schweren Depressionen. Auferstehung – weit weg.

Emma F., Witwe seit drei Jahren, 77 Jahre, sie hat nach dem Tod des Mannes kaum noch Lebensmut, möchte am liebsten sterben, um wieder bei ihrem Mann zu sein. »Ich weiß, dass er auf mich wartet«, sagt sie. Auferstehung – eine klare Vorstellung: wieder beisammen sein.

Wolfgang K., 44 Jahre, Grundschullehrer, früher aktiv in der Jugend, dann kirchenfern, jetzt kommt er wieder häufiger in den Gottesdienst. Lebt getrennt von seiner Frau, hat ein heimliches Verhältnis mit einer verheirateten Kollegin, sieht keinen Weg, baut körperlich mehr und mehr ab. Auferstehung – noch einmal ganz von vorne anfangen können.

Friederike W., 38 Jahre, Augenoptikerin, Amputation der linken Brust vor zwei Jahren, gelegentlich starke Kopfschmerzen und Schwindelgefühle. Derzeit noch ohne Befund. Auferstehung – ich will nicht sterben, ich will leben, ich bin doch noch so jung.

An Ostern sind wir etwas nachdenklicher, weniger euphorisch (»euphoria« wörtlich: »leichtes Tragen«) als an Weihnachten. Wir tragen manchmal schwer an Ostern. Zumindest: Weihnachten fällt uns leichter.

Wir fragen: Wie ist das mit den Toten? Wie ist das mit der Auferstehung wirklich? Wir fragen erwachsen, und wollten doch gerne glauben wie Kinder.

Jörg Zink, geb. 1922, schreibt:

»Wenn ich einem Kind die Auferstehung erklären müsste, würde ich es folgendermaßen tun, und ich wünschte mir, dass diese schlichte Sprache auch ein Theologe begreifen könnte:
Ein Kind fragt: Wo sind die Toten? Es hat gesehen, wie man einen Sarg in die Erde gesenkt hat, und darin lag der Großvater. Wo ist der Großvater nun? Ist es nicht kalt für ihn im Grab? Wird er nicht nass, wenn es regnet? Ist es nicht schrecklich eng und dunkel da unten in der Erde?
Und ich erkläre ihm: Unseren Körper brauchen wir hier auf dieser Erde.

Wenn wir hinübergehen in das andere Leben, brauchen wir ihn nicht mehr. Der Körper ist wie ein Kleid. Ein Kleid ist wichtig, wenn es kalt ist und der Wind weht. Es macht warm und kann auch schön sein. Aber abends, wenn wir schlafen gehen, ziehen wir unser Kleid aus und hängen es über einen Stuhl.
Wenn jemand stirbt, zieht er seinen Körper aus wie ein Kleid. Das Kleid legt man in die Erde. Man braucht es nicht mehr. Der Mensch bekommt von Gott ein neues Kleid, und das ist noch schöner als das, das er hier getragen hat.
Da unten im Grab liegt also nicht der Großvater. Der ist anderswo, wohin wir ihn nicht begleiten können. Aber wir gehen immer wieder zu seinem Grab und schmücken es mit Blumen, weil wir ihn noch immer lieben und an ihn denken. Und wir danken Gott, dass wir ihn nicht nur in ein Grab, sondern vor allem in seine Hände legen durften.«

(aus: Jörg Zink, Dornen können Rosen tragen. Mystik – die Zukunft des Christentums © Verlag Herder GmbH, Freiburg i. Br. 2009, S. 334)

Dorothee Sölle, geb. 1929, gest. 2003, gefragt nach der Auferstehung der Toten, erklärt Erwachsenen:

»Ich glaube an das Leben nach dem Tod, das Leben, das weitergeht nach meinem individuellen Tod, an den Frieden, der vielleicht irgendwann einmal sein wird, wenn ich schon lange tot bin, an die Gerechtigkeit und die Freude. Ich glaube nicht an eine individuelle Fortexistenz, und ich möchte auch nicht in die Lage kommen, daran glauben zu müssen. Ich empfinde das wie eine Krücke des Glaubens, aber eigentlich sollten wir ja gehen lernen, und ich möchte gehen lernen, ohne mich dieser bürgerlichen Krücke bedienen zu müssen. (…)
Die individuelle geistige, seelische und körperliche Existenz endet mit dem Tod. Das ist kein Gedanke, der mir Schrecken einflößt, dass ich ein Teil der Natur bin, dass ich wie ein Blatt herunterfalle und vermodere, und dann wächst der Baum weiter, und das Gras wächst, und die Vögel singen, und ich bin ein Teil dieses Ganzen. Ich bin zu Hause in diesem Kosmos, ohne dass ich jetzt meine Teilhaftigkeit, die ich vielleicht siebzig Jahre lang gehabt habe, weiterleben müsste.«

(aus: Dorothee Sölle, Gesammelte Werke Bd. 12: Gegenwind. Erinnerungen. Hrsg. von Ursula Baltz-Otto und Fulbert Steffensky © KREUZ VERLAG in der Verlag Herder GmbH, Freiburg i. Br. 2010, S. 272)

Beide kommen – zumindest in diesen Textauszügen – ohne Jesus Christus aus, dessen Auferstehung wir feiern. Paulus bindet in dem Brief, den er nach Korinth schreibt, die Auferstehung Jesu und unsere Auferstehung aufs Engste zusammen. Neun Mal in neun Versen 1. Korinther 15,12–20 bezieht er sich auf Jesus Christus.

Nun sollten wir eigentlich miteinander reden. Die »Gemeinschaft der Heiligen«, zu der wir seit unserer Taufe gehören, ist ein »Gesprächskreis«. Einer lebt vom Glauben des anderen. Wir sollten miteinander reden, so wie Paulus mit den Frauen und Männern in Korinth redet: offen, leidenschaftlich, persönlich, ehrlich. Keinem ist gedient mit Sätzen, die nicht den Weg vom Verstand ins Herz finden.

Ich will es stellvertretend tun. Ich denke nach, was für Einzelne unter uns Auferstehung bedeuten könnte.

»… et exspecto resurrectionem mortuorum et vitam venturi saeculi« (Nicänum).

Das Nicänum verbindet mit der Auferstehungshoffnung nicht »credo«, sondern »exspecto«: Ich trachte nach, warte auf, strecke mich aus nach, sehne mich, richte mich ein auf, richte mich aus auf – sehr persönliche und kreative Haltungen, die ein Leben prägen und ändern. Wohl ist es nicht so, dass Auferstehungserwartung auch Auferstehung schafft, aber sie gestaltet jetzt unser Leben anders. Wir »wirken mit«!

Unsere individuelle Hoffnung wird – davon ist Paulus überzeugt – zum Wahn, wenn sie keinen Ort hat, keinen Halt, keinen Anker, keinen Grund: Gibt es keine Auferstehung der Toten, so ist auch Christus nicht auferstanden. Ist aber Christus nicht auferstanden, so ist unsere Predigt vergeblich, so ist auch euer Glaube vergeblich.

Unsere individuelle Auferstehungshoffnung, so verschieden und so brüchig sie sein mag, hat in Christus ihren Ort, ihren Ausgangspunkt und Halt. »In Christus« – das ist aber nicht Enge und Orthodoxie, sondern Weite und Doxologie. »In Christus« – ist Jörg Zinks »Großvater«, Dorothee Sölles »Kosmos«, der weltweiten Kirche »Wir« und mein kleinbürgerliches »Ich«.

»In Christus« herrschen nicht muffige Gesetzlichkeit und Angst, sondern Gottes grenzenlose Liebe.

In Christus – im Herzen Gottes – bist du verstanden mit deinen Ängsten, geborgen in deiner Sehnsucht und gerettet für das Leben.

Ostern: Am Ende des Weges – Leben

Matthäus 28,1-10

Manchmal reicht eine kurze Geste, ein lieber Blick. Manchmal reicht die Berührung einer Hand, ein Streicheln, eine Umarmung. Manchmal reicht ein lieber Gruß oder eine kurze Bitte um Entschuldigung.

Manchmal reicht das.

Meist reicht das nicht.

Oft sind Worte hohl, sind Blicke leer.

Oft spüre ich beim Streicheln, bei der Umarmung die Armut und die Belanglosigkeit.

Es war am Gründonnerstagabend, kurz vor der Passionsandacht. Ich kam aus der Stadt. Von Weitem sah ich die Kinder spielen. Von Weitem hörte ich, wie Magdalena, unsere jüngste Tochter, sagte: »Ich lauf' dem Papa entgegen!«

Das ist etwas ganz Wichtiges. Ich bleibe fast stehen, mache die Arme weit auf, sie kommt angerannt, macht in der letzten Sekunde die Augen zu, stürzt in meine offenen Arme. Kann es etwas Schöneres geben?

Unsere Gesten sind oft hilflos. Wir schütten Menschen in ihrer Not zu mit Worten. Wir betäuben mit guten Ratschlägen.

»Das geht vorbei«, sagen wir.

Wir bemühen den lieben Gott, wir bemühen Gänse und Mäuse; wir machen Sprüche, denen keiner traut, die dennoch aber – wenn sie die Mutter sagt oder der Freund – der wunden Seele guttun.

Nun geht es um den Tod.

Es geht darum, was wird, wenn liebe Menschen sterben, wenn Oma oder Opa nicht mehr anrufen, wenn die, die eben auf dem Bildschirm noch lebten, nicht mehr aufstehen und in die Kamera lachen.

Nun geht es um den Tod. Um die Frage, ob wir eine Antwort haben auf die Gräuel, die Fragen, das Elend und auch auf das ganz normale Sterben.

Es gibt Menschen, die sind wiederbelebt worden. Sie erzählen von einem Licht, von einer großen Wärme, von der Nähe zu den Nächsten. Es sind wunderbare Geschichten. Sie machen uns Mut. Sie deuten den Tod nicht als Ende. Sie erzählen von einem »Hinübergehen«. Gut, dass es diese Geschichten gibt.

Und dennoch: Ich bin und bleibe ein skeptischer Geist. Möchte wie alle Kinder den Zaubertrick durchschauen, das Wunder auflösen.

Ich höre, da sei ein Licht am Ende des Tunnels. Schön, dieses Bild.

Das Bild tut gut. Auch ich möchte einmal, wenn es an mein Sterben geht, ein Licht sehen und auf dieses Licht hin sterben.

Am Ende des Matthäusevangeliums, dann also, wenn der Schreiber den Punkt machen muss vor dem Amen, bei den letzten Tönen der Septim, angesichts ganz offener Fragen, steht in unserem Evangelium zweimal: »Fürchtet euch nicht!«

Der Engel sagt: Fürchtet euch nicht.

Jesus sagt: Fürchtet euch nicht.

Da steht zweimal: Fürchtet euch nicht.

Und: Siehe, ich bin bei euch alle Tage, bis an der Welt Ende.

Schön, das Bild vom Licht am Ende des Tunnels. Schön, jedes Streicheln, jeder liebe Blick, jedes ehrliche, offene, gute Wort.

Mehr aber als eine Geste, mehr als nur ein Wort: Die Auferstehung Jesu streichelt, umarmt und spielt nicht mit Worten.

Die Worte leben.

Die Umarmung bleibt.

Die Auferstehung ist unsre Zukunft.

Hätte ein Mensch zehn Worte zu sagen, mehr nicht; käme dieser Mensch aus dem Himmel und hätte zehn Worte zu sagen und mehr nicht; und könnte ich eine Frage stellen, die wichtigste meines Lebens. Ich würde fragen: »Überlebt mich Gott?«

Und der Weise würde vielleicht antworten mit den Worten aus der Ostergeschichte des Matthäus, würde sagen: »Fürchte dich nicht!«

Und ich wäre selig.

Die Worte leben.

Die Umarmung bleibt.

Und morgen öffnet uns Gott die Tür und löst die Rätsel.

Ostern: Gottes Glanz greift tief

2. Mose 34,29–35

Wie könnte ich glauben
inmitten der Trauer gebrochener Zweige?
Wie könnte ich hoffen
inmitten der Spiele ferngesteuerter Gedanken?
Wie könnte ich lieben
inmitten der Nüchternheit eigener Grenzen?
Wenn du mir nicht
Wege in der Wüste,
einen gedeckten Tisch
und gültiges Leben anstelle der Rechnung
präsentieren würdest?

Die Bibel erzählt am Anfang in einem Loblied vom Glanz, der über der Schöpfung liegt:

Gott schafft das Licht und trennt Tag und Nacht. Er trennt das Land vom Wasser und die Erde vom Himmel, eröffnet Raum zum Leben. Und Gott sah, dass es gut war.

Gott lässt auf der Erde Gras, Blumen, Kraut und Bäume aufgehen, ein jedes nach seiner Art. Und Gott sah, dass es gut war.

Er schafft die Lichter des Himmels, Sonne, Mond, Sterne – und Gott sah, dass es gut war.

Er schafft die Wassertiere, die Fische, die Wale. Er schafft die Vögel, die die Erde bereisen von Kontinent zu Kontinent und uns mit ihrem Gesang erfreuen. Und Gott sah, dass es gut war.

Gott schafft die Tiere, die die Erde bewohnen, Vieh, Gewürm, Tiere des Feldes. Und er schafft den Menschen, ein Bild seiner selbst.

Gott segnet die Menschen und vertraut ihnen die Sorge um seine gute Schöpfung an. Und Gott sah an alles, was er gemacht hatte, und siehe, es war sehr gut.

Und schließlich ruht Gott am siebten Tag. Hält inne, als ob Gott auf Distanz geht zu seinem Werk und schaut und genießt und sich freut über diesen Segen.

Die Erde, der Gewittersturm, Pflanze und Bach, ich und du, wir sind Teil des Glanzes Gottes. Eine Zeit hat begonnen, in der nicht mehr die Macher die wichtigen Menschen sind, sondern die Staunenden, die Hörenden, die spielenden Kinder, vielleicht sogar die Träumer. Menschen jedenfalls mit einem »Gespür für das Schöne«.

Vielleicht ist das auch ein manchmal besserer Zugang zu biblischen Texten und ihrer Wahrheit: Gedanken schweifen lassen, empfinden, »phantasieren«, sich »inspirieren lassen« – so wie Kinder entdecken und staunen.

Es ist doch schon toll, dass man den Wind nicht fotografieren kann. Und den Nebel kann man nicht festhalten.

Und das Licht von den Sternen ist viele Jahre unterwegs, bevor es bei Nacht durch unser Fenster ins Bett blinzelt.

Ich weiß zum Beispiel, dass es Vögel gibt, die müssen am Tag dreimal so viel essen, wie sie wiegen, und sind doch ganz leicht.

Oder noch viel toller: Es gibt Vögel, da wiegen zwei davon so viel wie ein Stück Würfelzucker.

Dann gibt es riesige Seen unter der Erde, so groß, dass ein Dampfer darauf fahren könnte.

Ich kenne Fische, die sind gar keine Fische, zum Beispiel die Wale.

Oder es gibt Schlangen, die sind keine Schlangen. Zum Beispiel die Ringelnattern.

Es gibt Käfer, die leuchten in der Nacht, und es gibt Quellen in der Erde mit ganz heißem Wasser.

Hast du schon einmal durch ein Mikroskop einen Löffel voll Sand angeschaut? Das sieht aus wie lauter Edelsteine. Ganz viele Farben, richtige Glitzersteine.

Oder die Muscheln am Strand.

Oder eine Höhle mit solchen »Tropfsteinen«. Da tropft vielleicht zweimal im Jahr ein Tropfen von der Decke, oder vielleicht auch viermal. Und das gibt dann so hohe Steine, die sind größer als ich.

Für unsere Kinder habe ich vor vielen Jahren ein kleines, einfaches Gedicht geschrieben:

Es war einmal ein Regenwurm,
der saß ganz oben auf dem Turm
und staunte gar nicht schlecht.
Echt.

Ein andrer Wurm am Straßenrand
voll Staub und Hitze, Teer und Sand,
der fand das Ganze schwach.
Ach.

So ist's mit Sonne, Mond und Stein,
dem einen sind sie winzig klein,
dem andern wunderbar.
Klar.

Kinder staunen. Wir Erwachsenen messen die Welt nach Metern, Minuten und Kilogramm.

Kinder sind begeistert. Wir tauschen Ansichten aus.

Manchmal streiten wir. Manchmal machen wir den anderen den Platz am gedeckten Tisch streitig. Dabei haben wir ihn selbst nicht gedeckt.

Ein Meister der Meditation und des Gebets sagte: »Hast du bemerkt, wie die Kieselsteine der Straße nach dem Regen sauber und glänzend sind? Wahre Kunstwerke! Und die Blumen? Kein Wort kann sie beschreiben. Man kann nur ein bewunderndes ›Ah!‹ ausrufen. Du musst das ›Ah!‹ der Dinge verstehen!«

Einer meiner Freunde sagte dieser Tage: Man muss aus den Städten gehen, um dieser Erde noch ein Loblied singen zu können. Ans Meer vielleicht oder in die Berge. Viele denken so – und ergreifen die Flucht.

(Erster Stein)
Ich sammle Steine, Mineralien. Das hier in meiner Hand ist – wenn ich daran vorbeihetze und es oberflächlich betrachte – nichts als ein Klumpen Erde. Jemand hat sich gebückt, hat diesen Klumpen aufgehoben und schließlich geöffnet. Er birgt eine große Kostbarkeit. Er stammt übrigens vom Berg Horeb, von Moses Berg.

(Zweiter Stein)
Auch ein Stein, nur größer, fast wie ein großer, flacher Kiesel liegt er in meiner Hand. Einer hat sich gebückt, hat diesen Stein aufgehoben und geahnt, dass er ein Wunder birgt. Er hat ihn nicht zerschlagen, er hat ihn gekonnt geöffnet. Er birgt ein Wunder des Lebens. Einen Fisch, Millionen Jahre alt.

Auf ausgetretenen Wegen trampeln wir durch die Zeit, ohne Blick für die Kostbarkeit, ohne Zeit für das Staunen. Ein simpler Stiefeltritt, und kleine Wunder werden zerstört. Wie leicht sind Kostbarkeiten übersehen, überrannt und zerstört.

(Dritter Stein)
Wie ein roher, harter, verletzender Klumpen Erde oder Stein liegt er da. Man tut sich weh, wenn man an ihm reibt. Aber hält man ihn ins Licht, dann strahlt er von innen heraus mit Farben, die uns zum Staunen oder Schweigen bringen. Staunen oder Schweigen oder Hören.

Im Hebräischen heißt das Wort für »krank« »chole«. Chole kommt von dem Begriff »chol«, und der heißt »Alltag«, eben das Normale, das nicht Besondere, das nicht Heilige. (Friedrich Weinreb, Unser Körper und seine Organe, Leiblichkeit als Ausdruck des ewigen Menschen, Weiler 1987, S. 9)

Wir lernen allein aus dieser alten Sprache etwas über den Menschen. Chole – Alltag – krank. Wir lernen: Der Mensch ist normalerweise krank. Heilung, heil sein ist eigentlich die Ausnahme.

Von dieser Ausnahme erzählen die Religionen. Sie erzählen davon, dass mein Alltag in der Begegnung mit Gott einen Glanz erhält mitten im Mangel.

Aber wie kann ich Gott begegnen, damit auch etwas von diesem Glanz auf mein Gesicht fällt?

Erzählt nicht die Bibel, dass man Gott gar nicht von Angesicht begegnen kann? Als Mose Gott bittet, seine Herrlichkeit sehen zu dürfen, erhält er zur Antwort: »Mein Angesicht wirst du nicht sehen; denn kein Mensch wird leben, der mich sieht.«

Mir ist in den letzten Jahren diese biblische Geschichte zum wichtigen Schlüssel geworden. Mose ist auf dem Berg. Er erhält die Gesetzestafeln. Gott geht an ihm vorüber. Mose schließt die Augen. Als Gott vorbei ist, kann er die Augen öffnen. Er darf hinter ihm hersehen. Doch es bleibt ein Glanz auf Moses Gesicht.

Lesung: 2. Mose 34,29-35

Es gibt für mich keine schönere Umschreibung dessen, was ein Gottesdienst uns schenken kann, als die:

So dem Glanz Gottes zu begegnen, dass mein Gesicht – wenn ich die Kirche verlasse, das Buch weglege –, dass unser Gesicht – wenn wir auseinandergehen – von dem Erlebten glänzt. Und dass sich dieser Glanz heilend überträgt auf die Wege, die wir gehen, und auf die Menschen, die uns begegnen.

Auch das Zweite Testament erzählt von Menschen, die bedürftig sind, ergänzungsbedürftig sind. Aber das ist kein Mangel, das ist nicht schlimm. Sie begegnen Jesus Christus.

Sie sind auf der Suche, er predigt. Sie sind krank. Er heilt. Sie sind gefangen, er befreit. Sie sind besessen, er richtet auf. Sie sind hungrig, er speist. Sie sterben, er erweckt zum Leben.

Das will uns nicht gelingen.

Wir sind ein Abbild Gottes. Jesus Christus ist die Fülle Gottes. Das ist nicht wie bei Mose »Gott im Vorübergehen« und »Gott von hinten«. Das ist Gott von Angesicht zu Angesicht. Jesus Christus.

Paulus schreibt:

> *»Denn Gott, der sprach: Licht soll aus der Finsternis hervorleuchten, der hat einen hellen Schein in unsere Herzen gegeben, dass durch uns entstünde die Erleuchtung zur Erkenntnis der Herrlichkeit Gottes in dem Angesicht Jesu Christi.«*
> (2. Kor 4,6)

Wir glauben: Diese Geschichte geschieht lange vor meiner Geschichte, ist beschlossen vor aller Geschichte und damit vor allen denkbaren und tatsächlichen Irrwegen. Ist unabhängig von eigenem Gelingen oder Versagen. Wenn ich meine Seele diesem Glanz aussetze, dann wirft sie endlich einmal keine Schatten.

Gott hat uns ein Fenster geöffnet zu seiner Fülle. Wenn Menschen Jesus begegnen, dann begegnen sie der Fülle.

Fülle des Schönen.

Bei jedem Gipfel eines Gebirges, den du im Urlaub besteigst, bei jedem Anblick des Meeres – da hat mein Freund schon Recht – bei jedem hörenden Blick in die geniale Kunst eines Peter Tschaikowsky, eines Johann Sebastian Bach, mit jedem Betrachten eines klaren, grandiosen Sternenhimmels im Sommer, was immer ich noch aufzählen könnte: Immer, wenn du der Fülle begegnest, fühlst du dich zuerst einmal wie »erschlagen«. So wie man manchmal über ein Geschenk vollkommen sprachlos ist.

Und wenn du langsam nach der Begegnung mit der Fülle wieder zur Besinnung kommst, dann wirst du die Bilder des Glanzes aufnehmen, so tief in dich aufnehmen, wie man nach einem Regen die frische Luft tief einatmet.

Und so wächst in dir Bild an Bild, Klang an Klang, Geruch an Geruch. Und du bist nicht mehr arm. Du trägst die Bilder der Fülle in dir. Begegnungen mit Gottes Glanz. Und in dir wächst das Staunen und die Dankbarkeit. Und wird dir zum Trost. Und aus dieser Gnade strömt ein Glanz in deinen Alltag und macht ihn schöner.

Das wäre für mich gelingende Begegnung mit der Fülle Gottes. So denke ich, wird der Alltag eines Menschen herausgerissen aus dem Trott und dem Grau und der Müdigkeit. So denke ich, werden die Gaben eines Menschen herausgerissen aus der Minderwertigkeit. So denke ich, wachsen wir über uns hinaus, können Berge versetzen, Hungernde sättigen, Kranke heilen und Menschen befrieden. Nicht aus uns, aus der Fülle Gottes, die wir dankend, staunend in uns einlassen.

Wohl dem, der ein Lächeln im Gesicht eines Traurigen hinterlassen hat, den stillen Dank in den Augen eines Sterbenden, das Aufatmen eines Verfolgten, die Umkehr eines Verirrten, das Leben eines Insekts und das Lied eines Singvogels, die Ruhe eines Kranken und den Zauber einer tiefen Liebe, die Bewahrung eines Unschuldigen oder die Reue eines Täters.

Wohl dem, auf dessen Weg man hin und wieder neben dem Schleier der Unvollkommenheit und Fehlerhaftigkeit Momente des Glanzes entdeckt, mit dem Gott die Welt so reich beschenkt.

Der indische Mystiker Kabir schreibt Ende des 15. Jahrhunderts: »Ich bin wie ein Tonkrug, der im Wasser treibt – Wasser innen, Wasser außen. Da plötzlich ist der Krug durch die Berührung des Meisters zerbrochen. Innen und außen, meine Freunde, alles eins ... Wenn ein Tropfen mit dem Ozean verschmilzt, wie kann man ihn noch als getrennt sehen? Wenn der Ozean in den Tropfen versinkt, wer kann sagen, was was ist?«

Gottes Glanz greift tief. Ich kann mich auf ihn verlassen. Staunend entdecke ich bei diesem Licht, dass meine Möglichkeiten gar nicht klein sind. Dankbar staune ich über meine und der andern Gaben. Ich bekomme ein »Gespür für das Schöne«.

Tastend entdecke ich: Ich gehöre zu einer Gemeinschaft, bin eingebunden in eine Geschichte – einer des anderen Ikone. Das Licht der Kerzen spiegelt sich in unseren Augen und die Liebe Gottes in unserem Gesicht. Erleichtert richte ich mich auf: Da ist nicht nur

»etwas dran« – er ist es! Ich bin ihm begegnet. Und nun, Alltag, komme.

Hier und dort, auf diesem und jenem Gesicht entdecke ich einen Rest dieses Glanzes.

Im simplen Klumpen Erde – wenn ich mich bücke.

Im glattgeschliffenen Kiesel nach einem frischen Regen.

Unter der rauen Oberfläche meines manchmal abweisenden Mitmenschen.

Und selbst in mir, wenn meine Fassade aufbricht.

Hier und dort, auf diesem und jenem Gesicht entdecke ich einen Rest dieses Glanzes. Und er beginnt zu strahlen – mitten in den Städten und mitten in dem, was wir so abschätzig »Alltag« nennen.

Das ist noch nicht alles. Aber damit schon lässt sich »leben«.

Ostern: Scherbenhaufenberg (Monte Scherbelino)

»... sie fanden aber den Stein weggewälzt von dem Grab.«
(Lukas 24,2)

In Pforzheim steht der größte Grabhügel, den ich kenne. Es mag höhere geben, sei's drum. Heute ist er bewachsen, ein Naherholungsgebiet.

In meiner Kindheit nannten ihn die Pforzheimer »Monte Scherbelino«. Ich nehme an, dass das heute noch so ist. Monte Scherbelino. Kein Scherbenhaufen, ein Scherbenberg. Trümmer von Träumen, Scherben eines Wahns.

Durch die Trümmer der zerbombten Stadt ging ich vom Bahnhof jeden Morgen hinunter an die Enz zur Schule. Manchmal verloren wir paar Kinder vom Dorf außerhalb uns in diesen Ruinen, stöberten, suchten – und verpassten den Zug. Die Ruinen waren uns liebe Spielplätze. Wir waren Kinder. Neugierig. Damals haben wir unter den Trümmern Schätze gesucht. Manchmal fand einer eine kleine rote oder grüne Scherbe. Was hätten wir gegeben, wenn es wirklich etwas Wertvolles gewesen wäre. Leere Patronen standen hoch im Kurs. In den ersten Jahren gehörte das Entschärfen von Bomben zum Alltag der Stadt. Und über allem dieser Berg, der nach und nach wuchs. Der Berg aus dem Schutt der zerbombten Stadt.

Das ist alles weit über 50 Jahre her. Man hat nach und nach die Trümmer weggeräumt, den Scherbenhaufen zusammengekehrt. Heute wächst Gras drüber. Damals, im August 1945, berichtete die amerikanische Besatzung:

> »... *Pforzheim hat am 23. Februar 1945 als Stadt aufgehört zu existieren. Das Ergebnis eines 27 Minuten dauernden Angriffs der Royal Air Force ist ein Trümmerhaufen, der Hunderte von Toten bedeckt, die man zu den 28 000 während des Angriffs Getöteten hinzuzählen muss. Die Stadt brannte neun Tage lang. Die Straßen waren mit Toten übersät, die keiner anzurühren wagte. Die Menschen fanden einigen Schutz vor der starken Hitze der brennenden Gebäude in der Enz. Viele starben nicht an den direkten Folgen der Bombardierung, sondern erstickten an Sau-*

erstoffmangel. Pforzheim war im wahrsten Sinne des Wortes eine ›Hölle auf Erden‹, und jeder, der dorthin kommt, wird leicht verstehen, warum …«

Von den 14 evangelischen Pfarreien Pforzheims waren fünf nach dem Angriff vollkommen erloschen.

Warum ich das alles erzähle, wenn es doch der Seele immer noch wehtut und bei manchem alte Wunden wieder neu aufreißt?

Ich erzähle das, weil die Auferstehungsbotschaft der Bibel dem allem standhalten muss; all dem Schlimmen, was Völker Völkern und Menschen Menschen angetan haben: Kreuzzüge und Sklavenhandel, 30-jähriger Krieg und Auschwitz, Hiroshima, Beirut … und eben auch Pforzheim.

Diese Auferstehung des Gekreuzigten und Toten aus Nazareth muss gelten für alle Tode und jedes Sterben, auch für meines und Ihres. Wenn wir sagen: Hinabgestiegen in das Reich des Todes – dann denke ich auch an all die Toten, die in dieser Hölle auf Erden ums Leben kamen, in Pforzheim und anderswo.

Die Auferstehung Jesu ist nicht zu privatisieren. Die Auferstehungsbotschaft hält jedem Tod stand – oder keinem.

Die Männer waren weit weg, hatten sich verlaufen, versteckt. Wenn überhaupt, dann sind die Frauen die Helden. Die, die bleiben. In Pforzheim und in Jerusalem sind es in den Tagen danach die Frauen, die Geschichte machen. Sie, auf deren Zeugnis man in Israel damals keinen Pfifferling gab, sie sind die Zeugen, die entscheidenden Zeugen der Auferstehung Jesu. Sie kommen am Sonntag früh zum Grab. Das Fest ruht noch. Die Männer sind noch zu Hause oder weg, weit weg. Die Männerwelt ist zusammengebrochen. Sie sind unfähig, zu handeln, sich zu bewegen. Die Frauen kommen zum Grab, und – der Stein ist weg. Die Trümmer sind abgetragen, kein Gras ist darüber gewachsen. Jetzt stellen Sie sich ein offenes Grab vor, ein leeres Grab. Unter den Scherben – nichts. Ein Monte Scherbelino, abgetragen, fertig, aus.

Nicht nur, dass dieses Leben so begann, in einem Stall. Nicht nur, dass es so endete: Hinrichtung im Schnellverfahren. Jetzt auch noch das. Das Grab ist leer. Nicht einmal den letzten Dienst will man ihnen gestatten. Nicht einmal das. Da soll nichts übrig bleiben. Der Nazarener soll keine Spuren hinterlassen. Nichts soll bleiben. Spurlos verschwunden. So wie Millionen seit damals spurlos verschwunden sind.

In Afrika, Russland, Chile, Argentinien, Deutschland. Akten vernichtet. Menschen verschwunden. Gras drüber. Schluss.

Die Bibel sagt sehr einfühlsam und zurückhaltend: Die Frauen waren bekümmert.

Lastwagen für Lastwagen fuhren sie damals die Scherben auf den wachsenden Berg in Pforzheim. Frauen waren es meist, die sortierten. Sie dachten an den Neuanfang, und an die Männer, von denen sie seit sieben Monaten keine Nachricht mehr hatten.

Die Frauen sind bekümmert. Sie stehen vor einem Scherbenhaufen. Und die Scherben türmen sich zu einem Berg.

Und dann diese Herausforderung, Ermutigung. Und keiner kann es fassen: »Was sucht ihr den Lebenden bei den Toten? Er ist nicht hier, er ist auferstanden!« Man gibt nichts auf Weibergeschwätz, sagen die wenigen Männer, die aus dem Freundeskreis Jesu überhaupt noch in Jerusalem geblieben waren. Man gibt nichts auf Weibergeschwätz. Petrus, der Fels, der Sprecher, der engagierteste Jünger, macht sich gleich auf den Weg, will überprüfen. Er läuft zum Grab, bückt sich hinein, sieht die Leintücher, geht – und wundert sich. Immerhin, möchte man sagen, er wundert sich. Aber das, was den Frauen reicht, reicht ihm noch nicht. Ihm erscheint auch kein Engel. Kein Mensch, der ihm sagt: Du suchst am falschen Platz.

Der fehlt uns, der Engel, der uns sagt: Was bohrst du dich hier fest, während dort der Weg ist! Es ist tatsächlich so, in Jerusalem, Pforzheim und anderswo. Es fehlt uns ein Engel, der sagt: Geh dahin und dorthin, aber bleib nicht stehen. Hier ist Leere, dort wartet das Leben. Hier ist Mauer, dort ist die Tür.

Wenn wir über die Auferstehung Jesu streiten – was ich gut verstehen kann, am Anfang in Jerusalem herrschte auch nicht Jubel, eher Kummer, Kopfschütteln, Angst und Fragen –, wenn wir über die Auferstehung Jesu streiten, dann streiten wir auch über den Sinn unsres eigenen Lebens. Die Männerwelt damals sagte: Gras drüber. Soldaten und Jünger. Bomberpiloten und Ausgebombte. Verantwortliche und Ohnmächtige. Gras drüber. Vergessen. Weitermachen.

Nein, Gras drüber, vergessen und weitermachen, das ist nicht die Botschaft der Bibel. Stein weg, glauben, neu anfangen – das ist die Antwort Gottes auf jeden Tod. Stein weg, glauben und neu anfangen. Was sucht ihr den Lebenden bei den Toten? Er ist nicht hier, er ist auferstanden.

Der Scherbenhaufen wird zum Lebenszeichen. Der Trümmerberg

wird zum offenen Grab. Stein weg, glauben, neu anfangen – weil Jesus, der Mann aus Nazareth, der Christus Gottes, auferstanden ist.

Was hat sich da alles über uns gewälzt. Scherbenhaufen. So groß wie der Trümmerberg in Pforzheim und anderswo. Scherbenhaufen. Trümmerberge. Keiner nimmt sie weg. Keiner trägt sie ab. Keiner sucht nach Schätzen. Und da ist doch so vieles – verschüttet, begraben, unter Scherben verkümmert. Da ist so vieles, was möglich wäre. Da ist so vieles, was Hoffnung und Freude werden könnte, auch für andere. Stein weg, glauben, neu anfangen.

Ich muss. Ich muss funktionieren. Zentnerschwer, dieser Druck. Ich muss stimmen. Ich muss handeln. Ich muss vergeben. Ich muss gesund sein. Ich muss besser sein. Ich muss Recht behalten. Ich darf mir nichts anmerken lassen. Zentnerschwer, dieser Druck. Stein vor unserem Grab. Dabei wären wir so gerne anders.

Öffnen, Stein weg – das kann keiner selbst. Das geschieht an einem. Das kann keiner machen. Wer meint, er könne den Stein selbst wegwälzen, irrt. Es ist die Liebe Gottes, die den Stein wegwälzt, sagt die Bibel. Es ist immer der andere, der mir vergibt, der mich löst, der mir Freiheit schenkt. Auch Jesus, der Tote aus Nazareth, streift nicht einfach die Fesseln ab wie ein starker Held. Er wird von Gott neu ins Leben gerufen.

Hoffnung für uns: Jesu Liebe zu den Menschen, sein Einsatz für die am Rand, sein Heilen wird von Gott bestätigt. Sein Predigen. Seine Autorität. Ihn ruft er ins Leben. Diesen Trümmermenschen. Diesen, der die Hölle auf Erden ebenso kennt wie die Liebe. Den, der beides durchlebt hat, Hölle und Liebe, ihn ruft Gott ins Leben und sagt endgültig: Das ist mein lieber Sohn.

Die Frohe Botschaft von Ostern kommt einem nicht so schnell über die Lippen. Es sperrt sich so vieles. Weibergeschwätz. Gras drüber. Weitermachen.

Die Frohe Botschaft hat ihren Ausgangspunkt an einem Kreuz. Ob in Jerusalem, Pforzheim und anderswo. Das Kreuz und ein weggewälzter Stein. Und ein ganz vorsichtiges, ein ganz langsames Umschlagen der tiefsten Trauer in neue Fragen, der neuen Fragen in – eigentlich – unfassbare Antworten, und dann werden aus diesen Antworten neue, begeisternde Wege. Auch für die skeptischen Männer. Das ist nicht Gras drüber. Vergessen. Weitermachen. Das ist Neuanfang und Leben.

Das gilt für Jerusalem, Pforzheim, für alle und mich: Jesus ist auferstanden. Er ist wahrhaftig auferstanden. Für diese Wahrheit haftet der lebendige Gott.

Wenn wir Christen das nicht mehr voller Überzeugung nach all den berechtigten und notwendigen Fragen auch sagen können, dann lassen wir die Steine liegen, die man vor unser Grab gewälzt hat. Dann lassen wir die Trümmer Trümmer sein und die Scherben Scherben. Die Botschaft heißt nicht: vergessen und weitermachen. Sie heißt: glauben und leben.

Verändern im Diesseits und sich ausstrecken nach dem, der alles infrage stellt und auf alles die Antwort ist.

Der Mann aus Nazareth, geboren in der Kälte und Enge eines Stalles, aufgewachsen in einfachsten Verhältnissen, ein Mensch, wie es keinen Zweiten gab; unter die Räder der Macht gekommen; verlassen von Freunden, auf scheußliche Weise umgebracht; fast heimlich und rasch vor dem anbrechenden Fest in eines Fremden Grab gelegt. Dieser Jesus aus Nazareth wird von Gott aus dem Tod ins Leben gerufen.

Jesus Christus ist auferstanden. Er ist wahrhaftig auferstanden!

Ostern:
Die Auferstehungsgeschichte hat begonnen

1. Korinther 15 in Auswahl

Christus ist auferstanden! Er ist wahrhaftig auferstanden! Da klingt noch mit: Das darf doch nicht wahr sein, als die Jünger und die Frauen sich am Ostermorgen diese Nachricht zurufen. Das darf doch nicht wahr sein.

Doch, es ist wahr! Und so grüße ich Sie an diesem Ostermorgen mit dem schönsten christlichen Gruß, den es gibt: Christus ist auferstanden! Er ist wahrhaftig auferstanden!

Es ist ein eigenartiges Osterfest dieses Jahr. Zum ersten Mal, seit ich mich erinnere, können wir die Kirche nicht mit Osterglocken schmücken. Sie haben schon Ende Februar, Anfang März geblüht. Die Natur scheint durcheinander. Zum ersten Mal spüren auch wir die Folgen. Bisher hat's immer andere getroffen. Unsere Osterspaziergänge führen in Wälder, die schwer gezeichnet sind von den Stürmen der vergangenen Wochen.

Es ist noch nicht so lange her, da träumte ich einen eigenartigen Traum. Ich hatte ein Gespräch mit Gott – wie und wo, weiß ich nicht mehr –, und die entscheidende Frage, die mich bei dem Gespräch bewegte, war: Warum müssen Menschen eigentlich sterben? Warum ist das Leben begrenzt? Und Gott war eben dabei, mir die Antwort zu geben, da weckte mich meine Frau.

Ich habe mir diesen Traum aufgeschrieben, und als Kommentar darunter: So wird es wohl immer sein. Kurz vor der Lösung dieser Frage aller Fragen werden wir aus dem Traum gerissen, zurückgeholt in die Alltagsebene unsere Wirklichkeit. Und doch bleibt diese Frage die alles entscheidende Frage, selbst wenn es so sein soll, dass wir keine Antwort erhalten.

Wie immer – die Menschen erwarten von den Religionen, damit auch vom christlichen Glauben zuallererst und im tiefsten Ernst eine Antwort auf den Tod. Der Tod ist nicht die Antwort, darf nicht die Antwort sein, sagen die Menschen. Sie suchen eine Antwort auf den Tod. Und diese Frage geht alle an. Vom ganz behutsamen Gespräch mit Kindern über die Erfahrung, dass man eine Stecknadel fallen hören kann, wenn man vor Jugendlichen und mit ihnen über den Tod spricht, bis zum großen Schweigen und oft genug Verdrängen bei Erwachsenen – es gibt keine Menschheitsfrage, die nur annähernd so Frage aller Menschen ist wie die Frage nach einer Antwort auf den Tod. Eine Frage, die uns auch sehr einsam machen kann.

Ich bin mir ganz sicher, wenn ich von mir selbst ausgehe und von meinen Gesprächen als Seelsorger, dass die Antwort auf die Frage nach einem wirklich menschenwürdigen Leben nicht ausreicht. Die Frage nach einem menschenwürdigen Leben hat nach meiner Erfahrung immer ihre Spitze in der Frage nach dem Tod.

Die Auferstehung des Einen, so sagen wir Christen, die Auferstehung des Einen ist die Antwort auf die Frage nach dem Tod aller. Mit den Worten des Apostels Paulus:

> *»Ist aber Christus nicht auferstanden, so ist unsre Predigt vergeblich, so ist auch euer Glaube vergeblich ... Da durch einen Menschen der Tod gekommen ist – (durch Adam) –, so kommt auch durch einen Menschen die Auferstehung der Toten«*
> (1. Korinther 15,14.21) – durch Christus.

Jesu Ostern ist ohne Bedeutung, wenn es nicht auch Ostern für uns gibt. Und unsere Träume von Auferstehung und ewigem Leben sind ohne Bedeutung, wenn sie in Jesu Auferstehung nicht ihren Grund haben. Wir Christen versteigen uns zu der Behauptung: Entweder ist Jesu Auferstehung die Antwort Gottes auf den Tod, oder Gott hat keine Antwort auf den Tod.

Jesus Christus ist das letzte Kapitel der Antwort Gottes auf den Tod. Dieses Kapitel zu entfalten, das ist uns aufgetragen. Es gibt viele Kapitel zuvor, die nicht nur von uns Christen nachzuerzählen sind.

Es gibt die wunderbaren Utopien des Alten Testamentes von gelingendem Leben, sich erfüllenden Hoffnungen. Ich will nur erinnern an die zutiefst menschlichen, wahrscheinlich allen Menschen in irgendeiner Form eigenen Bilder, die uns beispielsweise bei Jesaja überliefert sind:

> *Es kommt eine Zeit, lesen wir dort, in der ihr das auch essen werdet, was ihr pflanzt; in der ihr in den Häusern wohnt, die ihr baut; in der keine Kinder einen frühen Tod sterben.*
> (Jesaja 65,17ff)

Es kommt eine Zeit, in der wilde und zahme Tiere in Frieden beieinander leben; in der Frieden herrscht zwischen Tier und Mensch – heute würden wir sagen, zwischen dem Menschen und der ganzen nichtmenschlichen Schöpfung.
(Jesaja 11,1ff)

Es kommt eine Zeit, in der kein Leid und kein Geschrei mehr ist, Tränen abgewischt werden ...
(Jesaja 25,8),

... in der kein Blut mehr fließt und keine Soldatenstiefel mehr dröhnen.
(Jesaja 9,1ff)

Es kommt eine Zeit paradiesischen Miteinanders der Menschen und Völker, bis hin zu der vom Alten Testament gestützten gewaltigen Aussage im Buch Offenbarung, dass Gott Tür an Tür mit den Menschen wohnt, wenn eines Tages nach dem Willen Gottes Himmel und Erde in einer Art Neuschöpfung oder Verwandlung ihr Gesicht grundlegend verändert haben.
(Offenbarung 21,1ff)

Dies sind einige Kapitel vor dem letzten Kapitel. Das sind einige Utopien, die uns aus der Geschichte des jüdischen Glaubens, und nicht nur von dort, überliefert sind. Utopien. U-topos ist Griechisch und meint etwas, was noch keinen Ort, noch keine Gestalt hat. Diese tiefen Menschheitsträume eines gelingenden, sich erfüllenden und durch nichts bedrohten Lebens haben noch keinen Ort. Sind Utopie. Ich kann nicht hierhin zeigen oder dorthin und sagen: Das ist das Paradies, hier findest du den »real existierenden Frieden«. Das ist Utopie. Das ist noch »Wahrheit von Weitem gesehen« (Paul M. Zulehner, aus: Ludin, Am Horizont die neue Erde, S. 24).

Nun aber ist mit der Auferstehung Jesu Christi das letzte Kapitel der Antwort auf den Tod geschrieben. Die Hoffnung bekommt nun einen Ort, hat eine Gestalt, ist keine Utopie mehr. Ist nicht mehr »Wahrheit von Weitem gesehen«. Wir Christen sagen am Ostermorgen der Welt nicht mehr und nicht weniger als dies: Eure Träume sind erfüllt. Eure Hoffnungen haben Hand und Fuß. Gott hat den Jesus aus Nazareth auferweckt, mehr noch: Gott hat den Jesus aus Nazareth als seinen Sohn eingesetzt und bestätigt. Und noch mehr: In diesem auferstandenen Jesus Christus hat Gott den Tod besiegt und die so heiß ersehnte Antwort gegeben. Mit Jesus Christus ist die Auferstehungsgeschichte eröffnet. Der Apostel Paulus schreibt:

> *»Nun aber ist Christus auferstanden von den Toten als Erstling unter denen, die entschlafen sind.«*
> (1. Korinther 15,20).

Am Ostermorgen beginnt deshalb mit Recht eine neue Zeit. In der wir teilen können ohne Angst, zu kurz zu kommen. In der wir warten können ohne Angst, zu versäumen. In der wir Frieden schaffen können ohne Angst vor der Blöße. In der wir lieben können ohne Angst, zu verlieren. In der wir leben können ohne Angst vor dem Tod.

Was bedeutet es, dass Gott nicht den Mose, den Elia oder den David oder andere geschichtliche Größen aus dem Tod auferweckt, sondern mit dem Mann aus Nazareth alles sagt, was es von Gott aus den Menschen zu sagen gibt?

Das bedeutet, dass Jesu Weg, seine Art Umgang mit Mensch und Unmensch, zu Gottes Weg erklärt wird. So, und nichts anders, wird Frieden. So, und nicht anders, wird Gerechtigkeit aufgerichtet. So, und nicht anders, wird die Schöpfung bewahrt und kommt an ihr Ziel. Es ist ein trauriger Irrtum, wenn wir meinen, Jesu Weg, seine Art Umgang mit Mensch und Unmensch, seine Ausstrahlung auf Frauen, Männer und Kinder, seine Gelassenheit, sein tiefes Mitleid und sein Opfer sei nichts für diese Welt, erst für die nächste. Das ist ein trauriger Irrtum. Sein Weg wird doch von Gott eben zu dem Weg erklärt, der zu einer Welt führt mit einem vollkommen neuen Gesicht. Die Auferstehungsgeschichte hat begonnen, Gott hat sein Reich eröffnet, in dem der Tod mehr und mehr ins Leere läuft. Aber solange wir dem Frieden nicht trauen, solange wir ins Leere laufen, solange die Angst uns ängstigt und nicht der Glaube uns frei macht, kann der Tod sich noch so aufspielen, wie er es im vergangenen Jahrhundert schlimmer als je zuvor getan hat. Die Christen sollten nicht nach Zeichen der Endzeit Ausschau halten. Das ist unbiblisch, töricht und steht allemal auf der Gehaltsliste des Todes. Das ist doch seit 2000 Jahren keine Frage mehr, dass die Endzeit begonnen hat, dass Gottes Reich aufgerichtet, die Geschichte der Auferstehungen eröffnet ist. Wir Christen sollen suchen nach Zeichen des Lebens, nach ersten Knospen des Friedens, nach den ersten zarten Blättern des Schalom Gottes, des

Heils. In den Kirchen sollte es blühen, unsere Kreise sollten Spielwiesen sein zum Erlernen der Umgangsformen Jesu.

Blühende Kirchen? Ja, vielleicht ist das bei einem so eigenartigen Gewächs der falsche Ausdruck. Aber ich denke, Sie verstehen, was ich meine.

Ich vermisse die Farbtupfer zwischen all den grauen und schwarzen Anzügen, den weißen Hemden. Ich vermisse das Leuchten in den Gesichtern. Ich befürchte, wir Christen trauen der Guten Nachricht nicht so richtig über den Weg. Und die Auferstehung Christi und die Eröffnung einer ganzen Auferstehungsgeschichte ist das Zentrum dieser Guten Nachricht.

Wir glauben, dass Jesus Christus aus diesem Grund gestorben und von Gott wieder auferweckt worden ist, damit deutlich wird, das ist auch unsere Zukunft. Nicht blindes Schicksal oder Vergessensein, sondern die Gegenwart Jesu ist unsere Zukunft.

Deshalb bedeutet für mich der Glaube an Jesus Christus: Ich bin mir gewiss, in der Gegenwart Jesu zu leben. Ich bin mir der geschenkten Freiheit gewiss. Ich muss nicht selbst die Fehler wiedergutmachen. Ich muss nicht selbst die gerissenen Lücken schließen. Ich muss, um frei zu werden, nicht selbst bluten. Ich bin eingeladen, zu glauben. Was vor uns war und was nach uns ist, woher wir kommen und wohin wir gehen – wir haben kaum Antworten, die das erklären. Jesus Christus erklärt auch nicht den Tod. In Jesus Christus wird aber deutlich, dass Gott an seiner ursprünglichen Schöpfungsordnung festhält. Und da hatte der Tod keine Macht. Wie, das kann keiner von uns sagen. Aber dass Gott das Leben für uns will, vom Tod nicht mehr bedrohtes Leben, ganzheitliches, erfülltes Leben, das können wir sagen. Und im Vertrauen darauf können wir leben.

Eines Tages sind wir in Christus alle eins. Mit ihm eins, mit allen eins. Mehr sagt die Bibel dazu nicht. Sie richtet nur bei allem Leid und bei aller Einsamkeit den Blick auf Christus und sagt: In ihm ist das alles schon überwunden, worunter du jetzt noch leidest. In ihm ist eins, was für unsere Augen getrennt ist. In ihm ist geheilt, was für uns zerbrochen ist. In ihm ist reich, was uns fehlt.

Ich will die Welt nicht besser machen, als sie ist. Aber es ist eine Welt, die Gott liebt. Ich will auch uns Menschen nicht besser machen, als wir sind. Aber wir sind Menschen, die Gott liebt.

Wenn Sie mich fragen: Wo kann ich denn das alles sehen, beobachten, erleben, greifen, was Sie da erzählen, das mit der Auferstehung, dann muss ich ehrlich sein: Ich kenne nur den Samen, nicht die Frucht. Und deshalb sage ich, die Geschichte hat begonnen. Und jeder von Ihnen ist ein Teil dieser großen Auferstehungsgeschichte.

Dem Tod bin ich schon oft begegnet. An Sterbebetten, auf Autobahnen, bei Scheidungen, Kündigungen und in Zeugnissen. Tod von Menschen, Tod von Träumen, Tod einer Liebe. Knapp 700 Mal stand ich auf verschiedenen Friedhöfen, versuchte Hinterbliebene zu trösten, drei Schaufeln Erde in ein Grab. Manchmal war auch ich den Tränen näher als einem hoffnungsvollen Wort. Dem Tod bin ich schon oft begegnet. Der Auferstehung so noch nie.

Ich möchte Sie einladen, Ihre eigene Auferstehungsgeschichte ernst zu nehmen, nach Osterspuren zu suchen in Ihrem Leben. Wussten Sie, dass Jerusalem dem Wortsinn nach übersetzt heißt »Schule des Friedens«? Das himmlische Jerusalem am Ende der Zeiten. Gottes Schule des Friedens. Eröffnet durch die Auferstehung Jesu Christi, die wir heute feiern. Ich möchte Sie einladen, teilzuhaben an der in Jerusalem begonnenen Auferstehungsgeschichte.

Christus ist auferstanden! Er ist wahrhaftig auferstanden!

Quasimodogeniti: Wie neugeboren

1. Petrus 1,3

Heute ist »Quasimodogeniti«. Ein Sonntag mit einem eigenartigen Namen. Quasimodogeniti. Dieses lateinische Wort heißt »wie Neugeborene«. Der Bibeltext, von dem der Sonntag seinen Namen hat, steht im 1. Petrusbrief:

»Seid begierig nach dem unverfälschten Wort Gottes, wie neugeborene Kinder nach Milch.«
(1. Petrus 2,2)
Wie neugeboren.

Stricke des Todes hatten mich umfangen – hören wir in Psalm 116 –, *des Totenreichs Schrecken hatten mich getroffen; / ich kam in Jammer und Not. Aber ich rief an den Namen des Herrn: / Ach, Herr, errette mich! Sei nun wieder zufrieden, meine Seele; / denn der Herr tut dir Gutes. Ich werde wandeln vor dem Herrn / im Lande der Lebendigen.*

Nein, nach langen Durststrecken und Besuchen im Totenreich meldet man sich nicht mit lauten Tönen ins Leben zurück. Gibt es keine Freudengesänge in Opernbesetzung, nicht die Bigband und das Symphonieorchester. Eher zurückhaltend zeigt sich die Freude nach durchstandener langer Nacht. Eher noch misstrauisch schauen die müden Augen in das Licht. Zu vieles ist geschehen, als dass man auf einen Schlag alles vergessen könnte. Alle Verletzungen und Erniedrigungen.

Sie sitzt mir gegenüber und spricht nicht mehr. Schaut mich mit tiefliegenden Augen lange an. Sie hat mir die Torturen der letzten Jahre erzählt. Krankenhaus A, Krankenhaus B, Krankenhaus C. Arzt 1, Arzt 2, Arzt 3. So viele aufkeimende Hoffnungen, so viele zerschlagene Träume. Jetzt endlich scheint die Nacht überwunden. Aber noch längst ist sie nicht die Alte. Die Spuren werden bleiben, auch wenn man eines Tages ihrem wieder aufrechten Gang nicht mehr anmerken wird, wie tief unten sie war. Sie sitzt mir gegenüber und spricht nicht mehr. Es reicht zu einem »Gott sei Dank«. Zu einem langen, schweigenden Blick.

Wenn wirklich einmal in Damaskus, in Tuzla, in Hebron, in Jerusalem oder wo auch immer Frieden mehr sein wird als ein Waffenstillstand, dann werden sie ihre Tänze nicht mit Gewehrsalven begleiten. Sie werden leise beginnen, vorsichtig, misstrauisch. Wenn die junge Frau nach zwei Fehlgeburten ihr drittes Kind gesund auf dem Schoß liegen hat, wird sie nicht schreien vor Freude. Sie wird leise weinen, und sie wird bangen. Trotz aller Beteuerungen des Arztes. Du kannst die schlechten Erfahrungen nicht ausziehen wie einen Wintermantel im Frühling. Du wirst den Mantel vielleicht tragen bis in den Sommer. Du wirst die Narben vielleicht manchmal vergessen, für kurze Zeit, aber wenn du in den Spiegel schaust, trifft dich doch wieder der Schmerz. Vielleicht kürzer und weniger heftig. Aber dieser Schmerz gehört zu deinem Leben.

Gelobt sei Gott, der Vater unseres Herrn Jesus Christus, der uns nach seiner großen Barmherzigkeit wiedergeboren hat zu einer lebendigen Hoffnung durch die Auferstehung Jesu Christi von den Toten.

Nach seiner Barmherzigkeit ...
wiedergeboren ...
zu einer lebendigen Hoffnung ...
durch die Auferstehung Jesu ...

Schlimme Überschwemmungen hatten in der Weihnachtszeit unser Land heimgesucht. Häuser beschädigt, Gärten zerstört. Wenn man nun durch die Gärten geht, sieht man trotziges Gelb und fröhliches Rot. Manche Spuren der Überschwemmung sind noch nicht beseitigt. Aber gerade diese Spuren des Schlimmen lassen die Farben der Blumen noch leuchtender scheinen. Als sei uns die Kostbarkeit dieses Geschenks viel zu lange verloren gewesen, es war ja alles so selbstverständlich. Nun nimmt man jeden Strauch, jede Blüte wahr, die in diesen Apriltagen vom neuerwachten Leben erzählen.

Muss das eigentlich immer so sein? Muss immer erst eine Überschwemmung kommen, ein Krieg, ein Unfall?

So besehen scheint es geradezu notwendig, dass in einem jährlich sich wiederholenden Drama die Kirchen mitten in die aufbrechende Freude der Natur hinein, mitten hinein in das Aufatmen der Menschen nach einem langen Winter noch einmal diese lange Passionszeit begehen. Diese Passionszeit legt sich so quer, wo alles doch fröhlich sein will. Wo jeder das neuerwachte Leben atmen, mit Händen greifen kann. Da tragen die Kirchen vor der Zeit der Freude noch einmal Trauer.

Ich glaube, nur Freude, die sich der Gefährdung bewusst ist, überdauert. Nur Liebe, die auch mit dem eigenen Versagen rechnet, ist echt. Nur ein Glaube, der mit Leib und Seele begreift, auf wessen Kosten das Leben siegt, hält dem stand, was die Augen tagtäglich sehen, wenn sie bereit sind, zu sehen.

Quasimodo geniti, Christen sind wie Neugeborene. Dies verdanken sie dem Tod und der Auferstehung Jesu Christi.

In der jüdischen Auslegung, im Midrasch, gibt es folgende Geschichte:

> *»Ein König besaß einen Garten mit Weinstöcken, Feigen und Granatapfel und anderen Früchten. Er beschloss, den Garten einem Pächter anzuvertrauen. Nach Jahren kam er an seinem Besitz vorbei. Alles war von Disteln und Unkraut überwuchert. Rasch entschlossen wollte er die Bäume umhauen lassen und brachte Holzfäller herbei. Doch da sah er zwischen den Disteln eine Lilie blühen. Er nahm sie an sich und roch ihren wunderbaren Duft. Sogleich war er versöhnt.«*
> (R. Gradwohl, Bibelauslegungen aus jüdischen Quellen, Bd. 2, S. 138)

Für mich, für uns Christen, ist Christus die Lilie Gottes in unserem Unkrautgarten. Da gibt es mitten unter wilden und fruchtlosen Reben einen Weinstock, der Gottes Erwartung nicht enttäuscht. Wir werden Gott enttäuschen. Der Duft der Lilie und die Freude an diesem Weinstock aber wiegen mehr als unser durcheinandergeratenes Leben. Das Paradies ist nicht verschlossen, der Schlüssel nicht verloren. Der Garten Gottes ist bewohnbar, weil Gott seine Freude an diesem Weinstock hat. Neugeburt ist nicht einfach noch einmal ein zweiter Versuch, nachdem der erste schiefgegangen ist: Osterfreude und Passionsgedächtnis sind eine Einheit. Die Neugeburt hat eine Vorgeschichte. So wie die abgeschnittene Lilie den ganzen Garten rettet, so rettet Jesus Christus, der sein Leben lässt, die Menschen.

Quasimodogeniti. Was noch bleibt, ist die Frage, warum gerade wir, die wir auf diese Weise »mit dem Leben davongekommen« sind, warum gerade wir zu einer lebendigen Hoffnung wiedergeboren oder neugeboren sind. Wir mit unseren wackligen Glaubensbeinen, mit unserem von schlechten Erfahrungen überwucherten Leben. Unsere starken Worte von Auferstehung und neuem Leben scheinen doch eher ein schwaches Zeichen zu sein angesichts der Hilflosigkeit, wenn es darum geht, sich allein schon in der eigenen Familie zu verständigen. Schon das gelingt uns Christen ja selten besser als anderen.

Wie Neugeborene? Wer ist hilfloser, mehr auf Hilfe angewiesen als so ein schrumpeliges, nasses, neugeborenes Kind? Meist nicht einmal ein schöner Anblick. Wenn Christen sagen, sie seien wie Neugeborene, dann zeigen sie weg von sich auf Jesus Christus. Da schau hin, diese Lilie rettet den ganzen Garten. Dieser Weinstock ist die Lebensgrundlage.

Wer einmal die Kraft dieses Weinstocks gespürt hat, wer einmal nach langer Nacht aufgerichtet worden ist, wer einmal den Duft dieser Lilie gerochen hat, wer einmal von diesem Leben geschmeckt hat, wird nach anderen Gesetzen leben. Wie neugeboren, das heißt nicht, dass ich nun im Paradies aufgewacht bin, alles andere hinter mir gelassen habe, und hinter mir ist die Tür zu. Christen kennen den Weg, glauben an die offene Tür, sind Grenzgänger zwischen Drinnen und Draußen. Finden sicherlich nicht immer die rechten Worte. Erzählen jenseits von Eden in zerbrechlichen Bildern.

Der Apostel Paulus schreibt über diesen Zwiespalt:

> *Als die Sterbenden und siehe, wir leben; als die Traurigen, aber allezeit fröhlich; als die nichts haben, und doch alles haben.*
> (2. Korinther 6)

Neu geboren sein heißt in Christus sein. Zerrissen sein in diesem einen Leib Christi zwischen dem Glück des einen und dem Unglück des anderen. Diese Welt für vorläufig erklären, ohne sie zu verlassen. Grenzgänger sein zwischen Krieg und Frieden, zwischen Innen und Außen, zwischen Sünder und Heiligem. Brücke werden für andere.

Hin und her zwischen Leben und Tod, zwischen Schrei und Lob, zwischen Arbeitslosigkeit und Schöpferkraft, zwischen Vergewaltigung und Freudentränen Brücke sein, Hände reichen, das Leiden des anderen zu dem meinigen machen. Am Segen des anderen mich freuen.

Das kann ich, weil ich in der Tiefe meiner Existenz nirgendwo anders zu Hause bin als in Jesus Christus, in der Liebe, im Herzen des dreifaltigen Gottes. Deshalb trage ich wie der Beter des Psalms in mir eine lebendige, grenzenlose Hoffnung:

Ich werde wandeln vor dem Herrn/im Lande der Lebendigen.

Misericordias Domini: Die Chance des Hundes

Matthäus 15, 21–28

Was soll man da sagen, liebe Gemeinde? Da bleibt einem das fröhliche Wort im Hals stecken. Unser Glaube ist der Sieg, der die Welt überwunden hat, heißt es in unserem Wochenspruch. Muss unser Glaube auch Jesus Christus überwinden, und dann auch auf diese Weise?

Die Klugheit der Frau wird in der Literatur zum Predigttext gelobt, ihr Durchhaltevermögen, ihr beispielhafter Glaube. Aber was bleibt einer Mutter anderes übrig, als sich zu erniedrigen, wenn es sonst keine Hoffnung mehr gibt für das Leben des Kindes? Mich erinnert diese Geschichte fatal an andere Geschichten, wo das Elend der Menschen ausgenützt wird, um ihnen erst einmal bewusst zu machen, wer sie sind, nämlich niemand. Erniedrigend, wie manche Lehrer schwächere Schüler behandeln. Erniedrigend, wie manche Beamte auf irgendwelchen Ämtern Ausländer behandeln. Erniedrigend, wie manche Ärzte ihre Patienten behandeln. Erniedrigend, wie Große manchmal mit Kleinen umgehen. Erniedrigend, wie die katholische Kirche Geschiedene behandelt. Erniedrigend, wie jahrhundertelang Schwarze, Braune, Gelbe als Objekte der Mission missbraucht, zwangsgetauft und entwurzelt wurden.

Karl Marx, Ludwig Feuerbach, Tilman Moser mit seiner Gottesvergiftung, eine ganze Legion von Pfarrerskindern, Geschiedenen, Querdenkern, an den Rand gedrängten Frauen und nicht wenige von ihrer Kirchenleitung gegängelte Pfarrerinnen und Pfarrer haben diese Erniedrigung nicht mehr mitgemacht, die Gefolgschaft aufgekündigt.

Ich erinnere mich, dass bei einem Predigtnachgespräch ein Kirchenältester meinte, am Anfang der Predigt müsste eine positive Aussage stehen. Wie gut kann ich ihn verstehen. Heute müssen wir uns am Anfang ganz darauf verlassen, dass Sie alle Ihre guten Erfahrungen mit Gott mitgebracht haben, damit wir dieser Geschichte standhalten. Denn zu schlimm hat es viele getroffen im Leben, als dass die Schreie und das Winseln dieser Frau spurlos an Prediger und Hörer vorbeigehen könnten.

Mir fallen die vielen ein, die so gerne ein Kind gehabt hätten und kinderlos blieben. Ich kenne Frauen mit drei, vier Fehlgeburten. Was soll ich denn noch tun, dass er mein Gebet erhört?

Ich habe Frauen beim Sterben und nach dem Tod ihrer Kinder begleitet. Sprachlos angesichts ihrer Fragen. Trostlos angesichts ihrer Tränen.

Was haben Frauen schon getan, um das Leben ihrer Kinder zu retten vor fremden Soldaten, vor den eigenen Vätern? In Kriegs- und Friedenszeiten haben sie, um das Leben der Kinder zu retten, sich zum Dreck gemacht, auf dem Männer herumtrampelten. Nicht nur in Auschwitz und damals, auch hier bei uns und heute. Das sind keine Geschichten, die geeignet wären für die Ohren von vielen. Das sind Narben, die nicht verheilen. Wenn die Seele wund gerissen ist, helfen keine frommen Sprüche und hilft es auch nicht, wenn du dich zusammenreißt.

Ich habe Frauen erlebt, die sind von Arzt zu Arzt gefahren, von Klinik zu Klinik, von Heilpraktiker zu Scharlatan. Sie haben gebettelt, sie haben Tag und Nacht geschafft, sie haben nur noch gelebt für ihr Kind.

Wie kann der, der Monate später sagt: »Ja, nimm mein Leben für das der vielen«, wie kann der so mit einer Frau in ihrem Leid umspringen? Originalton Martin Luther: »Christus ist nirgend so hart gemalet als hie.« (zitiert nach CPHnF, I/2, S. 159)

Mit dieser Frau stehen Millionen Kriegerwitwen, verwaiste Eltern, aidsinfizierte Kinder, die verseuchten Bewohner von Tschernobyl und Seveso, die hoffnungslos Kranken in den Krankenhäusern mitsamt ihren Pflegern, die Mütter der Opfer vom Kriegsschauplatz Autobahn, die Mütter in Äthiopien, im Sudan, in Bangladesch, ach Gott, sie stehen alle in dieser Frau vor dir und jammern und heulen und gäben alles, wenn du nur Ja sagen würdest. Ich glaube, sie gäben ihr eigenes Leben. Warst nicht du es, unser Gott, der gesagt hat, du hättest keinen Gefallen mehr an Opfern? Du hast Abraham das Messer entrissen, bist Petrus in den bewaffneten Arm gefallen, hast die Schreie deines Volkes in der Sklaverei erhört und dem verzweifelten Jairus das Kind geschenkt. Du, großer Gott, du stellst doch die Engel für jeden von uns. Du wachst doch über jedes Haar auf dem Kopf, schenkst den Blumen ihre Farben und den Vögeln ein wunderbares Kleid. Du, großer Gott, hab ein Einsehen mit den Kleinen. Sie haben nur dich, danach ist Feierabend für die Hoffnung.

Was ist eigentlich geschehen? Was verbirgt sich hinter den spärlichen Sätzen des Evangeliums? Jesus ist weit oben im Norden des Landes, so weit war er vorher und nachher nie unterwegs. Das ist eine riskante Reise in eine feindliche Gegend, Menschen mit Abneigung gegen Juden. Die Gegend um Tyrus und Sidon galt als ein ganz besonders heidnisches Gebiet. Aus uralten Zeiten verfeindet mit den Juden. Jahrhundertealte schlimme Geschichten. Warum Jesus gerade diese Gegend aufsucht? Weder Markus noch Matthäus geben uns darauf eine Antwort. Er ist einfach dort.

Eine Frau kommt in diesem »Grenzgebiet« auf ihn zu. Sie hat von ihm gehört, wahrscheinlich von Heilungen. Und sie greift nach dem Strohhalm. Wem tausend Mal die Tür zugeschlagen wurde, der hat Rücksicht verlernt. Sie schreit. Sie schreit gleich. Sie schreit so sehr, dass sie Aufsehen erregt. Das gibt es sonst nicht, dass eine Frau einen Mann anspricht auf offener Straße, damals. Das gibt es sonst nicht, dass eine kanaanäische Frau einen verhassten Juden anspricht. Das alles ist ihr egal, ihr Kind ist ihr wichtig, mögen die Leute und mag dieser fremde Jude selbst denken, was sie wollen. Sie ist am Ende. Sie schreit Jesus an: Hilf mir, Sohn Davids, meine Tochter ist krank! Schwer krank. Besessen, abhängig. Mütter von Drogenabhängigen mögen am ehesten verstehen, wie es sie in ihrer Verzweiflung schier zerreißt.

Und dann diese Abfuhr. »Er antwortete ihr kein Wort.« Stattdessen fahren die Jünger dazwischen, die ja sonst auch immer um die Ruhe ihres Herrn besorgt sind, bei anhänglichen Frauen, bei störenden Kindern, auch hier. Und nun hat Luther viel zu freundlich übersetzt. Es muss wohl doch heißen: »Die Jünger traten zu ihm und baten: Fertige sie ab, sie brüllt uns nach.« Fertige sie ab.

Und er tut es. Er tut es auf verletzende Art und Weise. »Ich bin nur gesandt zu den verlorenen Schafen des Hauses Israel.« Für Fremde bin ich nicht zuständig. Die Ausländerin hat zu spüren gekriegt, was sie ist. Ihr Fall ist für Jesus erledigt.

Aber ihr Fall, das ist nicht sie, das ist ihre Tochter. So lässt sie sich nicht abfertigen, das kennt sie. Und die Männerwelt um diesen Mann herum kennt sie auch. Sie ist es gewohnt, anderen ihr Leid zu klagen, anderen auf den Wecker zu gehen. Jesus ist mit seiner Gruppe weitergegangen. Sie rennt an ihnen vorbei und wirft sich vor ihn hin. Jesus muss über sie wegsteigen, wenn er weiterwill. Wörtlich steht da im Griechischen nicht einfach: »Sie wirft sich vor ihm nieder«, sondern: »Sie hündelt vor ihm«. Ja, liebe Freunde, ihr wisst schon, was das heißt. Ihr wisst, wie das ist, wenn Hunde ergeben winseln, den Hals lang machen, gekrochen kommen, eben »hündeln«. Sie schrie – er hat geschwiegen. Sie benimmt sich wie ein winselnder Hund – und Jesus behandelt sie wie einen Hund: »Es ist nicht recht, dass man den Kindern ihr Brot nehme und werfe es vor die Hunde.«

»Ja, eben«, sagt sie. »Ja, eben.« Und in diesem »Ja, eben« dieser Frau richten sich alle Getretenen auf in ihrem Stolz, in ihrem Rest Achtung und in der Klugheit, die man eben nur lernt, wenn man so behandelt wird. »Ja, eben, aber doch fressen die Hunde von den Brosamen, die vom Tisch ihrer Herren fallen.« Es ist atemberaubend, wie weit diese Frau geht, wie sie selbst in dieser schlimmen Erniedrigung, dass ein fremder Wohltäter, den sie um Hilfe bittet in ihrer Not, sie als Hund beschimpft – das war damals ein schlimmes Schimpfwort, glauben Sie mir, schlimmer als heute –, dass sie selbst in dieser Erniedrigung nicht lockerlässt, bis er kapituliert. »Frau, dein Glaube ist groß. Dir geschehe, wie du willst.« Wie du willst.

Die Tochter, von der wir sonst nichts wissen, von der ich auch gar nichts erzählt habe, die irgendwo in der Ferne krank liegt, um die es der Mutter ja geht – sie wird zu selben Stunde gesund.

Wissen Sie, an was mich diese Geschichte erinnert? Zuerst an Jakobs Kampf mit Gott. Über eine lange Nacht diese handfeste Auseinandersetzung. Jakob sagt: Ich lass dich nicht los, bevor du mich segnest. Ich weich dir nicht vom Weg, bevor du meine Tochter heilst.

Dann fällt mir noch Jesu eigenes Gleichnis aus Lukas 11 ein, wo er von dem bittenden Freund erzählt, der nachts kommt und für einen anderen um Brot bittet, der ihn überraschend besucht. Und er will ihn abwimmeln. Und Jesus kommentiert:

> *»Ich sage euch: Und wenn er schon nicht aufsteht und ihm etwas gibt, weil er sein Freund ist, dann wird er doch wegen seines unverschämten Drängens aufstehen und ihm geben, soviel er braucht.«*
> (Lukas 11,8)

Nein, Scham hatte sie keine. Scham ist Luxus für arme Schlucker, für Mütter von sterbenden Kindern.

Ertragen Sie es bitte heute, dass eine fremde Frau, Angehörige eines anderen Volkes, einer anderen Religion, das Gottesbild unseres Herrn Jesus erweitert. Dass sie Jesus bei seinem eigenen Wort nimmt und damit zwingt, sich selbst zu ändern. Eine unangenehme Geschichte für alle die, die aus Jesus gerne einen Übermenschen machen, während er sich selbst als Menschensohn bezeichnet. Unangenehm für die, bei denen alles glatt und gut und stimmig und lieb sein muss, denn hier fällt ein Makel auf Jesus. Unangenehm für die, bei denen Jesus unveränderlich, unerschütterlich von Ewigkeit zu Ewigkeit immer derselbe ist und bleibt.

Eine gute Nachricht aber für alle, die dabei sind, vor die Hunde zu gehen. Eine gute Nachricht für arme Schlucker. Eine gute Nachricht für alle, die hoffen, dass Gott sich doch noch erweichen lässt, dass Gott sozusagen seine »Einstellung« ändert, mit sich reden lässt. Dass eben nicht vorzeiten bestimmt ist, ob mein Kind mit elf an Leukämie stirbt und mein Mann mit 38 an Krebs. Dass es da einen Spielraum gibt, den ich zumindest nicht ohne Hoffnung mit meinem Schreien, Beten und Klagen betrete. Ich baue darauf, dass Gott Liebe hat im Überfluss. Und ich klage mein Recht ein, dass davon auch etwas für mich armen Hund abfällt. Wenn es dieses Recht der armen Schlucker nicht gibt, dann gute Nacht. Wenn Gott ein sturer Wille ist, dann haben wir auf Sand gebaut.

Nun ist, wenn man aus Übereifer die Augen nicht verschließt, die Bibel ein Dokument für einen Gott, der sich bewegen lässt, der sich ändert, der gar über eigene Fehler nachdenkt, der alte Entschlüsse widerruft und einen neuen Weg schenkt. Jesus selbst ist das sichtbare Zeichen für einen zu bewegenden Gott, einen Gott, der sich ändert. Der steht nicht beziehungslos daneben, er ist verwickelt. Ich lasse dich nicht, Gott, du bist in meine Geschichte verwickelt, du kannst dich nicht heraushalten aus meinem Leid wie Jupiter, Wotan & Co.

Es gibt furchtbare Stunden im Leben – und im Glauben. Für den Glauben ist es dann am schlimmsten, wenn er nicht mehr mit Gott rechnet, nicht mehr mit dem lebendigen Gott, nicht mehr mit dem Gott, der sich rühren und bewegen und bitten lässt. Ein Gott, der sich nicht mehr bitten lässt, ist so viel wie kein Gott.

Es mag ja sein, dass die Antwort später kommt, als uns lieb ist. Es mag ja sein, dass wir im Wust der vielen Antworten die Antwort Gottes überhören. Es mag sein, dass Gott schweigt, für unsere Verhältnisse viel zu lange und mit schlimmen Folgen. Es mag sein, dass wir bei unserer Suche nach Gott innerlich und äußerlich vor die Hunde gehen. In der größten Not treffen wir auf diese Frau, und sie sagt: Gib nicht auf! Er wird nicht anders können, als dir zu helfen. Er ist Gott! Er ist nicht Wotan, Zeus & Co. Er kann auf Dauer nicht anders. Gib nicht auf. Da ist Platz, da ist Brot, da ist Segen, da ist Heil. Und wenn das ganze Leben bis zum letzten Atemzug ein Schrei wäre gegen Gewalt, Hunger, Erniedrigung, Krankheit und Unrecht. Gib nicht auf.

Ich bin weit davon entfernt, einen solchen Glauben zu haben, der alles gibt und alle Wege geht. Ich hoffe, auf dem Weg Jesu wird es auch Stationen geben für Feiglinge wie mich und für die vielen unter uns, die so einigermaßen durchs Leben gekommen sind, denen die Not dieser Mutter und der Gotteskampf des Jakob bisher erspart geblieben sind. Ich hoffe, Gott wird uns nicht am Glauben dieser Frau messen.

Irgendwie geht einem bei solchen Geschichten die »unbefangene Fröhlichkeit« des Glaubens verloren. Das ist einerseits gut so, und andererseits sehr schade. Eigentlich wäre es schon wichtig, zu glauben wie Kinder. Und die schreien eben, ich spreche aus Erfahrung. Aber wenn wir das mitnehmen von heute, dass der Glaube durch alle Umwege, Erniedrigung und Enttäuschung hinweg an den Tisch Gottes führt, dann wäre das schon wichtig. Es gäbe uns vielleicht bei allen Fragen doch die Gelassenheit, die man braucht, um fröhlich zu sein.

Von Reiner Kunze stammt ein kurzes Gedicht, es heißt »antwort«:

Mein vater, sagt ihr,
mein vater im schacht
habe risse im rücken,
narben,
grindige spuren niedergegangenen gesteins,
ich aber, ich
sänge die liebe

Ich sage:
eben, deshalb

(Reiner Kunze, antwort: Aus ders., gespräch mit der amsel. © S. Fischer Verlag GmbH, Frankfurt am Main 1984)

»Ja, eben, deshalb«, sagte die Frau, nahm ohne Scham die Brosamen vom Tisch ihres Herrn und ging zu ihrer geheilten Tochter. Und gemeinsam öffneten sie das vom Tisch gefallene Leben. Mehr weiß man nicht von ihnen.

Jesus ging weiter, heilte, sättigte, predigte, liebte und gab dann sein Leben – für uns.

Kantate: Alles, was Odem hat ...

Lied: Ich will dem Herrn singen (EG 340)

Hinführung zu 1. Mose 2,1–7

Undenkbar eine Zeit, in der nichts war. Gott war, sonst nichts. In Gott die Möglichkeit zu allem. Möglichkeit zu Glanz und Möglichkeit zu Tragödie. Der dreieinige Gott, so glauben wir Christen, sendet seinen Geist, seinen Atem. Das hat im Hebräischen eine große Nähe: Geist, Seele, Odem, Atem. Der Geist Gottes schwebte über dem Wasser, heißt es im ersten Schöpfungsbericht.

Und im zweiten Schöpfungsbericht lesen wir:

Lesung 1. Mose 2,1–7

Lied: Ich singe dir mit Herz und Mund (324,1–7.13)

Hinführung zu 1. Mose 6,5–17:

Gott schenkt seinen Odem, seinen Geist, seinen Atem. Damit wird Leben.

Tiere und Menschen atmen; auch Pflanzen atmen. Astrophysiker reden gar – im Bild – davon, dass der Kosmos in unvorstellbaren Zeiträumen atmet.

Der Mensch ist damit frei.
Der Mensch ist dieser Freiheit nicht gewachsen.
Er richtet Unheil an. Schlimmes Unheil.
Unheil in der Familie.
Unheil zwischen den Völker.
Unheil in der Schöpfung.

Gott, so erzählt es das 1. Buch Mose, reut es, dass er geschaffen hat, was geschaffen ist. Er will seinen Odem wieder zurückziehen.

Lesung 1. Mose 6,5–17

Hinführung zu Psalm 130

Eine elende Welt, der der Atem ausgeht. Atemlosigkeit führt zum Tod.

Was immer an Elend in dieser Welt ist, an Schuld, an Bösem, jetzt schreit es zum Himmel. Aus der Tiefe schreit es zum Himmel und bittet den, der allen Leben geben und Leben nehmen kann, der allem seinen Odem eingehaucht hat und ihn wieder entziehen kann.

Musik ist nicht nur Ausdruck der Freude, des Lobes, des Tanzes. Musik gibt auch der Klage einen Stimme.

Psalmen, das jüdische Gesangbuch, die Lieder des Tempels, spiegeln beides: Klage und Lob, Vertrauen und Angst.

Wir denken an unser eigenes Versagen, an menschliche Schuld, wenn wir jetzt den angeschlagenen Psalm im Wechsel miteinander beten.

Gebet: Psalm 130 im Wechsel

Gebet:
Verborgener Gott,
wie sollen wir reden,
wenn du schweigst?
Wie sollen wir geben,
wenn du nimmst?
Unser Lied ist zerschlagen,
unsere Bitte war ins Leere geredet,
unsere Hoffnung wird lächerlich gemacht.
Wir taugen nicht als Instrumente.
Du wirst uns neu stimmen.
Du wirst uns neue Saiten aufziehen.
Du wirst uns die rechten Worte lehren.
Unbedarft
wie die Kinder
im Spiel,
wie die Vögel
singen wir dein Lob.

Hinführung zu Johannes 1,1–17

Gott hat der Schöpfung seinen Atem, seinen Odem nicht entzogen. Gott hat das Leben nicht entzogen.

Ja, es heißt sogar, es reute ihn, dass er mit der Sintflut so viel Leben vernichtet hatte.

Und doch: Die Menschen haben nicht gelernt. Der Regenbogen,

Zeichen für Gottes Treue und Schonung, für seinen Bund mit allem Leben, wird übersehen. Gottes Wille zählt nicht. Ich zähle.

Das auserwählte Volk bricht immer wieder den Bund mit Gott. Menschen säen Unheil, Menschen töten, Menschen verlassen, Menschen lügen, Menschen sind feige, Menschen schauen weg, Menschen werden immer wieder schuldig und verkehren die gute Schöpfung in ein Niemandsland.

Der dreieinige Gott, Liebe aus Liebe, gibt sich selbst für diese Schuld. Entzieht nicht den Geschöpfen das Leben, gibt sein eigenes Leben. Wird Mensch wie wir in Jesus von Nazareth. Uns zum Heil. Der Schöpfung zur Bewahrung.

Lesung Johannes 1,1–17

Hinführung zu Psalm 104

Wenn Christen Gott ein neues Lied singen, wenn sie neu Atem schöpfen und neu Vertrauen setzen in die Zukunft, dann orientieren sie sich nicht mehr am Regenbogen, dann blicken sie aufs Kreuz. Und vom Kreuz auf Ostern und von Ostern auf sich selbst.

Menschen entdecken sich in diesem Glanz des Schöpfungsmorgens, in diesem Glanz des Ostermorgens wieder neu als frei. Menschen staunen. Menschen staunen über Gott, staunen über die Welt und staunen über ihre Rolle in diesem Ganzen.

Staunen ist der Anfang allen Redens von Gott.
Staunen ist der Beginn jeder Liebe.
Staunen beginnt mit einem tiefen Atemholen.

Lesung Psalm 104

Hinführung zu Apostelgeschichte 17,22–31

Wes das Herz voll ist, des läuft der Mund über, sagt der Volksmund.

Wer liebt, will erzählen, dass er liebt.

Wer staunt, kann seinen Mund nicht halten, will, dass auch andere staunen. Dass andere sehen, was er sieht.

Schau dir dieses Wunder an. Meine Liebe. Unsere Befreiung. Die Wunder der Schöpfung. Den Glanz Gottes. Schau – hier bekommst du einen Blick ins Herz Gottes, mitten ins Herz.

So predigt Petrus, so predigen wir, so predigt Paulus mitten in Athen, einer gottesfürchtigen Stadt, die so gottesfürchtig war, dass jedem bekannten Gott ein Altar gewidmet war, mitten in der Stadt. Und noch mehr, auch dem »unbekannten Gott« war ein solcher Altar gewidmet.

Lesung Apostelgeschichte 17,22–31

Lied: Gelobt sei Gott im höchsten Thron (EG 103,1–6)

Fürbittengebet:
Treuer Gott,
es ist eine wunderbare Gabe, singen zu können, fröhlich zu sein.
Es tut gut, dem Kranken ein leises Lied zu singen, dem Traurigen, dem Entmutigten.
Unser Lied ist auch Gebet.
Wir bitten um Bewahrung und Frieden,
um Ermutigung und Hoffnung.
Es gibt so viele, die unsere Lieder bräuchten,
unser Gebet, unsere Zeit und Nähe.

Vor allem, treuer Gott, brauchen sie dich.
Dass die Mutlosen dich als Stütze im Rücken spüren,
dass die Verirrten dich als Weg vor sich sehen,
dass die Geschundenen deine heilende Hand spüren,
dass die Harten durch deine Freundlichkeit sich erweichen lassen,
dass alle böse Gewalt vor deiner Liebe weicht.
Treuer Gott, sei du unser Lied.

Vaterunser, Friedensgruß

Sendung:
Gott,
du bist in der Luft, die ich atme,
und in dem Klang, den ich höre.
Du bist in den Farben, die ich sehe.
Du bist im Geruch der frischen Erde,
im Duft einer Blüte,
im Geschmack einer Frucht.
Du bist mir Mutter und Vater.
Du bist der Boden, auf dem ich gehe,

und die Schwerkraft, die mich aufrecht gehen lässt.
Du bist das Glück, in dem ich tanze,
das Lachen, das mich einlädt,
und die Stille einer Nacht.
Du bist der Gedanke, den ich denke.
Ohne dich kein Atemzug und
außer dir keine Sekunde Zeit.
Du bist die Hülle, die alles umschließt,
und die kleinste Zelle,
in der alles Wissen
über mein kurzes Leben
gespeichert ist.
Du bist Quelle und Meer,
Anfang und Ende.
In dir
bin ich, werde ich, bleibe ich
ganz.

Segen

Kantate: Die Lieder haben sie uns nicht nehmen können

Lied: Morgenlicht leuchtet (EG 455,1–3)

Psalm 98

Gebet:
Deine Liebe
macht Ketten zu Saiten
macht Mauern zum Parkett
macht aus dem Urteil ein Kyrie
und aus Scherben ein Gloria
macht Schwerter zu Pflugscharen
und Stöcke zu Flöten
vollende dein Wunder
unterbrich unseren Tanz
um goldene Kälber
vollende dein Wunder
und stimme uns neu

Tagesgebet:
Mechthild von Magdeburg, eine Ordensfrau, die im 13. Jahrhundert lebte, betet:
Herr, du bist die Sonne aller Augen,
Herr, die bist die Wonne aller Ohren,
Herr, du bist die Stimme aller Worte,
Herr, du bist die Kraft aller Heiligkeit,
Herr, die bist die Lehre aller Weisheit,
Herr, du bist das Leben alles Lebenden,
Herr, du bist die Ordnung alles Seienden.

Das konnten sie uns nicht nehmen

Die Namen der Orte, die sie aufzählt, sagen mir nichts. Orte in Kasachstan, in Russland. Sie enden auf -grad, -irsk oder -orsk. Zelinograd habe ich mir notiert. Der Ort, von dem aus sie mit ihrer Familie ausgewandert ist. Der Körper lebt in Deutschland, die Emotionen sind

5000 Kilometer ostwärts geblieben. Das mag früher umgekehrt gewesen sein. Jedenfalls hängten sich die Träume an Deutschland – und die Hoffnung an Gott.

Sie liegt, abgemagert auf knapp 40 Kilogramm, im Wohnzimmer. Der Mann sitzt am Tisch, mit ihm die Schwägerin. Seit Monaten stirbt sie einen schleichenden Tod, umsorgt vom Mann, dessen Schwester bei der Pflege hilft. Wir bereiten die Feier ihres letzten Heiligen Abendmahls wenige Tage später vor. Ich werde Zeuge einer Lebensbeichte. Er, Hände mit Schwielen, abgearbeitet und doch kräftig, zupackend und jetzt so hilflos, erzählt. Seine Frau ergänzt mit schwacher Stimme.

Sie sind durch die Hölle gegangen.

In die Mühlen der Mächtigen sind sie geraten.

Die Mächtigen haben den Willen gebrochen, das Rückgrat, zuweilen auch einen Finger oder Arm.

Die Mächtigen haben benutzt und missbraucht.

Die Benutzten und Missbrauchten mussten sich fügen, was auch immer das heißen mag für ein junges Ehepaar, das jahrelang 2000 Kilometer zwangsgetrennt lebt.

Er zeigt mir einen schlecht verheilten Bruch am linken Unterarm.

Sie weint, als ich vorsichtig nach Kindern frage.

Mehr an Elend sollte nicht veröffentlicht werden.

Sie haben die Hölle erlebt.

Nun ist sie stark fünfzig und stirbt.

Erschöpft ist sie eingeschlafen. Hände gefaltet um ein abgegriffenes Gesangbuch.

»Darf ich leise ein Lied singen?«, frage ich. Die beiden am Tisch nicken und falten die Hände. Ich singe leise: »Ich bete an die Macht der Liebe.« Ein leiser, kleiner Choral, an dem sich die Schwägerin beteiligt. Ich weiß, wie wichtig unseren Russlanddeutschen dieses Lied ist. Er sitzt, schweigt, schaut zu seiner Frau. Sie schläft jetzt ruhiger. An diesem Tag wird sie nicht mehr aufwachen. Die Tage danach werden noch einmal schlimm.

Im Flur, beim Abschied, nimmt die Schwägerin meine Hand in ihre beiden Hände und sagt: »Alles haben sie uns genommen. Nur das konnten sie uns nicht nehmen.« »Sie meinen den Glauben?« – »Ich meine die Lieder.«

Lied: Gott, mein Trost und mein Vertrauen (z. B. BEL 639,1.4)

Von Georg Friedrich Händel gibt es eine Sopran-Arie (HWV 207):

Meine Seele hört im Sehen,
wie, den Schöpfer zu erhöhen,
alles jauchzet, alles lacht.
Höret nur, des erblühnden Frühlings Pracht
ist die Sprache der Natur,
die sie deutlich durchs Gesicht
allenthalben mit uns spricht.

Meine Seele hört im Sehen – ein wunderschönes Bild. Ich würde es, könnte ich, gerne umdrehen: Meine Seele sieht im Hören.

Meine Seele, mein sensibelstes Organ, braucht das Ohr. Das Ohr führt aufnehmend nach innen, das Auge führt in Besitz nehmend nach außen.

Das Ohr ist an Feinheit dem Auge weit überlegen.

Beiden, Ohren und Augen, wird andauernd Gewalt angetan.

Es ist eigentlich unbegreiflich, warum Menschen sich selbst andauernd so quälen. Sich selbst und die anderen um sie.

Das Feingefühl verkommt.

Das Gespür für das Schöne weicht dem Griff nach dem Schnäppchen.

Menschen verlieren ästhetische Maßstäbe. Sie kaufen. Sie besitzen. Sie haben.

Ihre Seele hört nicht mehr im Sehen und sieht nicht mehr im Hören.

Die Wunder um uns sind maßlos.

Maßlos die Farbenpracht, die Vielfalt des Lebens, der Gedanken, der Möglichkeiten.

Im Frühling wird uns das gelegentlich bewusst. Jedenfalls dem, dessen Seele es nicht verlernt hat, zu hören und zu sehen.

Lesung Matthäus 11,25–30

Jesus will entlasten.
Das Lob Gottes soll entlasten.
Die Lieder, die wir singen, sollen entlasten.

Sein Joch ist sanft.
Mit sanfter Hand weist uns Jesus Christus den Weg.
Vor keinen Schlägen musst du dich ducken,
dein Gott wirbt um deine Seele mit sanften Worten
und leichter Hand.

Das ist die Nachricht des heutigen Predigttextes.

Sie gilt den Müttern, die um ihre Kinder sorgen, ebenso wie dem Menschen, dessen Ellenbogen andere treffen.

Wenn man schon am Sonntag Kantate zum Heilandsruf aus dem Matthäusevangelium etwas sagen will, dann dies:

Gott lädt ein zum freien Lied, zum Spiel im Licht. Ducken sollt ihr euch nicht. Buckeln sollt ihr nicht.

Den Unmündigen, die noch nicht wählen dürfen, die vor Gericht nicht aussagen und keine Geschäfte abwickeln dürfen, den Unmündigen ist die gute Nachricht in den Mund gelegt: Vater und Sohn sind eins. Gott hat das Regiment in Jesu Hand gegeben. An seinem Umgang mit Menschen erkennen wir, wie Gott die Welt, den Kosmos, die Menschen, das Miteinander in seiner Schöpfung haben will. Ein freies, sanftes, ermutigendes Lied für die Ruhe der Seele.

Lesung Offenbarung 15, 2–4

Und ich sah, und es war mir, als entstiegen einem Meer aus Tränen Hunderttausende, Millionen; fänden festes Land, hielten sich an Händen, umklammerten trotzig Ikonen, Kreuze, Liederbücher, Flöten, Palmzweige und Friedensverträge. Und es war mir, als hörte ich ein altes Lied. Mein Vater sang es damals als unfreiwilliger Soldat vor Rügen, meine Frau sang es in langen Nächten am Bett hochfiebernder Kinder, meine Kinder sangen es am Tag der Zeugnisausgabe, meine Freunde beteten es als verzweifelte Litanei am Sarg eines 19-jährigen Unfallopfers.

Wer mag sich nicht anschließen, wenn sie von Frieden singen, von Heilung, Rettung und Menschenwürde? Und doch, sie singen andere Lieder. Monoton stampfen sie im Takt der Lichtorgeln, verballhornt schunkeln sie im Takt der Stimmungskanonen. Da ist kein Ohr für Zwischentöne, keine Zeit für Fragen nach woher und wohin, für Gottes Lied.

Ein Freund sagt mir: »Um das Lob Gottes zu singen, müssen wir die Städte verlassen. Am Meer, vielleicht noch in den Bergen, dass man dort singen könnte ...?«

Cantate domino! Singt dem Herrn, singt dem Herrn ein neues Lied! Singt Gottes Namen in einem Atem und Bogen mit Arbeitslosenzahlen, Unfallstatistiken und Frühinvaliden! Singt, den Fluten entkommen, das Lied der Freude und des Dankes!

Diskutieren können wir morgen. Weinen werden wir morgen. Heute ist Zeit, Lieder zu singen. Und: Lasst euch das nicht ausreden! Seid mutig, singt vom Unwahrscheinlichen und ihr nähert euch der Wahrheit!

Fürbittengebet:
Treuer Gott,
es ist eine wunderbare Gabe, singen zu können, fröhlich zu sein.
Es tut gut, dem Kranken ein leises Lied zu singen,
dem Traurigen, dem Entmutigten.
Unser Lied ist auch Gebet.
Wir bitten um Bewahrung und Frieden,
um Ermutigung und Hoffnung.
Es gibt so viele, die unsere Lieder bräuchten, unser Gebet,
unsere Zeit und Nähe.
Vor allem, treuer Gott, brauchen sie dich.
Dass die Mutlosen dich als Stütze im Rücken spüren,
dass die Verirrten dich als Weg vor sich sehen,
dass die Geschundenen deine heilende Hand spüren,
dass die Harten durch deine Freundlichkeit sich erweichen lassen,
dass alle böse Gewalt vor deiner Liebe weicht.
Treuer Gott, sei du unser Lied.

Vaterunser, Friedensgruß, Segen

Rogate: Allheilmittel Gebet?

Jakobus 5,13–16.(4,1–3)

Nachher werden wir zwei Kinder taufen. Gesunde Kinder aus stabilen Familien mit lieben Eltern. Gestern habe ich einen jungen Mann beerdigt, 26 Jahre alt. Man hat ihn bei Hannover erstochen. Und am Freitag habe ich zwei Kinder beerdigt, die ersten Kinder einer jungen Familie unter uns, Zwillinge. Das eine Kind durfte ein paar Stunden leben, das andere vier Tage.

Freunde, die Bibel und das, was wir sagen, unsere gutgemeinten Ratschläge und all das, was wir in Christi Namen den Menschen zu sagen haben, stimmt bei aufgeschlagener Zeitung und gilt auch in furchtbaren Zeiten, oder es gilt nicht. Das hält nicht durch, das hält nicht stand, diese »Ich und mein Gott«-Religion. An Gott als Christ zu glauben ist äußerste Krise. Kein Ersatz für Valium und autogenes Training.

Ich wehre mich mit jeder Faser meines Lebens gegen zwei religiöse Unverschämtheiten: einmal gegen die pseudofromme Haltung, die für alles einen Bibelspruch parat hat und jedes Unglück erklären kann, eine Religiosität, der es nie die Sprache verschlägt. Ein Christ, dem es – bei allem Glauben und bei aller Liebe – nie die Sprache verschlägt, hat den Gott der Bibel und seine Art Liebe nicht verstanden. Er geht unverschämt mit der Wahrheit der Bibel um und ist zynisch zu den Menschen.

Die andere Unverschämtheit ist die Religiosität, die Gott zu einer Verfügungsmasse meiner »ups and downs« macht. Gott als die Verfügungsmasse meiner Hochzeiten und Tiefen. Die Wegränder dieser Art von Religiosität sind voll von Opfern, von Übersehenen, weil auf diesem Weg jeder sich selbst der Nächste ist und auch der Nächste bleibt. Diese Art von Religion geht unverschämt mit Gott um. Macht mit Gott, was sie will. Geht über Leichen. Kann mit dem Tod Jesu nichts anfangen. Will baden in guten Gefühlen und nicht wahrhaben, dass die Flüsse und Seen manchmal trocken liegen, dass das Wasser zumindest nicht für alle reicht.

Kirche ist die Glaubwürdigkeit schuldig geblieben. Was wir als Christen zu sagen haben, muss stimmen am Grab zweier Kinder, in der feuchten Einsamkeit eines Waldstücks bei Hannover, bei einem 18. Geburtstag im Pfarrhaus und bei der glücklichen Geburt von Sabrina und Simon.

Ehrliches Christsein. Mit den Lachenden lachen, mit den Weinenden weinen, nicht zynisch, keine Schau. Beteiligt! Und das müssen wir üben. Das müssen wir viel mehr üben miteinander. Da darf keiner den anderen allein lassen, weil wir so schnell wieder wegkippen. Wer hält denn schon den Fragen des Lebens stand? Nur die Helden. Und die leben unter allen anderen die verlogensten und traurigsten Biographien. Schauen wir uns doch unsere »Promis« an. Was haben wir sie herausgeputzt! Aber sie sind doch keine anderen als wir! Was zwingen wir sie zur Schau! Wie leiden sie hinter all der grellgeschminkten Zuversicht, unter dem Zwang, nicht aus der Haut fahren zu dürfen, immer positiv zu denken. Das ist die eigentliche Religion der letzten Jahrzehnte, das »positive Denken«. Freunde, das ist eine Religion ohne Gnade, das ist eine teuflische Religion, und wir beteiligen uns, jeder auf seine Weise, an den Kultveranstaltungen des positiven Denkens. Und haben ein Schweigen für die, die nicht mitkommen.

Woher kommen die Kriege bei euch, woher die Streitigkeiten? Doch nur vom Kampf der Leidenschaften in eurem Innern. Um Lustgewinn geht es euch.

Ihr seid begierig und erhaltet doch nichts; ihr mordet und neidet und gewinnt nichts; ihr streitet, führt Krieg und habt nichts, weil ihr nicht bittet.

Wenn ihr bittet, empfangt ihr nichts, weil ihr in übler Absicht bittet, nämlich um das Erbetene für euch zu haben und zu genießen.

Aktuell ist er, der Jakobusbrief, den manche gar nicht kennen. Andere legen ihn weg und sagen, schon Luther hätte gemeint, das sei eine »stroherne Epistel«, trocken vielleicht. Von wegen trocken.

Der Jakobusbrief haut uns unsere Lügenwelt ganz saftig um die Ohren.

Wir haben das Bitten verlernt. Wir haben verlernt, zu beten. Wenn wir bitten, dann präsentieren wir Gott schon die Lösung, und die kommt immer uns selbst zugute.

Wie kann ich um Frieden in der Welt bitten und nicht laut schreien über jede Waffe, die zum Export dieses Land verlässt? Wie kann ich um Bewahrung meiner Kinder bitten und nicht schreien auf den Märkten, in den Schulen, in den Fernsehstudios und in den Parlamenten angesichts dessen, was Kindern angetan wird, weltweit.

Da werden zum Teil mit einer Eiseskälte Noten verteilt und Chancen, wie an anderer Stelle Brot verteilt wird und Reis – die Stärkeren überleben.

Und nun, wo in all dem, wo finden ich und du Ruhe? Wo greifen ich und du nach Frieden? Wo werde ich getröstet, ohne dein Leid aus dem Trost auszuklammern? Wo baue ich einem Bundeskanzler, einer Bundeskanzlerin, einem Bundespräsidenten, einem Parteivorsitzenden, einem Oberbürgermeister eine Brücke, dass er auch einmal trauern kann, dass er versagen darf wie ich und du? Wo beginnt ein Wort zu tragen über einen Abgrund an Elend, an Verkrampftheit, an Einsamkeit, an Sterbensnot?

Der Jakobusbrief ist verschrien als ein Brief für die Macher. Weil er zum Tun aufruft, weil er die Werke, das Handeln der Menschen in den Blick rückt. Während wir Evangelische so sehr die Gnade Gottes betonen und sagen, der Glaube sei wichtig. Aber der Jakobusbrief ist missverstanden, wenn man meinte, nun läge das Glück sozusagen wieder in den eigenen Händen. Nein, ganz anders.

Woher kommen die Kriege bei euch, woher die Streitigkeiten? Doch nur vom Kampf der Leidenschaften in eurem Innern. Um Lustgewinn geht es euch.

Ihr seid begierig und erhaltet doch nichts; ihr mordet und neidet und gewinnt nichts; ihr streitet, führt Krieg und habt nichts, weil ihr nicht bittet.

Wenn ihr bittet, empfangt ihr nichts, weil ihr in übler Absicht bittet, nämlich um das Erbetene für euch zu haben und zu genießen.

Leidet jemand unter euch, der bete; ist jemand guten Mutes, der singe Psalmen.

Ist jemand unter euch krank, der rufe zu sich die Ältesten der Gemeinde, dass sie über ihm beten und ihn salben mit Öl in dem Namen des Herrn.

Und das Gebet des Glaubens wird dem Kranken helfen, und der Herr wird ihn aufrichten; und wenn er Sünden getan hat, wird ihm vergeben werden.

Bekennt also einander eure Sünden und betet füreinander, dass ihr gesund werdet. Des Gerechten Gebet vermag viel, wenn es ernstlich ist.

Betet füreinander, dass ihr gesund werdet.

Die Gemeinde ist nicht gesund, solange einer krank ist. Meine Krankheit ist auch dein Schaden.

Jakobus – das müsste jeder merken, der des Lesens und Hörens kundig ist – Jakobus schreibt nicht: Betet füreinander, dass die Kranken gesund werden. Er schreibt: Betet füreinander, dass ihr gesund werdet. Wir sind ein Leib. Schwestern und Brüder, die Menschen. Geschwister die Tiere. Geschwister die Pflanzen. Einer des anderen Hand oder Auge. Einer des anderen Herz.

Ja, Sie haben Recht. Wir sind damit überfordert. Und deshalb das Zweite: Beten heißt, einen anderen Menschen, ein Problem, eine offene Frage, ein Leid, eine Freude – ganz Gott anvertrauen. Da bleibt kein Rest Besserwisserei. Da bleibt auch kein Rest Egoismus. Und so beten können wir nicht.

Ein Drittes: Wo legen wir nicht überall Hand an! Wo haben wir nicht überall die Finger drin. Alles: Leben, Welt, Ideen – alles wird Verfügungsmasse unserer Hände.

Da spüren die Menschen, im Handanlegen sind wir schnell. Vielleicht wenn wir unsere Hände etwas heraushalten würden? Nicht Hand anlegen, Hände auflegen, meint der Jakobusbrief. Hand anlegen, tägliche Praxis. Hände auflegen, davor scheuen wir uns.

Deshalb sage ich: An Gott als Christ zu glauben ist äußerste Krise. Das Christentum ist die radikalste Infragestellung aller menschlichen Religion. Aller Verankerungen, aller Genügsamkeit, aller Hoffnung für mich. Wir werden uns, wenn der Weg unserer Kultur so weitergeht wie eben, als Christen in die absolute Minderheit hineinbewegen. Und ob wir unserem Herrn folgen und bereit sind, selbst dieses Kreuz zu tragen, steht auch noch in den Sternen. Wir werden Unruhe stiften, wo Menschen nach Ruhe suchen. Wir werden zum Aufbruch mahnen, wo andere endlich meinen, ihren Platz gefunden zu haben.

Wir werden vor allem Gott in den Ohren liegen: Dein Reich komme. Dein Wille geschehe. Und diese Bitte wird nicht mehrheitsfähig sein, wenn die Menschen merken, dass der Wille Gottes ihnen nichts nützt.

Und einer braucht den anderen, der ihm sagt: Komm, verrenn' dich nicht. Bleib bei den Menschen.

Unter den jüdischen Freunden gibt es teilweise die Überzeugung, wenn von allen Juden einmal der Sabbat recht gehalten würde, käme der Messias. Einmal, von allen. Dann.

Ich würde es gerne evangelisch übersetzen. Wenn wir einmal alle glauben würden, dass Gottes Wille geschehen soll, im Himmel und unter uns Sterblichen, dann wäre das Reich Gottes da. Einmal, alle.

Denn dann würden wir verzichten darauf, uns und unseren Nachbarn heilen zu wollen nach unseren Vorstellungen. Und das, so meint der Jakobusbrief, wäre der Beginn der Gesundheit aller.

Das hängt uns Protestanten an, dieses Kreuz. Sich selbst kreuzigen. Meine Pläne durchkreuzen, besser: meine Pläne und Wünsche durchkreuzen lassen von Gottes Liebe.

Ich kann von dieser Liebe auch nur reden wie ein Blinder von van Goghs wunderschönen Sonnenblumen oder Rembrandts Licht. Ich möchte, dass wir miteinander das, was jeder sieht und ahnt und ertastet, teilen. Nur so mag ich auch nachher diese beiden Geschenke Gottes in Dankbarkeit und Freude taufen. Taufe ist dann nichts anderes, als ohne einen Rest Misstrauen diese Kinder Gott anzuvertrauen.

Des Gerechten Gebet vermag viel, wenn es ernstlich ist.

Ja. Der Gerechte ist der, der Gott traut. Ich habe nichts, womit ich beweisen könnte, was ich sage. Ich kann hinweisen auf den wunderschönen Sommer, auf die Sonne, auf die Schöpfung, auf die Liebe unter uns, auf Freude und Glück. Aber ich weiß, das vergeht, wie alles vergeht. Es ist nur ein Licht, das nach allem Vergehen leuchtet, der auferstandene Herr Jesus Christus.

Ich möchte Ihnen noch ein Gedicht von Dietrich Bonhoeffer lesen. Es heißt Christen und Heiden. Er hat es im Juli 1944 geschrieben, vor rund 70 Jahren also.

Menschen gehen zu Gott in ihrer Not,
flehen um Hilfe, bitten um Glück und Brot
um Errettung aus Krankheit, Schuld und Tod.
So tun sie alle, alle, Christen und Heiden.

Menschen gehen zu Gott in Seiner Not,
finden ihn arm, geschmäht, ohne Obdach und Brot,
sehn ihn verschlungen von Sünde, Schwachheit und Tod.
Christen stehen bei Gott in Seinen Leiden.

Gott geht zu allen Menschen in ihrer Not,
sättigt den Leib und die Seele mit Seinem Brot,
stirbt für Christen und Heiden den Kreuzestod,
und vergibt ihnen beiden.

(Dietrich Bonhoeffer, aus: Dietrich Bonhoeffer Werke, Bd. 8: Widerstand und Ergebung. Briefe und Aufzeichnungen aus der Haft. © 1998 by Gütersloher Verlagshaus, Gütersloh, in der Verlagsgruppe Random House GmbH, München)

Jubilate: Verwandlung

Johannes 16,16.20–23a

Jubilate.

Wann gibt es einen Grund zu jubeln?

Ja, wenn ein Kind geboren wird. Dann jubeln vielleicht die Väter und die Großeltern, die Mütter sind eher erschöpft. Glücklich ja, aber sie haben neben neun Monaten Schwangerschaft auch die Wehen und die Schmerzen der Geburt hinter sich.

Jubilate – jubelt.

Feiert euer Glück!

Über das Glück erzählt einer ganz hintersinnig:

Da besucht er seinen Freund am Meer, in einem Touristenort. Am Nachmittag gehen die beiden an den Strand. Der Mann stellt sich ans Wasser, lässt sich den Wind um die Nase wehen, schaut den Wellen zu und genießt. Dann beobachtet er die anderen und sieht: So ziemlich die gleiche Zahl Menschen geht den Strand hinauf, die anderen gehen ihn hinunter. Die einen gehen genau dahin, wo die anderen gerade herkommen. Alle haben das Gefühl, dort muss es besser sein, alle sind sie auf der Suche nach etwas Besserem, als sie es hier haben. Der Mann vergleicht das nachher mit unserem Lebensgefühl: Genau da, wo ich nicht bin, da muss es besser sein. Wenn ich erst dort bin, wenn ich erst das erreicht habe, dann bin ich glücklich. Wie gesagt, eine hintersinnige Geschichte ist das, weil sie von der inneren Unruhe in uns erzählt, von dem Gefühl, es fehlt noch etwas zum wirklichen Glück im Leben.

Glück, ein Leben, das so erfüllt ist, dass ich gar nicht mehr fragen muss, was der Sinn meines Lebens ist (nach Petra Harring).

Es gibt keine Garantie. Es gibt kein Bild, in das man Gott binden könnte. Das ist unser Dilemma.

Dass wir »nur« glauben können. Und wenn der Glaube den Zweifel nicht kennt, dann ist er nicht mehr echt. Und wenn das Glück keine Sorge kennt, dann verflacht es oder wird zum Wahn.

Ich habe in meinem Leben als Pfarrer eigentlich nie diese innere Sicherheit, gar die innere Sorglosigkeit auf längere Dauer gehabt, von der manche sprechen.

Ich habe immer erlebt, wenn der Glaube auf den Alltag trifft, wenn die Bibel auf Maschinen und Kassen und Ängste und Fehler und Straßen trifft, dann arbeitet das, dann geht das hin und her, dann schaue ich nach links und rechts: Dann brauche ich den anderen unter den Kollegen, in der Gemeinde, in der Familie. Dann kann das biblische Wort sich weiterentwickeln und neu in mir aufgehen.

Deshalb ist mir in den letzten zehn Jahren der dritte Glaubensartikel so wichtig geworden, der, der vom Heiligen Geist und der Gemeinschaft, der Kirche spricht.

Ab und zu war ich sorglos und heiter in meinem Glauben, wie eine Rose im Garten in diesen Wochen heiter und sorglos leuchtet.

Manchmal habe ich im Glauben gebadet, wie man ein Sonnenbad nimmt.

Aber der »Sonntag« geht vorbei. Die Nacht nimmt ihm das Licht.

Ab und zu dürfen Menschen in Visionen, in Offenbarungen oder Träumen, Gottes Herrlichkeit begegnen in einer »Welt, die einen Schritt weiter ist als die Welt jetzt«.

Und wenn sie davon erzählen, dann wird das missverständlich.

Auf dem Sterbebett erzählt der Bauer Ambros Diem dem Seelsorger Fridolin Stier von solchen Erfahrungen:

»Weißt du, wenn ich daran denke: Sommerfrühe, Sense auf dem Buckel, Mostkrug in der Hand, hinaus, Sonne, glitzernder Tau im Gras, singende Vögel, Himmel und Wald ... Und denn sagt er: ›Do hätt' i denn grad juzga kenna!‹ Und: ›Do hon e gmerkt, dass do no ebbes ischt.‹« Do hätt i denn grad juzga kenne. Juzga – jauchzen. Mitten im beschwerlichen Alltag – juzga, jauchzen vor Freude über die maßlose Fülle des Schönen, das Gott uns schenkt. »Do hon e gmerkt, dass do no ebbes ischt.«

Das ist noch kein christlicher Glaube, ich weiß. Da ist noch nicht die Rede von dem, was Gott dieses Geschenk gekostet hat.

Von Anbeginn der Welt ist da eine Kraft, die Widerrede hält gegen dieses Jauchzen, die die Freude verdirbt und Geschöpf gegen Geschöpf aufbringt. Die Bibel erzählt eine Fortsetzungsgeschichte dieses Widerstandes gegen Gott, gegen das Schöne.

Und die Bibel erzählt auch, dass Gott seinen Sohn gibt. Sie erzählt auch vom Leiden Gottes an dieser Welt, von Kampf und Überwindung und spärlichem Missionserfolg.

Die Sonntage, die wir in diesen Wochen feiern – Jubilate, Kantate –, laden uns ein, nun nicht immer wieder neu bei null oder bei minus zu beginnen. Ostern ist geschehen. Christus ist auferstanden.

Es ist Ostern gewesen. Das muss man uns doch anmerken. Und wenn das eine oder andere Wort dann eher gestammelt als gejauchzt ist, wenn Bilder nicht stimmen – wichtig ist doch, dass Ostern stimmt, dass Ostern mich stimmt, wie ein Instrument gestimmt wird.

Ich wünsche jedem von uns Augenblicke in seinem Leben, in denen er Glück empfindet, das die Sprache nicht mehr in Worte fassen kann.

Der für heute gedachte Predigttext nimmt diese Spannung auf. Jesus, der sensible Seelsorger, der bis ins Tiefste spürt, was die Menschen echt bewegt, mit denen er zusammen ist, Jesus hat sich zu seinen Jüngern gesetzt. Das Johannesevangelium erzählt vor der Passion, wie er sich Zeit nimmt, die Sorgen der Jünger ernst nimmt. Jesus sagt:

Noch eine kleine Weile, dann werdet ihr mich nicht mehr sehen; und abermals eine kleine Weile, dann werdet ihr mich sehen.

Wahrlich, wahrlich, ich sage euch: Ihr werdet weinen und klagen, aber die Welt wird sich freuen; ihr werdet traurig sein, doch eure Traurigkeit soll in Freude verwandelt werden.

Eine Frau, wenn sie gebiert, so hat sie Schmerzen, denn ihre Stunde ist gekommen. Wenn sie aber das Kind geboren hat, denkt sie nicht mehr an die Angst um der Freude willen, dass ein Mensch zur Welt gekommen ist.

Und auch ihr habt nun Traurigkeit; aber ich will euch wiedersehen, und euer Herz soll sich freuen, und eure Freude soll niemand von euch nehmen.

An dem Tag werdet ihr mich nichts fragen.

Ja, darauf lebe auch ich hin. Das lasse ich mir sagen und das sage ich weiter: Es kommt ein Tag Gottes, an dem wir keine Fragen mehr haben.

Der 1945 ermordete theologische Lehrer Dietrich Bonhoeffer sagte bei einer Sonntagspredigt zu seinen Studenten:

»Es ist heute wieder Tag des Herrn. Wiederum halten wir Gottesdienst. Trübsal ist über die Gemeinde gekommen. Brüder sind im Gefängnis. Aber der Himmel ist uns nicht mehr verschlossen, auch droben ist Gottesdienst. Die Gemeinde steht vor Christus und leuchtet in Herrlichkeit. Hier ist nur matter Schein, hier hören wir nur das Wort in Menschenwort

gehüllt. Aber droben feiert der himmlische Christus umgeben von seiner Gemeinde. Dort sind sie beisammen für die Ewigkeit. Lasst uns heute im Glauben, eins geworden mit den gefangenen Brüdern, mit dem himmlischen Gottesdienst eins werden.«

(Dietrich Bonhoeffer, aus: Dietrich Bonhoeffer Werke, Bd. 14: Illegale Theologenausbildung: Finkenwalde 1935–1937. © 1996 by Gütersloher Verlagshaus, Gütersloh, in der Verlagsgruppe Random House GmbH, München)

Das sind etwas andere Worte als die unseres Predigttextes. Doch es geht um die gleiche Sache. Die, die vertraut haben; die, deren Vertrauen in die Liebe Gottes bei allem Elend nicht kurzatmig war, sie loben Gott. Jubilate! Habt teil am Loblied des Lebens.

Wunderbar die Musik. Sie erreicht über die Ohren die Tiefe unseres Lebens.

Gott ist zu mir unterwegs.

Heilen will er mich. Das ist nach meiner Erfahrung nur in Klängen möglich, die Dissonanzen aufheben. Da bleibt eigentlich nicht mehr, als dass ich Ja sage. Menschen, denen es geschenkt ist, Musik machen zu dürfen, sind deshalb einen Schritt weiter. Immer wieder »durchklingt«, »durchheilt« sie dieses Glücksgefühl.

Joachim Ernst Behrendt, dem ich vieles verdanke, vor allem das »Hören« und »Horchen«, war mir ein großartiger Lehrer in der Einübung der Stille. Er hat mir die Ohren geöffnet und die Angst genommen. Er lebt leider nicht mehr.

Ich hatte schon viel von ihm gelesen und gehört. Und dann lernte ich ihn bei einem Geburtstag von Jörg Zink kennen. Wir kamen ins Gespräch. Ich sagte: »Ich habe bei Ihnen mehr gelernt als in den vielen Jahren des Theologiestudiums.« Er war eher erschrocken als erfreut. Ich sagte ihm, was ich gelernt hatte: das Hören.

Die Welt ist Klang, sagt er. Und weiß, dass das Gehör ein viel sensibleres Organ ist als das Auge. Und das Auge geht nach außen, das Gehör geht nach innen.

Ich habe Obertongesang gelernt, geübt ohne Lehrer, nur für mich in der Einsamkeit. Und habe Tränen des Glücks geweint, als ich – wie ein Geschenk – mich plötzlich zwei-, dreistimmig singen hörte. Der gregorianische Gesang fußt auf dieser erlebten Erfahrung.

Was die Sufis im Islam erleben, die Derwische, die Chassidim im Judentum, die Mönche in den Klöstern Tibets – es ist Klang von einer unbeschreiblichen Schönheit.

Und das Überraschende: Es kommt aus mir, es klingt in mir. Ich bin Klang.

Und alle Architekten der Kirchen verstanden davon etwas. Hatten nicht nur ein Gespür für Schönheit und Raum und Form. Sie hatten auch ein Gespür für Klang.

Das Loblied des Lebens schlägt den Bogen vom Lied des Mose nach der Durchquerung des Meeres bis zum Lied des Lammes in der Offenbarung des Johannes, nimmt die Lieder aller Mütter und Väter, aller Generationen auf.

Das Lied der Engel vor Bethlehem und das Lied der Elenden und Sterbenden in den Lagern.

Die Lieder, die die Bauern im Kraichgau sangen im Reformationsjahrhundert, als sie mit Stangen und Dreschflegeln auszogen um eines Geringen der Freiheit willen, die wir heute genießen, und das Lied der Krankenschwester, der Besucherin oder des Besuchers am Bett einer Schwerkranken im Hospiz.

Lassen Sie sich nicht irremachen. Ich weiß, dass das Leben, vor allem im Alter, oft genug auch getrennt von denen, die man einmal liebte und mit denen man alles teilte – ich weiß, dass das Leben manchmal Anlass zur Klage gibt. Jesus nimmt das ganz ernst.

Und er sagt: Es gibt eine Verwandlung von Klage in Freude.

Es gibt eine Verwandlung, die nicht mehr gefährdet ist und nicht mehr rückgängig gemacht wird.

Das Ende der Fragen.

Deshalb meine Bitte: Greifen Sie mit Ihrem Loben und Danken nicht zu kurz. Mein Loblied muss sozusagen hinüberklingen in diese Welt, die schon einen Schritt weiter ist. Darf nicht stecken bleiben in dieser Welt. Wenn mein Lied von dort reflektiert wird, wieder zurückkommt, dann wird es diese Welt hier auch zum Guten verändern und nicht zuletzt mich selbst wieder aufrichten.

Eure Lieder müssen groß genug sein, um auch Gott einzuschließen, und weit genug, um auch die Ewigkeit zu umfassen. – Juzga – jauchze.

Auch wenn ich dann wieder loslassen muss. Aber ich habe doch hin und wieder gespürt, wie es ist, wenn es mir vor Freude die Sprache verschlägt und der Klang mich erfüllt.

Christi Himmelfahrt: Meinen Frieden gebe ich euch

Johannes 14,15–19.25–27

Alle unsere Wege, Herr, führen in deine Hände.
Lass deine Hände offen, Herr, bis wir uns finden.
Komm uns entgegen und achte auf uns –
wir kommen auf Umwegen.

Frühstück

»Er goss den Kaffee in die Tasse.
Er goss die Milch in die Kaffeetasse.
Er tat den Zucker in den Milchkaffee.
Mit dem kleinen Löffel rührte er den Kaffee um.
Er trank ihn.
Er stellte die Tasse ab.
Ohne ein Wort.
Er zündete eine Zigarette an.
Er blies die Ringe aus Rauch.
Er streifte die Asche in den Aschenbecher.
Ohne ein Wort.
Ohne einen Blick.
Er setzte den Hut auf.
Er zog den Regenmantel an, denn es regnete.
Er ging.
Ohne ein Wort.
Ohne einen Blick.
Und ich schlug die Hände vors Gesicht und weinte.
(Jacques Prévert)

Das ist eines der schlimmen Dinge, die ein Mensch dem anderen antun kann: gehen ohne ein Wort, ohne einen Blick. Ostern, und damit auch Himmelfahrt, sind Abschiedssituationen, Geschichten einer Trennung.

Die Jünger sind verstört am Ostermorgen. Im Evangelium des heutigen Tages haben wir gehört, wie sie gelähmt zum Himmel starren.

Es ist eine Urerfahrung des Menschen, die in dieser Verstörung und Lähmung deutlich wird: Trennungsangst. Angst, alleingelassen zu werden. Angst, verlassen zu werden. Angst, mich und dich zu verlieren.

»Abschiedlich leben« (Verena Kast) zu lernen, das ist eine der großen Aufgaben im seelischen Entwicklungsprozess eines Menschen. Durch Abschiede werden wir erwachsen.

Trennungsängste sind Quellen von Gewalt. Wenn du dich scheiden lässt, bringe ich mich um. Wenn du jetzt gehst, bist du für mich gestorben.

Trennungsängste sind Quellen von Gewalt.

In manche liebgewordene Idee habe ich mich regelrecht verrannt.

Mein eigenes Bild von mir selbst, mit so vielen Ausreden und Rechtfertigungen versuche ich, es über die Zeit zu retten. Wenn ich nicht zur Korrektur bereit bin, kann es zum Gefängnis werden,

Nicht anders mein Bild in den Augen anderer. Die Rolle, die ich in ihrem Leben zu spielen habe und die längst nicht mehr meine ist. Merken sie nicht, dass ich gewachsen bin, ein anderer bin? Ich bin nicht mehr die hübsche, junge, dynamische Vorzeigefrau von damals. Ich bin nicht mehr der liebe Junge, der so witzig die Sprüche der Erwachsenen nachplappern konnte. Ich bin nicht mehr der Pfarrer, der ich vor 30 Jahren war. Wer mich auf Vergangenes festlegen will, tut mir Unrecht.

Ich denke auch an Pläne für die Zukunft. Sie können genauso einengen und nicht selten töten. Das möchte ich unbedingt ..., und das kann ich ..., und das werde ich auch. Und nur mit dir. Und dazu hast du doch einmal Ja gesagt. Du hast es mir doch versprochen, so soll es sein. Wie kannst du jetzt einfach so – so gnadenlos mich alleinlassen?

Wie viele leiden darunter, dass der Partner eigene Wege geht, sich verändert hat. Sie kennen das Schlagwort von der »mobilen Gesellschaft«. Gilt das auch für Beziehungen? Mobilität kann gnadenlos sein für den, der gehen muss. Kann den vernichten, der bleibt.

Denn Abschiede, Trennungen machen Angst.

Es gibt Menschen, die reagieren auf die Trennungsangst mit Gewalt nach außen. Petrus ist so einer, der immer Gefahr läuft, dem das Schwert immer locker sitzt.

Dann gibt es Menschen, die reagieren mit Gewalt nach innen. Judas ist so einer. Als alles zusammenbricht, bringt er sich um. Am eigenen Traum gescheitert.

Es gibt Menschen, die stumpfen ab, werden depressiv, müde, verweigern den aufrechten Gang. So einer ist Elia, bevor ihn ein Engel wieder aufrichtet.

Es gibt Menschen, die kränken sich selbst, reagieren auf das Erwachsenwerden mit Magersucht, auf Liebesentzug mit Essen im Übermaß, selbst Luther versuchte noch in jungen Jahren Gott durch Selbstverletzung zu zeigen, was er für ein Kerl ist.

Was Wunder, dass Jesus vorbeugend, vorbereitend mit seinen Jüngern »Abschiednehmen« lernt.

Auf dem Hintergrund unserer eigenen Geschichte, unserer Angst vor Trennung und in Kenntnis all der verzweifelten menschlichen Reaktionen auf Abschiede, geht der Jesus des Johannesevangeliums nicht einfach wortlos seinen Jüngern voraus oder gar davon. Sehr, sehr sensibel greift er ihre verständlichen Trennungsängste auf:

Ich will den Vater bitten, und er wird euch einen andern Tröster geben, dass er bei euch sei in Ewigkeit ...
Ich will euch nicht als Waisen zurücklassen; ich komme zu euch.
Es ist noch eine kleine Zeit, dann wird mich die Welt nicht mehr sehen.
Ihr aber sollt mich sehen, denn ich lebe, und ihr sollt auch leben.
Den Frieden lasse ich euch, meinen Frieden gebe ich euch. Euer Herz erschrecke nicht und fürchte sich nicht.

Ich möchte mit Ihnen diese wenigen Sätze Jesu an seine Jünger etwas tiefer besinnen.

Ich will den Vater bitten, und er wird euch einen andern Tröster geben.

Jesus versteht sich selbst als Tröster. Der Heilige Geist ist eine Entlastung. Es soll nicht zu Lasten der Menschen geschehen, was da an Passion und an Ostern geschieht. Auf Gottes Kosten und zu seinen Lasten soll den Menschen der aufrechte Gang ermöglicht werden.

Doch es gibt Menschen, die brauchen offenbar ihre Krankheit, um leben zu können. Eine wirkliche Heilung, wie sie an Ostern für uns Menschen beginnt, traut sich der Mensch nicht zu. Osterheilung heißt: Meine Auferstehung ist auch deine; ich lebe, und ihr sollt auch leben; was die Not wendet, ist getan, nun geht und lebt – in Frieden.

Dies ist dem Einzelnen gesagt. Über die Jünger gilt es der ganzen Kirche: Ich will euch nicht als Waisen zurücklassen.

Warum kann Christus nicht bleiben?

Warum heißt es, dass Gott erst am Ende der Zeit seine Hütte bleibend aufschlägt Tür an Tür mit den Menschen? Warum diese neue Distanz, warum ein weiterer Abschied?

Weil wir sonst die alte Erde mit der neuen verwechseln. Weil wir den Christus »für uns haben« wollen, ihn an die Erde, an unser ganz persönliches Glück binden wollen. Er aber, der dreieinige Gott, hat die Welt, den Kosmos, das Ganze nicht nur im Blick, sondern zu regieren. Martin Luther sagt: »Gen Himmel fahren heißt also alles auf Erden regieren.«

Das für den Menschen Notwendige ist getan. Gott lässt sich nicht in Beschlag nehmen und binden. Wir sind nicht der Mittelpunkt des Kosmos, das ist er selbst, der Ewig-Eine, der Unbegreifbare.

Wir können theologisch sagen: Gott geht ein in die Erde, wird Mensch. Gott geht aber nicht auf in Erde und Mensch.

Dreimal in diesen Trost- und Abschiedsworten geht Jesus auf Distanz zu dieser »Welt«:

Der Vater wird euch einen andern Tröster geben, den Geist der Wahrheit, den die Welt nicht empfangen kann.

Es ist noch eine kleine Zeit, dann wird mich die Welt nicht mehr sehen. Ihr aber sollt mich sehen, denn ich lebe, und ihr sollt auch leben.

Den Frieden lasse ich euch, meinen Frieden gebe ich euch. Nicht gebe ich euch, wie die Welt gibt. Euer Herz erschrecke nicht und fürchte sich nicht.

Deshalb ist es falsch, wenn die Jünger, wenn wir in den Himmel starren, als ob wir verwaist wären und verpassten Chancen nachzutrauern hätten. Im Gegenteil ist uns der Geist anvertraut, der dieser Welt immer ein Stück voraus ist. Weil der Geist Gottes als Entlastung und Zumutung Gottes gegenwärtig ist, wird das Festhalten der Gegenwart, der Welt, die uns bindet, zum Zeichen des Unglaubens. Nicht, dass wir Christen die Welt verlassen wollten. Wir wollen sie verändern. Wir durchschauen ihre tödlichen Spielregeln. Der Geist befreit uns, schon jetzt nach den Spielregeln des Reiches Gottes zu leben.

Keine Frage, dass wir als Kirche diesem Anspruch selten genug gerecht werden. Und doch haben wir ihn.

Ich habe oft genug beides erlebt: Leben in Angst und Leben im Geist. Darum weiß ich, was christliches Leben ist. Leben nach diesen neuen Spielregeln:

Nicht sehen, und doch glauben.
Nicht helfen können, und doch nicht resignieren.
Nicht hören, und doch ahnen.
Nicht trauen, und doch wagen.
Auf die Gefahr von Enttäuschung hin lieben.
Auf die Gefahr von Tod hin leben.
Auf die Gefahr von Verlust hin schenken.
Auf die Gefahr von Versagen hin lernen.
Angesichts von Schädlingen und Trockenheit pflanzen.
Angesichts von Krieg keine Waffen schmieden.

Es ist dann wenig Unterschied zwischen den Konflikten im Kleinen und im Großen. So, wie wenig Unterschied ist zwischen den Ängsten im Kleinen und im Großen. Wenn die Kirche erst einmal begriffen hat, dass sie keine Wahl zu scheuen hat, dass sie frei ist, sich nicht anpassen, anbiedern, mitmachen muss, dann wird das eine große Entlastung sein, vielleicht gerade für die, die ihr jetzt nicht über den Weg trauen.

Menschen wie der verstorbene Pfarrer Heinrich Albertz, die nach diesen neuen Spielregeln schon leben, sind sehr selten. Sie sind ein Segen. Mit ihrer Hilfe können auch andere lernen, den Tod und seine Welt zu durchschauen. Sie schöpfen aus tiefen Quellen und werden für andere zu Wasserstellen, zu Rastplätzen, zu Vorbildern.

Es gibt allerdings eine Zeit, über die hinaus der Same in unserer Hand, der Geist in unserer Kirche zur bloßen Ausrede von Faulheit, Feigheit und Resignation wird. Es geht nicht, dass wir immer nur von Freiheit, von Gerechtigkeit, von Frieden und der neuen Erde reden.

Martin Luther sagt einmal in einer Tischrede: »Wolken, die vorüberziehen, ohne Regen zu bringen, sind wie falsche Evangelische, die sich rühmen, Evangelische zu sein, aber keine Frucht bringen.«

Er meint wie Jesus Christus, dass man den Baum an seinen Früchten und den Menschen an seinen Taten erkennt. Woran erkennt man den Christen und den Christus?

Am aufrechten Gang, am fröhlichen Glauben, an der Bereitschaft, Abschied zu nehmen von der Hoffnung, dass alles so bleibt, wie es ist.

Nein, das ist es, was keiner glauben will: Es wird besser! Allerdings auf Kosten der Schätze, die wir jetzt in unsere Scheunen gesammelt haben.

Den Frieden lasse ich euch, meinen Frieden gebe ich euch. Nicht gebe ich euch, wie die Welt gibt. Euer Herz erschrecke nicht und fürchte sich nicht.

Sagt Christus.

Christi Himmelfahrt – Haus Gottes

1. Könige 8,22–24.26–28

Wie kann man sie halten?

Soll man ihnen verbieten zu gehen?

Oder soll man ihnen das Bleiben versüßen?

Und was lassen wir es uns kosten, dass sie nicht abwandern?

Es geht bei dieser Frage schlicht um die Zukunft.

Uns fehlen ja schon jetzt Millionen.

Wenn noch mehr Arbeitsplätze ins Ausland abwandern, was wird dann?

Gut, dann haben die in China oder in Osteuropa mehr Arbeit. Aber sie fehlt hier.

Und wenn der Schutzschirm über den Euro tatsächlich gebraucht wird – wir müssen alle wesentlich kürzertreten.

Und wenn die Missbrauchsfälle zunehmen und die Erkenntnis, dass nicht einmal mehr kirchliche – katholische wie evangelische – Vorbilder taugen, wohin dann?

Ich bin dann mal weg, sagen einige und machen sich aus dem Staub ins Ausland.

Ich bin dann mal weg, sagen andere und tauchen weg ins kurze Vergnügen.

Ich bin dann mal weg, sagen Dritte, gehen aufs Einwohnermeldeamt und treten aus der Kirche aus.

Aber: Wie kann man sie halten?

Das Kapital flieht ins Ausland, weil es dort bessere Bedingungen findet.

Für Senioren scheint auf Mallorca meist die Sonne.

Und Spekulanten haben den Euro im Visier.

Wie ist das mit Gott? Müssen wir bei Gott auch fürchten, dass er sich absetzt, weil er anderswo bessere Bedingungen für seine Gute Nachricht findet?

Sagt nicht zu schnell »Nein«.

Kann man denn Gott mit seinem Segen binden an unser Volk, an unsere Stadt, an meine und deine Familie?

Wie ein Amulett auf meinem Körper tragen?

Ihn mir als Kreuz zum Schutz um den Hals binden bei Taufe, Kommunion und Konfirmation?

Es gibt eine Zeit in der Geschichte Israels, da scheint sich Gott verabschiedet zu haben. Der Tempel in Jerusalem ist zerstört.

Im Ausland sucht man Gott.

Aber wo ist er?

Und wie konnte es geschehen, dass alles zusammengebrochen ist, was einmal gut war und Sicherheit gab?

Warum ist der Segen Gottes weg?

In dieser schlimmen Zeit, irgendwann im 6. Jahrhundert vor Christus, machen sich Menschen daran, die Geschichte Israels neu zu schreiben. Aus der Sicht des Zusammenbruchs.

Das ist ein schmerzlicher Prozess. Das kennen wir aus der eigenen Geschichte.

Israel ist sesshaft geworden. Hat eine Hauptstadt. Hat einen König, sogar schon den dritten. Nach Saul und David nun Salomo.

Schon David wollte nun Gott ein Haus bauen, damit sein Name da wohne. Doch es war der Wille Gottes, dass sein Sohn Salomo dies Haus baue. Einen Tempel, in dem Gottes Name wohnt.

Und nun wird dieser Tempel eingeweiht. Und wir sind eben dabei, als mit dem Gebet und dem Opfer des Königs diese Wohnung Gottes eingeweiht wird. Und wir hören kurz hinein in dieses Gebet.

Herr, Gott Israels, es ist kein Gott weder droben im Himmel noch unten auf Erden dir gleich.

Mit deinem Mund hast du es geredet, und mit deiner Hand hast du es erfüllt, es ist für jeden offenbar an diesem Tag.

Aber sollte Gott wirklich auf Erden wohnen?

Siehe, der Himmel und aller Himmel Himmel können dich nicht fassen, wie sollte es dann dies Haus tun, das ich gebaut habe?

Das ist ja ein grandioser Moment, die Einweihung des Tempels. Das hat man sich was kosten lassen. In der Hauptstadt des Reiches wohnt nun auch Gott.

Doch die Einweihung des Tempels ist von Fragen des Erbauers begleitet.

Sollte Gott wirklich auf Erden wohnen? Und dann in diesem Haus, das ich gebaut habe?

Kann man Gott behausen?

Kann man die Wucht Gottes in einem Stall domestizieren und Gottes Liebe auf Kalenderblättern verkaufen?

Ich weiß, dass auch Sprüche von mir darauf stehen. Das macht für mich die Frage noch existenzieller.

Kann man aus dem wilden Sinai-Gott, aus dem Wandergott und Wüstengott mit Wolken und Feuersäule, einen »Hausgott« machen, so wie man aus wilden Tieren Haustiere macht?

Menschen wollen Gott anbinden.

Menschen wollen Gott begreifen, wollen einen handlichen Gott.

Sie bauen ihm Altäre, sie bauen ihm Kirchen, sie läuten mit Glocken, laden ein mit Posaunen und sagen: Da schau hin, da ist Gott. Eltern sagen zu Kindern, wenn sie an Kirchen vorbeigehen: Da wohnt Gott.

Doch Gott will sich nicht einrichten hinter Mauern, sondern in Herzen.

Gott schenkt und braucht Weite.

Sonne und den ganzen Schmuck der Schöpfung.

So wie die prächtigsten Kleider des Königs nie und nimmer sich messen können mit der Pracht einer einfachen Lilie.

Erst am Pfingstfest beginnen die Jünger, den Verlust zu überwinden. Ihre Heimat, Jesus, ist weg. Christi Himmelfahrt war für sie ein Verlust-Fest.

Er war ihnen Weg, Wahrheit und Leben. War ihr Meister, ihr Haus und ihr Halt.

Selbst seine Auferstehung befreite sie nicht von der Angst.

Verloren starren sie zum Himmel.

Doch Himmel ist kein Ort, sondern eine Erfahrung.

Himmel ist überall, wo Gott ist.

Nicht umgekehrt.

Beide, evangelische wie katholische Christen, müssen in diesen Jahren umdenken. Müssen Neues riskieren. Müssen heraus aus dem Zwinger und weg von den Kleingärten.

Euch fehlen die Priester.

Uns fehlt das Geld.

Und uns beiden fehlt die vorbehaltlose Anerkennung.

Sie sagen:

Gott, ja. Aber nicht Kirche.

Sie sagen Glauben, ja, aber nicht dies Personal.

Sie sagen Liebe, ja, aber nicht in Klöstern und konfessionellen Schulen.

Und manchmal haben sie Recht.

Es dauert, bis man den Himmel nicht mehr oben und Gott nicht mehr in einem prunkvollen Haus sucht.

Sondern im Vorläufigen, im Unfertigen.

In der Zärtlichkeit zweier Liebender vor und in der Ehe.

In der Musik eines Träumers, am Keyboard, an der Mundharmonika oder am Schlagzeug.

Im farbenfrohen Bild eines psychisch Kranken.

In der Nachbarschaftshilfe, in der Schuldnerberatung, in der Altenpflege.

In immer neuen Anläufen zu mehr Nähe und Verständnis zwischen den Konfessionen.

In der mutigen öffentlichen Rede, in deiner und meiner Hand.

Du bist ein Ort Gottes.

Gott ist nicht Beton und Sandstein geworden.

Gott ist Mensch geworden.

Wir sind ein Ort, an dem man Gott begegnen kann.

In allem, was Gott weit macht, ist Christus gegenwärtig.

In allem, was das Herz weitet,
den Mut weitet,
die Angst mindert,
die Schritte freier, den Gang aufrechter und die Augen froher macht.

Ach, was waren wir in der Ökumene weiter vor 20 Jahren.

Manchmal dachte ich auf diesem Weg, ich wäre gerne katholischer Priester. Und mancher katholische Priester hatte gedacht, dass vielleicht doch zu seinen Lebzeiten die Grenzen fließen würden.

Aber nein. Sie verwalten müde und muffig, nachtragend und rechthaberisch alte Mauern.

Und doch: Christen, katholische wie evangelische, sprühen vor Leben und sind das Salz in der Suppe.

Das macht Hoffnung.

Christus macht uns Hoffnung,
… damit wir Hoffnung haben.

Das Schlimmste wäre:
ein verlogenes Christentum, das auf Hoffnung macht.

Das Beste wäre:
ein begeistertes Christentum, das auf Hoffnung setzt.

Und das Salz in der Suppe wäre, wenn wir Wege gehen würden, die verwirklichen, was er will:

Ein Gott.
Eine Kirche.
Ein Leib Christi.
Ein wanderndes Gottesvolk, mit vielfältigen Profilen.
Eine Taufe.
Ein Mahl.
Ein Amt.
Eine Hoffnung.
Eine Welt.
Einer, der erlöst.
Und alle, die lieben.
Einer, der Frieden stiftet,
und alle, die Mauern einreißen.
Einer, der gibt,
und alle, die teilen.
Das ist dann kein Haus mehr,
eher eine Spielwiese.

Glauben Sie mir, die Welt würde mitspielen und hätte keinen Grund mehr, hämisch sich davonzumachen.

Gott hat sich an Christi Himmelfahrt nicht aus dem Staub gemacht.

Er schenkt uns seinen Geist. Wir sind ein Ort Gottes.

Nun zeigt das den anderen. Lebt so, dass man das spürt am Arbeitsplatz, im Gebet, im Gottesdienst – oder wo immer Gott euch als Christinnen und Christen hinstellt und braucht.

Christi Himmelfahrt: Kleines ökumenisches Senfkorn Hoffnung – Gott zieht in unsere Stadt

Offenbarung 21,1–7

In den größeren Kirchen Süddeutschlands war am Fest der Himmelfahrt Christi in der Mitte der Kirche durch eine Erhöhung der Ölberg hergerichtet, auf dem mit ausgebreiteten Armen ein Christusbild stand, das möglichst unauffällig mit Stricken an der Decke der Kirche befestigt war. In feierlicher Prozession versammelten sich nun die Priester und das Volk, die die Jünger darstellten, um das Bild, die Gemeinde stimmte das uralte Lied an: »Christ fuhr gen Himmel«. Weihrauchdämpfe umgaben das Bild, und langsam schwebte es in die Höhe. Nun erschienen zwei Männer in weißen Kleidern vom Altar her und verkündeten den Versammelten, dass der Hinweggenommene wiederkehren werde. Inzwischen entstand oben auf dem Gewölbe ein furchtbares Getöse, das den Kampf Christi mit dem Teufel darstellen sollte. In Gestalt einer buntbemalten, mit Pech und Schwefel bestrichenen Puppe fiel dieser unter dem allgemeinen Jubel des Volkes in die Kirche hinab. So geschehen im 11. Jahrhundert. Doch reichen ähnliche Schilderungen noch bis in das 17. Jahrhundert hinein.

Wenn wir die Botschaft dieser mittelalterlichen Mysterienspiele aufnehmen, dann geben sie menschliche Erfahrung wieder. Das Leben »auf Erden« ist für manche eine teuflische Angelegenheit.

Wir lesen und sehen in diesen Wochen Berichte und Bilder aus Kinshasa. Das sind austauschbare Nachrichten: Rebellentruppen rücken vor, Regierungstruppen verteidigen zäh die Hauptstadt. Heute Kinshasa, gestern Sarajewo, vorgestern Kabul, Saigon, Warschau, Wien, Jerusalem. Die Berichte sind austauschbar. Die Stadt ist Hölle, wird zur Hölle für elende Menschen in elender Zeit.

Es ist, als ob die Erde verseucht wäre mit Krieg, Hunger, Unterdrückung und Willkür. Auch die Chronik unserer Stadt kennt solche Zeiten.

Vielleicht ist es nur zu verständlich, dass die Menschen ihre Erde, ihr Land, ihre Stadt für einen gottverlassenen Ort halten. Der Regent hat sich abgesetzt, überlässt einigen mehr oder weniger hilflosen Statthaltern die Verwaltung des Elends. Eines Tages, so verspricht er, werde er wiederkommen.

Jeder König im Exil redet davon, jeder davongejagte oder geflohene Diktator oder abgesetzte Präsident. Dass wir so etwas in unserem Land in den vergangenen 50 Jahren nicht erlebt haben, engt unseren Blick ein, lässt die Fernsehbilder fast unrealistisch erscheinen.

In diesen Tagen denken wir wieder an das Ende des Krieges. Heute ist der 8. Mai, den einen ein Tag der Befreiung, den anderen ein Tag der Kapitulation. Ich denke mit beklemmenden Gefühlen daran, wie die noch überlebenden Gefangenen in den Konzentrationslagern den Anblick englischer oder amerikanischer Soldaten empfunden haben mögen, nachdem sich die deutschen Bewacher davongemacht hatten. Ich habe noch keine Bilder gesehen, in denen freudestrahlend der eine dem anderen in die Arme fiel. Der Jubel fällt zurückhaltend aus, wenn nach langem Elend endlich die Befreiung da ist.

Ich zweifle, wenn ich die Bilder des Elends sehe, an den Menschen – immer wieder. Andere zweifeln an Gott. Wenn wir die Bibel in manchen Teilen recht verstehen, wird er dann doch nicht kommen mit der Gewalt des Schwertes, mit der Wucht der Erdbeben und dem Schrecken der Stürme, auf einem durch Panzer gebahnten und von Bomben freigeschossenen Weg. Er wird kommen und ist schon da im Schweigen und in der Liebe, in der Wärme einer zärtlichen Hand, im sanften Spiel des Windes, im Tau über ausgetrockneten Feldern, im Lachen eines Kindes, auf dem Rücken eines Esels.

Und so will ich heute Spuren des einen Gottes hier unter uns suchen, nicht dem alten Fehler verfallen, dem insbesondere die protestantische wissenschaftliche kritische Theologie aufgesessen ist: Trennen, das Trennende suchen, definieren, oben und unten, recht und falsch, drinnen und draußen, schwarz und weiß.

Wir sind mit diesem Denken an ein Ende gelangt. Die Jahre um die Jahrtausendwende sind in den Kirchen Jahre der Suche nach Wiederentdeckung der Einheit. Die Einheit der Kirchen, die Einheit von Mann und Frau, von Nord und Süd, von Menschen mit Arbeit und Menschen ohne Arbeit, von Makrokosmos und Mikrokosmos – all das Auseinandergebrochene steht unter der Überschrift »Heilung« auf der Tagesordnung einer Welt, die immer noch so wunderbar ist, dass wir sie nicht so lassen dürfen, wie sie jetzt ist, sondern als Gottes Sachwalter an ihrer Veränderung arbeiten.

Ich weiß, dass wir dazu als Christen ganz Wesentliches beitragen können.

Die Einheit ist uns werbend ins Stammbuch geschrieben: Ein Gott / eine Taufe / ein Glaube / ich und der Vater sind eins / ihr seid eins in mir / ihr bleibt in mir, wenn ihr meine Gebote haltet / ihr bleibt eins untereinander und mit mir, wenn Liebe zum Maßstab eures Betens, Handelns und Glaubens wird.

Ich suche die Harmonie, den Zusammenklang, das Ganze und lese zum Evangelium des heutigen Tages vom Abschied Jesu, von seiner Himmelfahrt, den biblischen Text, der so schon im Alten Testament steht und im Neuen vom Seher Johannes auf der Insel Patmos aufgenommen wird.

Lesung Offenbarung 21,1–7

Wenn Sie mich fragen, und man fragt uns ja danach, wann wird das sein? Wie wird das sein? Warum spüren wir noch nichts davon, hören aber seit über 2000 Jahren die Gute Nachricht, dann kann ich nur sagen:

Wer schweigt, hört.

Wer die Augen schließt und zur Ruhe kommt, sieht.

Wer glaubt, weiß es.

Wer kämpft, wird ermutigt.

Man behauptet, der Mensch hätte fünf Sinne. Mit diesen könne er die Welt begreifen und verstehen.

Arm dran ist der Mensch, der sich so verkümmern lässt, dass ihm nur die fünf Sinne bleiben.

Er wird lieben, aber der, den er liebt, bleibt ein Fremder. Die Bibel sagt, Menschen, die sich lieben, werden eins.

Wer mit seinen fünf Sinnen hört, was die Nachrichten sagen, sieht, was die Bilder zeigen, riecht, was man ihm verkauft, schmeckt, was er isst, und tastet, was einen Körper hat, wird ein unglücklicher Mensch sein.

Er kann nur staunen, weil er misst und rechnet, nicht, weil er berührt ist. Es ist doch sein Wachsen.

Er wird das Reich Gottes messen an weniger Gewehrschüssen, weniger Arbeitslosen und am fallenden Prozentsatz der Gefolterten. Er wird den Fortschritt messen an dem, was er mehr im Geldbeutel hat oder in der Bilanz ausweisen kann.

Das ist sehr viel, wenn es uns gelingt. Aber das ist noch nicht der Weg der Einheit.

Es ist ein ganz einfaches Bild, das uns die Bibel beim Propheten Jesaja und beim Seher Johannes schenkt.

Siehe da, die Hütte Gottes bei den Menschen! Und er wird bei ihnen wohnen, und sie werden sein Volk sein, und er selbst, Gott mit ihnen, wird ihr Gott sein; und Gott wird abwischen alle Tränen von ihren Augen, und der Tod wird nicht mehr sein, noch Leid noch Geschrei noch Schmerz wird mehr sein; denn das Erste ist vergangen. Und der auf dem Thron saß, sprach: Siehe, ich mache alles neu! Ich will dem Durstigen geben von der Quelle des lebendigen Wassers umsonst.

Gott wohnt Tür an Tür, Nachbar bei Nachbar, Haus an Haus. Das Leben fließt – einem lebendigen Strom gleich – mitten durch die Stadt, umsonst für jeden, der trinkt. Die Einheit ist geschenkt.

Einer Welt, die im Aufteilen, im Trennen ihr Heil sucht, die Grenzen zieht, damit jeder für sich glücklich sein kann, dieser Welt setzen wir die Vision der Einheit entgegen.

Darf ich uns Christen beider Konfessionen bitten, voran die beiden Dekane unserer Kirchen – darf ich die Bürgerschaft dieser Stadt bitten, voran unseren Oberbürgermeister, was immer wir entscheiden, was immer wir tun, was immer wir feiern und sagen, ab jetzt – wie eine Präambel – penetrant die Frage voranzustellen: Dient es der Einheit?

Wird die Bürgerschaft unserer Stadt dadurch eher eins?

Werden Katholisch und Evangelisch dadurch eher eins?

Werden Menschen aus anderen Kulturen und wir Deutsche dadurch mehr eins?

Werden die, die Arbeit haben, und die, die sie suchen, auf diese Weise eher eins?

Werden Stein, Pflanze, Mensch und Wasser dadurch eher eins?

Dient es der Einheit des Leibes Christi? Dem Heil des Kosmos und der Heilung unserer an so vielen Stellen kranken Stadt?

Wilhelm Willms hat einen Pfingsttext geschrieben, der es in sich hat. Er gilt nicht weniger für Christi Himmelfahrt. Er schreibt:

die frage ist
wo ist oben
was ist oben
wer ist oben
denn je nachdem
was bei uns oben ist
kann man sich ausrechnen
was auf uns herabkommt
welcher geist

ist das geld oben
kommt der geist des geldes
auf uns herab

ist die wirtschaft oberstes prinzip
kommt dieser geist auch auf uns herab
und über uns

ist jesus für uns oben
dann kommt auch der geist jesu
auf uns herab

(Wilhelm Willms, die frage ist. Aus: ders: der geerdete himmel, © 1974 Verlag Butzon & Bercker, Kevelaer, 7. Aufl. 1986, 13.1, www.bube.de)

Was ist oben und was ist unten?

Ist Gott oben und der Mensch unten?

Ist der Mensch oben und Gott unten?

Ist die Erde oben und der Himmel unten oder umgekehrt?

Nein, all das ist müde geworden, schadet, teilt mit messerscharfem Verstand, ist ausgereizt. Das neue Paradigma ist ein Paradigma der Einheit. Ich sehe als Alternative zu dieser Sicht nur Elend und Tod.

Wer heute darüber klagt, dass es keine Moral mehr gibt, dass Regeln nichts mehr gelten und dass Nachbarschaft verloren gegangen ist, braucht mehr als Sympathie – er muss sich in den anderen so hineinversetzen, als ob er selbst an seiner Stelle wäre. Das hat Gott in Jesus Christus mit den Menschen getan. Die Bibel nennt das Versöhnung, Einswerden durch Stellenwechsel. Gott kommt zur Welt. Und die Welt, der Mensch entdeckt den Himmel, den Raum Gottes als seine Heimat. Alles ist eins.

Alles ist eins in Christus.

Eine afrikanische Legende erzählt:

»Einst war der Himmel nahe bei der Erde. Gott wohnte bei den Menschen. So nahe war der Himmel, dass die Menschen sich nur gebückt bewegen konnten. Um ihren Unterhalt mussten sie sich keine Sorgen machen. Es genügte, die Hand auszustrecken, und man konnte Stücke vom Himmel zum Essen abbrechen.
Eines Tages begann eine Häuptlingstochter die Erde zu betrachten, und statt dass sie Stücke des Himmelsgewölbes abbrach, um sich zu ernähren, nahm sie die Körner, die sie fand. Sie machte sich einen Mörser und einen Stampfer, um die Körner zu zerstampfen, die sie von der Erde aufgelesen hatte. Das Mädchen kniete beim Stampfen auf der Erde, doch wenn sie den Stampfer hochhob, stieß dieser gegen den Himmel und gegen Gott. Weil sie sich in ihrer Arbeit belästigt fühlte, sagte das Mädchen zum Himmel: Gott, kannst du dich nicht ein wenig entfernen?
Der Himmel entfernte sich ein wenig, und das junge Mädchen konnte sich mehr aufrichten. Sie setzte die Arbeit fort, und je länger sie die Körner zerstampfte, umso höher hob sie den Stampfer. Sie beschwerte sich ein zweites Mal bei dem Himmel: Der Himmel entfernte sich noch einmal ein wenig. Schließlich fing sie an, ihren Stampfer in die Luft zu heben. Bei der dritten Beschwerde zog sich der Himmel beleidigt zurück, dorthin, wo er jetzt ist.
Seit der Zeit gehen und stehen die Menschen aufrecht. Sie ernähren sich nicht mehr von Stücken des Himmels, sondern Hirse wurde ihre Nahrung. Zudem kommt Gott nicht mehr wie einst zu den Menschen, als er jeden Abend ihre Palaver leitete; jetzt sind die Menschen allein bei ihrem Palaver: Das ist der Krieg.«

(aus: Th. Sundermeier, Nur gemeinsam können wir leben,
Göttingen 1988, S. 188f)

Menschen ohne Gott sind allein bei ihrem Palaver, das ist der Krieg.
Menschen mit Gott sind eins mit Nachbar und Fremdem, eins mit Tier, Pflanze, Stein und Wind.
Das ist eine Utopie.
U-topie. Etwas, was noch keinen Ort hat.
Und doch trägt es einen Namen: Jesus Christus.
Ein kleines Senfkorn Hoffnung.
Ein kleiner Funke Hoffnung.
Eine kleine Träne Hoffnung.

Eine Hoffnung in kleiner Münze.
Wer schweigt, hört dieses Senfkorn wachsen.
Wir werden auf neuen Wegen Christen sein.
Und die Wege werden aufeinander zu führen.
Im Nachbarhaus wohnt Gott.
Im Rathaus bittet man um den Heiligen Geist.
Der Arzt faltet die Hände für den Kranken, der eben aus seinem Sprechzimmer gegangen ist.
Der Fremde sieht seine Hoffnung nahen.
Und jeder hat eine Schulter, an der er sich ausweinen,
eine Hand, an der er sich aufrichten kann.

Dann wird sich die Frage nicht mehr stellen, wann das sein wird.

Die Nachrichtensprecher melden Frieden, und danach gleich das Wetter. Und wir werden leben. Gott wird unser Palaver leiten, wohnt er doch Tür an Tür.

Christi Himmelfahrt ökumenisch: Wie wird man Christin und Christ

Apostelgeschichte 1,4–11; Johannes 17,20–26

Ich begrüße Sie ganz herzlich zu diesem Gottesdienst an Christi Himmelfahrt. Es ist ein Gottesdienst, in dem wir ausgehend vom heutigen Predigttext um Einheit bitten, Einheit suchen und Schritte zur Einheit gehen wollen. Kinder, Konfirmanden, Erwachsene der Christusgemeinde und Mitglieder unserer katholischen Nachbargemeinde gestalten gemeinsam diesen Gottesdienst.

Lesung: Apostelgeschichte 1,4–11

Gebet:

Ev. Gemeindeglied:
Lasst uns beten: Herr Jesus Christus. Wir sind gewohnt, eigene Wege zu gehen, auf nichts und niemand angewiesen. Unsere Wege haben die Erde zertreten und die Menschen getrennt. Die Spuren, die wir hinterlassen, zeugen nicht von deiner Gegenwart, sondern von unserer Schuld. Wir rufen zu dir: Herr, erbarme dich!

Gemeinde/Chor:
Kyrie eleison

Kind:
Herr Jesus Christus: Wir Kinder wissen uns oft selbst nicht zu helfen, wollen uns durchsetzen, streiten. Und dann wird aus einem Streit Schlimmeres: Freundschaften gehen auseinander. Wir tun anderen weh, die wir eigentlich mögen. Wir bitten dich: Herr, erbarme dich!

Gemeinde/Chor:
Kyrie eleison

Konfirmandin:
Herr Jesus Christus: Wir Konfirmanden sind noch so unsicher. So vieles ist neu für uns. Und kaum einer in der Gemeinde fragt nach

uns. Wir sehen, wie wenige unter den Erwachsenen das selber tun, was sie von uns erwarten. Irgendwie scheint es manchmal, als gehörten wir gar nicht richtig dazu. Wir bitten dich: Herr, erbarme dich!

Gemeinde/Chor:
Kyrie eleison

Kath. Gemeindeglied:
Herr Jesus Christus: Getrennt in Kirchen, Konfessionen und Gemeinschaften ist deine Kirche, Schöpfung deines Geistes. Ein Leib – das steht auf dem Papier, prägt aber nicht unser christliches Leben. Jeder hält sich für den Mittelpunkt. Oft kreisen wir deshalb nur um uns selbst. Wir bitten dich: Herr, erbarme dich!

Gemeinde/Chor:
Kyrie eleison

Kind: Statement 1: Einheit in der Familie
Ich gehöre zum Kindergottesdienst. Bei Familiengottesdiensten einmal im Monat sind wir – wie heute – mit den Erwachsenen zusammen. Wir haben uns zu diesem Gottesdienst auch Gedanken gemacht. Uns ist die Einheit in der Familie besonders wichtig, dass alle zusammenhalten.

Ganz schlimm ist es für uns, wenn unsre Eltern streiten. Und wenn wir der Grund für ihren Streit sind, ist es am schlimmsten.

Mit unseren Geschwistern kracht es jeden Tag, aber das ist normal. Keiner von uns will deshalb lieber ein Einzelkind sein.

Wir wünschen uns, dass wir in der Familie vieles gemeinsam unternehmen und nicht der eine dahin geht und der andere dorthin. Wir möchten, dass die Hausarbeit gerecht unter den Geschwistern verteilt wird, und wünschen uns, dass wir auch mit schlechten Arbeiten ohne Angst aus der Schule nach Hause kommen können.

Konfirmand: Statement 2: Einheit in der Schule
In einer Gruppe von Konfirmanden haben wir uns überlegt, was uns zum Stichwort »Einheit« einfällt. Dabei sind wir doch recht bald bei der Schule hängengeblieben.

Wir gehen jetzt alle so ungefähr sieben Jahre zur Schule. Wir haben dort Klassenkameraden, die wir leiden können, und welche, die wir nicht leiden können. Aber wir merken, die Einheit untereinander wäre eigentlich sehr wichtig.

Oft bilden die Mädchen eine Gruppe und die Jungs eine andere. Die Pausen sind zu kurz, um sich richtig kennenlernen zu können. Für jemand, der neu dazukommt, ist es deshalb schwierig, Anschluss zu finden.

Wir haben auch den Eindruck, dass den meisten unserer Lehrer der Zusammenhalt in der Klasse gar nicht so wichtig ist. Alles dreht sich immer um den Stoff.

Etwas Positives ist uns noch eingefallen: Bei uns gehören ausländische Kinder eher zur Gemeinschaft als bei den Erwachsenen.

Ev. Kirchenältester: Statement 3: Einheit in der Gemeinde
Als Kirchenältester dieser Gemeinde weiß ich, dass die Frage, ob wir die Einheit unserer Gemeinde wahren können, ein ernsthaftes Problem darstellt. Wir sind uns im Ältestenkreis wie in der Gemeinde über viele Fragen uneins: über die Entschiedenheit unseres Christseins, über unser Verhältnis zu anderen Glaubensgemeinschaften, über die Jugendarbeit, über Fragen der Friedensarbeit, über das Verhältnis zu Asylanten, über politische Aussagen der Kirche, über unser Gottesbild, über Leben, Sterben und Tod. Unser Glaubensbekenntnis fasst zusammen, worüber wir einig sind. Wir sollten aber Einheit nicht mit Einigkeit gleichsetzen, obwohl dies oft naheliegt. Wir sollten bedenken, dass christliche Gemeinde an sich Einheit bedeutet, untrennbare Verbundenheit mit Christus: »Wo zwei oder drei in meinem Namen versammelt sind, bin ich mitten unter ihnen.« Diese Worte Jesu geben die Begründung, warum die Gemeinde eine zentrale Rolle in unserem christlichen Leben spielt, ungeachtet aller unterschiedlichen Ansichten. Wenn jemand meint, er könne auf diese Gemeinschaft als Christ verzichten und ein einsamer Waldspaziergang in dem Gefühl der Nähe zu Gottes Natur könne den Gottesdienst in der Gemeinde ersetzen, so irrt er. Einheit in Christus ist für unsere Gemeinden lebensnotwendig.

Kath. Pfarrgemeinderätin: Statement 4: Einheit der Kirchen
Ich komme aus der katholischen Nachbargemeinde. Es ist ein gutes Zeichen, dass es heute möglich ist, gemeinsam über Einheit und Einigkeit in der Kirche nachzudenken. Dies zeigt, dass wir unterwegs sind, dass uns das Anliegen Jesu nicht gleichgültig ist.

Viele Mitchristen hier kenne ich vom Sehen; einige sind mir vertraut, weil wir das gemeinsame Ziel haben, im Glauben an Jesus Christus aufeinander zuzugehen – die geschichtlich entstandenen Gegensätze im Gespräch zu überwinden. Die Vielfalt der Meinungen ist immer eine Anregung, den eigenen Standpunkt neu zu überdenken. Wir erkennen, dass wir in unseren Vorurteilen festgefahren sind. Hinter den unterschiedlichen Argumenten steht eine verbindende Wahrheit Jesu, die in der Auseinandersetzung erst sichtbar wird.

Im Kontakt zu evangelischen und methodistischen Mitchristen erstaunt es mich immer wieder, dass vielen Gemeinsamkeiten nur wenig Trennendes gegenübersteht. Es entsteht leicht der Eindruck, dass die Gegensätze nur mühsam aufrechterhalten werden können. Wir Gemeindeglieder von der Kirchenbasis spüren das Bedürfnis nach Einheit, die wir im Alltag schon lange erreicht haben. Erst wenn wir von der Kirche sprechen, steht der Konflikt als Fremdkörper zwischen uns.

Ich habe die Erfahrung, dass die Auseinandersetzung mit verschiedenen Glaubensbekenntnissen meinen Glauben belebt und vertieft. Ich habe erkannt, dass wir alle zusammen für die »Sache Jesu« und auch füreinander im Glauben verantwortlich sind.

Lesung: Johannes 17,20-26

Vor Wochen saß ich einer jungen Frau gegenüber mitten in einer Hochzeitsgesellschaft. Sie fand es richtig, dass man kirchlich getraut wird, seine Kinder taufen lässt und zur Konfirmation schickt. Aber bei ihr war das schon etwas Besonderes: Sie ist Muslimin. Hier in Deutschland geboren, relativ offen und frei erzogen. »Ja, wenn ich heirate« – und sie geht selbstverständlich davon aus, dass ihr Mann Christ sein wird, nicht Moslem –, »wenn ich heirate, dann werd' ich auch Christ. Die Kinder sollen später zur Kirche.«

Da fängt dann das Dilemma schon an, liebe Freunde. Man kann nicht einfach Christ werden. Auch wenn das eine Schande, ein Skandal ist – das ändert nichts daran: Man wird Christ immer auf eine exklusive Art. So oder so. Früher hat man sich noch gegenseitig totgeschlagen. Da haben wir dazugelernt. Wegen Papst, Ablass, Wort und Sakrament führt keiner mehr Krieg. Das Erbe des Mannes aus Nazareth scheint verteilt. Die alte Kirche wies immer wieder als Zeichen der Einheit darauf hin, dass nicht einmal die römischen Soldaten unter dem Kreuz den Rock des Nazareners aufgeteilt hatten. Was die römischen Soldaten unterließen – wir haben es getan. Wir haben sozusagen den Rock zerteilt.

Nicht nur die christlichen Kirchen haben Schwierigkeiten mit der Einheit. Wir haben es vorher gehört. Das Gleiche gilt auch für Familien, für Ehen, für Schulklassen – wenn wir so wollen: für die ganze Menschheit. Was wird aus Wasser, Luft, Nahrung, Arbeit, Gesundheit? Diese Erde soll so überleben, dass sie Menschen und Tieren Heimat bleibt; eine »Ökumene«, das heißt übersetzt: eine bewohnte, eine bewohnbare Welt.

Welchen Weg können wir gehen? Was sagst du uns, Jesus Christus?

So wie der Schöpfer seine Geschöpfe in Freiheit entlässt in der Hoffnung, sie gehen verantwortlich mit ihr um, so lässt du deine Jünger als mündige Stellvertreter zurück. Gibst uns deinen Geist und sagst: Nun seid ihr meine Zeugen. Lotet alle Ecken der Ökumene aus, alle Flecken der bewohnten Erde und alle Menschen bezieht ein.

Da stehen wir nach so vielen Wegen und Jahren, haben Bücher gedruckt in allen Sprachen, Kirchen gebaut in allen Formen, Leinwand und Fenster bemalt, Lieder gedichtet und Krankenhäuser gebaut, und sind doch dem Himmel kein Stück näher.

Da stehen wir nach so vielen Wegen und Jahren, waren losgezogen mit den Zehn Geboten, der Bergpredigt, der Menschenwürde und so vielem gutem Willen, schauen zurück auf unsere Wege und erschrecken über Gräben und Gräber, über Zäune und Kriege, über andere und uns selbst.

Als ob deine Himmelfahrt uns aufs Neue bewiesen hätte, dass der Mensch der Erde nicht wert ist und zum Himmel nicht taugt.

Und nun? Welchen Weg können wir gehen?

Jesus betet, bevor er den entscheidenden Weg geht. Das Gespräch mit dem Vater hat Priorität vor der Passion des Sohnes und vor der Aktion der Menschen. Bitten kommt vor dem Handeln.

Bei uns ist das umgekehrt. Wir handeln, und angesichts des Scherbenhaufens, den wir anrichten, bitten wir dann: Lieber Gott, mach's halb so schlimm. Verschon uns vor den Folgen.

Das Bitten kommt vor dem Handeln. Das Hören vor dem Reden.

Bei uns ist das umgekehrt. Wir reden und reden und wundern uns, dass uns keiner mehr zuhört. Sind sauer auf die Welt und ihre verstockten Menschen.

Das Bitten kommt vor dem Handeln. Hören vor Reden. Das Bleiben vor dem Gehen.

Bei uns ist das anders. Wir rennen von Termin zu Termin. Gruppen, Aktionen, Sitzungen, Gremien. Und wie oft ist das Flucht, um nicht bei dem einen bleiben zu müssen, das Gott uns zumutet. Dem standzuhalten. Bitten, hören, bleiben.

Wir brauchen dringend diese Atempause. Die Erde muss Atem holen nach all den Verletzungen. Die Menschen müssen Atem holen nach all den Irrwegen. Die Christen aller Kirchen und Konfessionen brauchen eine Phase der Besinnung.

In einer EKD-Studie steht: »Glauben heißt die eigene Ohnmacht erkennen und mit aller Entschlossenheit die Nähe Jesu suchen.« Für den Menschen, der in der Kirche nicht die Bestätigung seines frommen Gefühls und die Erbauung seiner bürgerlichen Anständigkeit sucht, für den Menschen, der Jesus sucht, ist heute die Kirche eine Adresse unter vielen geworden. Was sollen wir auch sagen, wenn postwendend auf den Kirchentag ein Gemeindetag unter dem Wort folgt, wenn einer dem anderen den Zulauf neidet, den Glauben bestreitet, Ketzerhüte verteilt – wenn keiner auf den anderen hört und der eine nicht beim anderen bleibt? Was sollen wir sagen, wenn das, was der eine Offenbarung nennt, beim anderen als Irrtum gilt? Wenn Christen alles Mögliche miteinander machen: Politik, Sozialarbeit, Häuser bauen und Kleider schneidern, Fußball spielen und zum Mond fliegen, alles, was es zu tun gibt in dieser Welt, aber an einen Tisch sitzen und gemeinsam das Mahl des Herrn feiern, das können sie nicht. Was sollen wir sagen – als dies: Dann ist Jesus fern, wenn seine Kirche nicht mit aller Entschlossenheit seine Nähe und damit die Einheit sucht. In unseren innerkirchlichen Auseinandersetzungen brauchen wir dringend eine Atempause. Eine Phase des Aufeinander-Hörens und Beieinander-Bleibens.

Auch die Wissenschaft bräuchte sie. Ich weiß, es gibt kein Einfrieren des technischen Fortschritts, der biochemischen Möglichkeiten, der physikalischen Entdeckungen. Aber der Boden, auf dem wir stehen, wird uns heiß. Die Erde ist begrenzt. Wir können nicht so schnell aufforsten, wie abgeholzt wird. Wir können nicht so schnell reinigen, wie verbrannt wird. Einmal in die Wege geleitet, ist vieles nicht mehr aufzuhalten.

Eine Phase des Aufeinander-Hörens. Es ist doch nicht pure Gestrigkeit, wenn wir Christen sagen: Macht euch die Sorgen, bevor ihr den Abfall produziert. Mit wessen Geld und mit wessen Gesundheit soll denn das alles bezahlt werden, was ihr – unbestritten – machen könnt? Eine Atempause, eine Besinnungsphase in Forschung, Planung und Produktion. Die Christen unter den Verantwortlichen sollten sich bemerkbar machen. Ihre Scheu verlieren. Carl Friedrich von Weizsäcker hat es getan mit seinem Aufruf zu einem großen, weltweiten Konzil aller Christen, das zu den drängendsten Problemen der Erde ein gemeinsames Wort finden soll. Im Jahr 1989 fand in Basel die Europäische Ökumenische Vollversammlung »Frieden in Gerechtigkeit« statt. Eine wichtige ökumenische Etappe, und dies angeregt von einem weltweit geachteten Physiker. Es kann nicht jeder so Großes bewegen. Doch jeder, in welchem Labor oder Institut er arbeitet, bräuchte immer wieder eine Phase der Besinnung, in der er sich fragt: Wer bin ich denn, dass ich das tue, was ich eben tue?

Es hat mich zutiefst beeindruckt, wie ein schwarzer Bischof in Genf sagte: Was machst du, Schwester, was machst du, Bruder, wenn dir dein kleiner Zeh wehtut? Du kannst kaum auftreten, kaum gehen, kaum liegen. Du bückst dich immer wieder nach diesem kleinen Zeh. Kümmerst dich um ihn. Pflegst ihn. Bist froh, wenn er nicht mehr schmerzt. Der ganze Körper atmet auf, wenn dieser unwichtige kleine Zeh nicht mehr schmerzt. Er sagte damals weiter: Und wir im Süden Afrikas, wir sind der kleine Zeh am Leib Christi heute. Und ihr spürt nicht einmal mehr, wie er wehtut. Wie viele fühlen sich auch unter uns so? In ihrem Schmerz, in ihrer Angst nicht wahrgenommen.

Am Anfang des dritten, nach Jesus Christus gezählten Jahrtausends eine Phase des Hörens, Bleibens und Bittens.

Es reicht nicht das Aufeinander-Hören, das Beieinander-Bleiben und das Füreinander-sensibel-Werden. Der Evangelist Johannes kleidet die Einheit der Christen, die Einheit der Ökumene, der bewohnten Welt, nicht in einen Aufruf Jesu. Keine Proklamation des Königs, sondern ein Gebet des Sohnes an den Vater. Einheit der Kirche entspringt nicht menschlicher Leistung, sie ist Abbild der himmlischen Einheit.

Unsere bisherigen Bestrebungen um Einheit laufen meist auf Kompromissformeln hinaus. Jeder gibt ein bisschen von dem Seinen her. Aber Freunde, das ist doch unmöglich. Gerade das, was Grund war für meine Trennung, ist mir doch entscheidend wichtig für die Nähe zu Christus. Gerade da ist mir doch Christus gegenwärtig. Ich kann nicht meinen Charakter als Kirche aufgeben, um dann zum Schluss ein charakterloses Sammelsurium zu haben, das ich die »eine Kirche« nenne. Das kann nicht der Weg sein.

Mein Weg als evangelischer Christ ist der, dass ich mich zuerst einmal darauf besinne, dass ich evangelischer Christ bin und was mir das sagt. Und das gilt für den Katholiken genauso. In dem uns jeweils Eigenen nun fragen: Was ist davon in Wahrheit heilsnotwendig? Oder anders: Wo ist darin Christus wirklich gegenwärtig? Bei dieser Selbstbesinnung beginnt der Weg zur Einheit der Christen.

Damit bin ich beim Zentrum des Predigttextes und bei der Nagelprobe jeder Ökumene. Ein wahrer Ökumeniker muss gleichzeitig Christozentriker sein. Ein Christ, der die Nähe Jesu sucht, wird sich nach der Einheit seiner Kirche sehnen. Ein Christ, dem es um die Einheit geht, wird sie in der Gegenwart Christi suchen. Und da herrscht Finsternis. Die Gegenwart Christi ist Thema, Dogma, Streitpunkt, Theorie. Aber weit davon entfernt, als Wirklichkeit gebührend ernst genommen zu werden.

Für den Katholiken ist Christus gegenwärtig in der Messe, für den Lutheraner im Abendmahl, für den Reformierten in der Schriftauslegung, für den Methodisten in der Bekehrungspredigt. Und wenn ich nicht nach Konfessionen gehe, dann ist Christus für den einen gegenwärtig im Streben nach Frieden, für den anderen im liebenden Dienst am Nächsten, für den Dritten im Gebet und für den Vierten in der Verwirklichung von Gerechtigkeit. Aber was heißt das, wenn ich das ganz ernst nehme, wenn ich jeden bei seiner Herkunft und seiner Überzeugung ganz ernst nehme?

Ich kann mir nicht vorstellen, dass es einen katholischen Priester gibt, der angesichts der wirklichen Gegenwart Jesu Christi an dem Tisch, an dem er eben die Messe feiert, nur einen einzigen Menschen ausschließt von der Gemeinschaft mit seinem Herrn. Nein, ist Christus wirklich gegenwärtig, dann renne ich, überwältigt von der Freude, auf die Straße und trommle zusammen, wen ich finden kann.

Ich kann mir nicht vorstellen, dass es einen evangelischen Pfarrer gibt, der angesichts der wirklichen Gegenwart Jesu Christi beim Bibelwort einer Taufe noch daran denkt, dass er evangelisch, ein anderer katholisch ist. Nein, er wird die Glocken läuten, auf die Straße rennen wie ein Verrückter, wie die damals an Pfingsten, und wird schreien: Er ist da! Er ist wirklich da!

Und so wird es dem passieren, der in dem Krebskranken die Gegenwart Christi entdeckt oder wo und wie auch immer.

Die Krise unserer Kirchen ist die Krise ihres Christusglaubens. Und die Krise unseres Christusglaubens ist die, dass uns die Gegenwart Christi verborgen ist oder wir gar nicht wirklich mit ihr rechnen. Jeder Teil hat diese Krise am deutlichsten an der Stelle, die ihm am wichtigsten ist.

Der Weg zur Einheit wird immer wieder neu an dieser Stelle beginnen müssen. Da, wo Jesus gegenwärtig ist in meinem Leben oder in unserer Kirche, nicht theoretisch, sondern wirklich, real präsent, da suche ich nicht nach Kompromissformeln, da lade ich ein.

Nicht anders ist es in Ehe, Schulklassen, in der Gemeinde, in der Verantwortung aller Menschen für die Erde, diese mit 100.000 Stundenkilometern durch das Weltall rasende Arche Noah, wenn wir denn als Ehepartner oder Freunde oder Menschen auf diesem Planeten eine Einheit sein wollen: Das, was mir am allerwichtigsten ist, will ich mit anderen teilen. Das Schönste kann ich nicht für mich behalten. Bezogen auf die Kirche, sagt Bonhoeffer: Kirche ist als Kirche Jesu Christi eine Kirche für andere.

Eine rabbinische Geschichte erzählt von zwei Brüdern, der eine ledig, der andere verheiratet. Es war Ernte, und beide brachten gemeinsam das Getreide ein und teilten die Garben in zwei gleich große Stöße.

Als es Nacht geworden war, schlief jeder der Brüder bei seinen Garben. Der Ältere aber konnte keine Ruhe finden. Er dachte: Mein Bruder hat eine Familie, ich dagegen bin allein und ohne Kinder, und doch habe ich gleich viele Garben genommen wie er. Das ist nicht recht. Er stand auf, nahm von seinen Garben und schichtete sie heimlich zu den Garben seines Bruders. Dann legte er sich wieder hin und schlief ein. Etwas später erwachte der Jüngere. Auch er musste an seinen Bruder denken: Mein Bruder ist allein und hat keine Kinder. Wer wird in seinen alten Tagen für ihn sorgen? Er stand auf, nahm von seinen Garben und trug sie hinüber zum Stoß des Älteren.

Als es Tag wurde, war jeder der Brüder erstaunt, dass sein Garbenstoß so groß war wie am Abend zuvor. Aber keiner sprach ein Wort.

In der zweiten Nacht wartete jeder, bis er glaubte, der andere schlafe. Dann erhoben sie sich, und jeder nahm von seinen Garben, um sie zum Stoß des anderen zu tragen. Auf halbem Weg trafen sie sich, und beide erkannten glücklich, wie gut es der andere mit ihm meinte.

Gott im Himmel aber schaute zu und sprach: Heilig sei mir dieser Ort. Hier will ich unter den Menschen wohnen.

Was kann ich sagen am Ende dieser Himmelfahrtspredigt? Jeder suche mit größter Entschlossenheit die Nähe Jesu. Jeder dort, wo es ihm am allerwichtigsten ist. Und teile gerade dies für ihn so Kostbare mit anderen. Dann wird in näherer oder fernerer Zukunft ein Nichtchrist, wenn er Christ werden will, die Bibel lesen, und nicht das Vereinsregister.

Fürbittengebet:

Kind:
Lasst uns beten: Herr Jesus Christus. Wir bitten dich für alle Kinder, die unter Trennungen ihrer Familien, unter Grenzen, unter der Flucht von einem zum anderen Land leiden. Behüte uns Kinder und alle, die wir lieb haben.

Konfirmand/in:
Herr Jesus Christus. Wir bitten dich für alle Konfirmanden und Firmlinge, für die Jugend in unseren Kirchen und für junge Christen in allen Ländern. Stärke unsere Gemeinschaft. Hilf uns, Grenzen zu überwinden, damit wir uns besser verstehen lernen.

Kirchenältester:
Herr Jesus Christus. Hilf den Schwachen und Kranken unter uns. Tröste die Traurigen. Führe Getrennte zusammen und zeige uns Wege, die wir gemeinsam gehen können, ohne dass Einzelne oder Gruppen zu Schaden kommen.

Kath. Pfarrgemeinderätin:
Herr Jesus Christus: Unsere Kirchen sind getrennte Wege gegangen. Hilf uns, bei aller Achtung der Geschichte und der eigenen Prägung des jeweils anderen, dich als den Herrn deiner Kirche und als die Wahrheit unseres Lebens zu bekennen.

Schlussvotum:

Es kommt nicht darauf an, glücklich zu sein,
sondern andere glücklich zu machen.
Es kommt nicht darauf an, geliebt zu werden,
sondern zu lieben und andern zum Segen zu sein.

Es kommt nicht darauf an, zu genießen,
sondern mitzuteilen.
Es kommt nicht darauf an, was wir sind,
sondern wie wir sind.
Es kommt nicht darauf an, was wir tun,
sondern wie und warum wir es tun.
Es kommt nicht darauf an, dass wir lange leben,
sondern dass unser Leben den rechten Inhalt hat.
Es kommt nicht darauf an, wann wir sterben,
sondern ob wir bereit sind, Gott zu begegnen.
(Eva von Tiele-Winckler)

Pfingsten – Wen(n) der Geist sendet

Meditation: Lebendige Gegenwart Christi

Menschen suchen heute die Kuschelkirche.

Wir aber sind eine Christus-Kirche.

Das Bedürfnis ist groß nach einer Gemeinschaft, die trägt, die Wunden pflegt, die nicht fordert oder wehtut, die mir keine Veränderung abverlangt.

Ich lese es in den Briefen, quer durch alle Generationen. Es ist Nähe gesucht, aber eine Nähe, die nicht schon wieder etwas fordert. Ich kann das gut verstehen, weil ich manchmal selbst die Nähe von Menschen nicht mehr ertrage. Sie rücken mir mit ihren geäußerten oder zumindest spürbaren Forderungen auf den Leib, an die Seele. Dann wünsche ich mir auch ein kuscheliges Plätzchen im Garten Gottes.

Die großen Kirchen tun sich mit diesen Wünschen schwer. Gemeinde macht mich und meine Gedanken, meinen Glauben, mein Wissen und mein Versagen öffentlich. Behütet mich nicht nur, fordert mich auch.

Wer intensiv die Bibel liest und sich den Fragen aussetzt, die sich beim Lesen einstellen, kann erheblich durcheinanderkommen. Also lieber keine Fragen stellen, damit keine Wunden entstehen. Kirche soll doch ein umfriedetes Zuhause sein für die Seele. Für Leib und Seele.

Dass wir uns da nicht verrennen! Die Kuschelkirche ist nicht automatisch die Kirche Jesu Christi.

Sicherlich, den verängstigten und von Alleinseins-Ängsten geplagten Jüngern verspricht Jesus seinen Geist als Tröster. Aber dann, dort in Jerusalem am Festtag, da zieht Gott nicht eine neue Schutzmauer um das Haus, in dem sich die Jünger versammelt haben, Gott sprengt alles. Die ganzen bisherigen Erfahrungen purzeln über den Haufen.

Ein Toter, ein öffentlich Hingerichteter lebt. Ausgerechnet die Jünger des Mannes aus Nazareth, dem man so übel mitgespielt und den man zu Tode gebracht hatte, beginnen Gott zu loben. Der Kommentar der Leute ist verständlich: Die haben sich Mut angetrunken. (Klaus Engelhardt, in: GPM 2/92, S. 260) Von den »Außenstehenden« wird gesagt:

- sie wurden bestürzt (V. 6),
- sie entsetzten sich, gerieten außer sich (V. 7.12),
- sie verwunderten sich (V. 7),
- sie wurden ratlos (V. 12).

Die Geburtsstunde der Kirche, die Ausgießung des Heiligen Geistes ist begleitet von vollkommen negativen Reaktionen:

Durcheinander statt Ordnung,
Fragen statt Antworten,
Entsetzen statt Gelassenheit,
Aufbrechen statt Ruhe,
Mobilität statt Stabilität.

Wenn Jesus Christus als Retter nicht mehr totgeschwiegen wird, dann löst dies Reaktionen bei den Menschen aus, die uns gar nicht gefallen. Sie sind durcheinander. Sie sind aus dem Häuschen. Wie überhaupt in dieser Geschichte alles aus den Fugen gerät.

Das lässt sich so schwer nachempfinden. Erst recht nicht nachmachen. Manche probieren das. Handauflegungen, Heilungen, Zungenreden, Lobpreisgottesdienste, Bekehrungserlebnisse locken nicht wenige in Kirchen und Zelte. Aber Pfingsten kann man nicht nachmachen. Und auch bei denen, die solche charismatischen Gottesdienste feiern, ist längst wieder der Ordnungssinn am Werk. Wer nicht das genaue Datum seiner Bekehrung angeben kann, hat schlechte Karten. Nein, Gottes Geist lässt sich weder in solche noch in andere Muster pressen, so schön griffig und kuschelig das dann auch wäre mit Kerzen und wohligen Liedern und Körpernähe und Wir-Gefühl.

Ich weiß nicht, wo der Geist Gottes weht. Ich weiß nur: Durch die ganze Bibel ist Gottes Geist die Kraft, Dinge zu tun, die außerhalb meines Vermögens stehen. Dem Wort zu trauen, das außerhalb jeder Erfahrung vom Leben des Toten redet.

Aber jetzt hergehen und sagen, da, das ist der Geist Gottes, ich käme mir vor wie einer, der Schmetterlinge sammelt, indem er sie aufspießt, präpariert und in einem Kasten verwahrt. Aber was sind Schmetterlinge ohne Leben. Habe ich sie im Griff, sind sie an der Grenze zum Tod. Halte ich sie für immer fest, verlieren sie ihr Leben. Nicht anders der Geist.

Welche der Geist Gottes treibt, die sind Gottes Kinder.
(Röm 8,14)

Uns sind Gaben geschenkt, damit wir mit diesen Gaben andere begaben. Noch einmal also etwas, was aus dem Haus, aus dem kuscheligen, christlichen, religiösen Nest hinausdrängt.

Die Wahrheit wird euch frei machen – für andere.
(Joh 8,32)

Das geht uns allen, die wir gewohnt sind, Häuser zu bauen und keine Zelte, gegen den Strich. Das Wichtigste wollen wir für uns behalten. Aber das Wichtigste, die Osterbotschaft, wirkt nichts, ohne dass sie durch den Heiligen Geist nach außen dringt. 50 Tage Warten nach Ostern. 50 Tage Warten auf den Geist, der tröstet und kräftigt und endlich auch besiegelt, was die Jünger gesehen, gehört und geglaubt haben: Christus ist auferstanden.

Matthäus endet sein Evangelium mit dem Missionsbefehl: Geht hin in alle Welt und macht zu Jüngern alle Völker. Tauft sie. Lehrt sie halten, was ich euch befohlen habe. Kirche für andere. Kirche Jesu Christi ist Kirche für andere und keine Kuschelkirche, kein Selbstbedienungsladen. Lukas beginnt die Geschichte der Kirche mit einem 50-tägigen Warten. Man erfährt nichts über diese 50 Tage. Sie bleiben unter sich. Vielleicht in Zweifeln, vielleicht in der Erschöpfung, die sich einstellt nach großen emotionalen Ereignissen. Vielleicht auch im geduldigen Warten.

Kirche beginnt mit 50 Tagen Sendepause. Und dann sendet der Heilige Geist.

Während Jesu Lebzeiten unter uns tauft er nicht, taufen auch nicht die Jünger. Erst als der Geist Gottes die Sendepause beendet, beginnt die Kirche zu taufen. 3000 am ersten Tag. Deshalb ist Pfingsten nicht nur das Fest des Geistes, auch der aufbrechenden, sichtbar aufgebrochenen Natur – in den Ikonen hat der Heilige Geist die Farbe Grün, der Heilige Geist ist die Schöpferkraft Gottes –, Pfingsten ist auch das

Fest der Taufe. Taufe ist Geistverleihung. Er kommt über uns. Nichts, was wir machen würden. Vielleicht außer geduldigem Warten – nichts.

Gibt es das bei uns, dass etwas nach außen bricht und uns innen ängstigt und die draußen durcheinanderbringt? Die Wahrheit ist immer etwas Zwiespältiges. Sie bringt das Bisherige durcheinander, wenn sie nach außen dringt. Die Wahrheit schafft sich eine neue Ordnung. Was wäre das auch für eine Kirche, wenn die lebendige Gegenwart Jesu Christi, wenn der Geist Gottes sie »in Ruhe« ließe?

Wir denken in diesen Monaten nach über die Geschichte unserer Kirche. Ich spüre dabei nicht nur Aufbruchstimmung, ich spüre auch Angst, etwas zu verlieren, was mir ans Herz gewachsen ist. Wir halten immer wieder einmal Rückblick. Es ist vieles aufgebrochen, manches wieder versandet. Wie in einem Menschenleben auch. Es ist gehörig durcheinandergebracht worden, was einmal war. Und vielleicht gar nicht schlecht war.

Ich selbst brauche immer mehr und mehr Energie, um mich so offen zu halten. Ich selbst sehne mich manchmal nach einer Kirche mit einem kuscheligen Predigtplätzchen, an dem mir keiner zu nahe kommt, mit einer Kanzel wie hier. Nicht so ausgesetzt und so nah.

Sie werden es selbst spüren, wenn Sie sich einlassen auf einen anderen, was das Nerven kostet. Und es gibt so viele schwierige, so viele schnell beleidigte Menschen, so viele mit schlechten Erfahrungen und Verbitterungen. Das neue Lied geht über unsere Kraft. Das neue Lied geht auch über die Kraft der Jünger. Sie haben Sendepause. 50 Tage. Dann kommt der Geist über sie. In einem langen Seelsorgegespräch am Telefon sagte mir eine Frau aus dem Schwarzwald: Ich bete jeden Tag um den Heiligen Geist.

Es kommt nicht darauf an, das neue Lied einfach zu singen, die Osterbotschaft einfach weiterzusagen, die neue Kirche zu gestalten. Es kommt auch darauf an, dem selbst zu trauen. Die Lieder, die Predigt, die Organisation der Kirche – das sind Fähigkeiten. Das Vertrauen in Gottes Geist ist eine Gabe. Und die Kraft, die offenen Türen und Fenster auszuhalten, ist sein Geschenk.

Der gute Sinn von Gemeinde besteht darin, dass einer für sich selbst verzweifeln würde, aber einer dem anderen Mut machen kann, Kraft zusprechen.

Und – auch das gehört zu Pfingsten – in einer humorvollen Übertragung der Seligpreisungen Jesu heißt es:

Selig jene, die über sich selbst lachen können, sie werden sich nie langweilen.
Selig jene, die einen Berg von einem Maulwurfshügel unterscheiden können, ihnen werden viele Verdrießlichkeiten erspart bleiben.
Selig jene, die schauen, wohin sie ihren Fuß setzen, sie werden nur selten auf einer Bananenschale ausrutschen.
Selig jene, die ausruhen und schlafen können, ohne nach Ausflüchten zu suchen, sie werden weise werden.
Selig, die schweigen können, sie werden viel Neues lernen.
Selig jene, die klug genug sind, sich nicht ernst zu nehmen, ihre Mitmenschen werden sie schätzen.
Selig, die denken, bevor sie handeln, und beten, bevor sie denken, denn sie werden eine Menge Dummheiten vermeiden.

Wird euch in alle Wahrheit leiten

Johannes 16,5–15

Sie hatte es weiß Gott nicht böse gemeint mit mir. Wahrscheinlich eher sehr gut. Eine Frau Mitte 30, Einkaufstüte in der Hand, das einzige Lebewesen in dieser Straße. Sonst nur hohe Häuser, Büros und parkende Autos.

Ich hatte mich total verfahren. Total verfranst. War in den Außenbezirken der Stadt gelandet, in der ich einen wichtigen Termin hatte – in der Innenstadt. Blick auf die Uhr. Viertelstunde noch, zwanzig Minuten. Das muss im Prinzip reichen.

Ich kurble rechts das Fenster herunter. »Könnten Sie mir bitte helfen, ich habe mich verfahren.« Etwas zögernd kommt sie näher. »Ich habe mich verfahren. Ich muss in die – sagen wir mal unter uns – Friedensstraße. Könnten Sie mir bitte den Weg zeigen?«

»Oh je«, sagt sie. »Da sind Sie vollkommen falsch. Das ist die entgegengesetzte Richtung.«

Und dann denkt sie nach. Stellt die Tasche ab. Schließt kurz die Augen. Dann beginnt sie zu erklären. Ungefähr so:

»Drehen Sie um. Dann da vorne an der Kreuzung nach links. Halten Sie sich weiter links. Etwa nach einem Kilometer kommen Sie an eine Ampel, dort wieder links. Dann kommen Sie in einen Kreisverkehr, nehmen die dritte Abfahrt und kommen auf eine vierspurige Straße. Das sind eine, zwei, drei – ja drei Ampeln. Dann ist rechts eine Tankstelle. – Nein, vergessen Sie alles. Fahren Sie ganz anders. Das ist zu umständlich. Fahren Sie da vorne rechts. Und dann kommen Sie auf einen Kreisverkehr. Der führt Sie zuerst einmal noch weiter raus, dann aber auf der Bundesstraße wieder rein. Wenn Sie hinter dem Kreisverkehr die zweite Abfahrt nehmen, dann müsste dort schon »Stadtmitte« stehen. Aber vorsichtig, dort ist zurzeit eine Baustelle, es kann sein, dass es eine Umleitung gibt. Jedenfalls bleiben Sie, wenn irgend möglich, auf der Bundesstraße bis zu einer großen Kirche – mit zwei Türmen –, dort biegen sie nach links. Dann sind es eine, zwei – zwei Ampeln. Bei der zweiten Ampel nach rechts (vorsichtig! Ja doch!), dann kommen Sie von Westen auf die Friedensstraße. Meine ich. Hoffe ich.« Sagt sie.

Ich will ehrlich zu Ihnen sein.

1. Ich bin noch pünktlich angekommen trotz der lieben Beschreibung. Zwei Minuten vor Termin.
2. Die Straße heißt nicht Friedensstraße, sondern Kriegsstraße. Und liegt nicht irgendwo, sondern – in Karlsruhe. Und der Termin war auch nicht irgendwo, sondern beim Oberkirchenrat.

Nun weiß ich seit Jahrzehnten, wie man zum Oberkirchenrat in Karlsruhe kommt. Aber ich war nicht die normale Strecke gefahren, sondern habe den Wegplan ausprobiert, den der Evangelische Rundfunkdienst Baden Menschen zuschickt, die nicht wissen, wo der Evangelische Oberkirchenrat in Karlsruhe ist. Diesen Plan habe ich exakt befolgt und bin weiß Gott wo gelandet, nur nicht beim Evangelischen Oberkirchenrat.

Es ist schon schwierig mit Wegbeschreibungen.

Sind Sie ein guter Wegweiser?

Nun, ich meine, innerhalb unserer Stadt kriegen wir das alle noch hin. Auch wenn manche schon Schwierigkeiten haben mit der Himmelsrichtung. Aber den Weg zum Ärztehaus, zu den Apotheken, zu den Kirchen, zum Fußballplatz, zum Rathaus oder zum Friedhof, das kriegen wir noch hin.

Meine Frage – Sind Sie ein guter Wegweiser? – geht etwas tiefer.

Nehmen wir an, da hat ein Mensch nun wirklich die Orientierung verloren. Die innere Landkarte.

Verzweifelte Menschen.

Die nicht zu einem Termin müssen beim Oberkirchenrat oder irgendeinen Betrieb suchen.

Menschen, denen das Einmaleins des Lebens weg ist, das Alphabet des Lebens – einfach weg. Und das werden mehr.

Menschen ohne Liebe.

Menschen ohne Zukunft.

Menschen ohne Arbeit.

Menschen ohne gute Träume.

Menschen ohne Gott.

Menschen ohne Familie.

Menschen ohne Hoffnung.

Menschen ohne Menschen.

Oder anders: Sind wir gute Wegweiser?

Wir recken ja – eins, zwei, drei, vier – Zeigefinger schon allein in der Kernstadt in die Höhe: Johannes, Christus, Laurentius, Dreifaltigkeit. Machen noch mit dem Geläut heftig auf uns aufmerksam.

Sind wir gute Wegweiser?

Ich bin vorsichtig geworden bei Menschen, die behaupten, sie wüssten, wo's langgeht. Bei denen, die wissen, wo's langgeht, hatte ich schon immer einen bestimmten Verdacht. Die, bei denen alles glatt geht, waren mir noch nie geheuer. Auch die nicht, die die Landkarte Gottes so mir nichts, dir nichts lesen können.

Bist du ein guter Wegweiser?

Ein guter Wegweiser müsste beweglich sein.

Müsste sogar von sich selbst weg weisen.

Müsste nicht seinen Weg zum Königsweg erklären. Der Wegweiser ist ja nicht das Ziel.

Es gibt weiß Gott so viele Wege zum Ziel.

Müsste sich schnell umstellen können.

Müsste in Herzen lesen können und die verschiedensten Sprachen sprechen.

Wissen wir, was die Menschen wirklich suchen?

Wir strecken ja deutlich den Finger.

Wir läuten in unserer Stadt mit den Glocken.

Komm, wir wissen den Weg!

Um gute Wegweiser zu sein, müssten wir in sie hineinschlüpfen können.

In die weinenden Kinder.

In die müden Alten.

In die schweigenden Arbeitslosen.

In den verstörten Asylsuchenden.

In die ratlosen Manager.

In die coolen Jugendlichen.

In die verschuldeten Wohnungssuchenden.

Kriegen Sie mal einen Menschen dazu, dass er sagt, wohin er wirklich will!

Kriegen Sie mal einen Menschen dazu, echt ehrlich zu sein.

Jesus nimmt seinen Abschied.

Jesus, der Wegweiser, geht weg.

Er nimmt den Seinen die Orientierung.

Die Landkarte verabschiedet sich.

Der Weg verflüchtigt sich.

Keine Sonne mehr am Tag, kein Polarstern in der Nacht. Der Kompass weg.

Es ist gut für euch, wenn ich gehe.

Warum ist es gut für die Christen, wenn ihr Christus weggeht?

Zwei Gedanken dazu.

Ein Führer, der immer vorneweg geht und dem ich blind folgen kann, nimmt mir die Entscheidung ab. Es ist auch gar nicht mehr nötig, dass man sich in der Herde abspricht, austauscht. Der Leithammel geht voraus, die Herde blind hinterher. Das macht unselbstständig. Das macht blind. Im Zweifel macht das sogar verantwortungslos. »Das war nicht meine Entscheidung. Er ist vorausgegangen. Ich habe nur gehorcht.«

Solchen Leithammel-Gehorsam will Jesus nicht. Das katholische Modell ist in meinen Augen nicht biblisch. Dass da einer der Stellvertreter Christi oder gar Gottes sei, das ist nicht biblisch. Das wäre nur dann biblisch, wenn Jesus wegginge und einen als Nachfolger bestimmen würde, der nun vorangeht und die Richtung angibt, in der die Herde gehorsam weitergeht. Davon ist überhaupt nicht die Rede.

Die Rede ist davon, dass es besser ist für die Gemeinde, wenn Jesus geht, weil dann der Tröster kommt. Der Paraklet im Fachausdruck. Der Heilige Geist, sagen wir. Und der kommt nicht, wir haben es im Evangelium gehört, auf einen, sondern auf alle. Und das geht weiter. Das Pfingstwunder geht weiter. Pfingsten hört ja nicht auf dem Marktplatz in Jerusalem auf. Das ist erst der Anfang. Begeistert predigt Petrus. Wir lesen das in Apostelgeschichte 2: »Tut Buße, und jeder von euch lasse sich taufen auf den Namen Jesu Christi zur Vergebung eurer Sünden, so werdet ihr empfangen die Gabe des Heiligen Geistes. Denn euch und euren Kindern gilt diese Verheißung ...« (V. 38f.)

Das Pfingstwunder ist breit angelegt. Als Jesus weggeht, setzt er nicht Päpste, Bischöfe und Priester ein, sondern den Heiligen Geist als inneren Wegweiser, für alle. Für alle Getauften.

Das ist einer der Eckpfeiler der Reformation, dass die Reformatoren sagen: Lest doch in der Bibel. Und traut doch der Taufe. Und dem Heiligen Geist, der in euch wirkt.

Pfingsten, Tauftag der Kirche, erst recht für Erwachsene.

Und so komme ich zum Zweiten. Ich stelle fest, ich bin gar kein guter Wegweiser. Ich bräuchte selber einen. Was ich auch tue, wie ich mich entscheide: Irgendwie gibt es immer einen, dem ich wehtue.

Es gibt immer wieder einen, an dem ich schuldig werde.

Es gibt immer wieder einen, den wir nicht erreichen.

Ja, sagt Jesus. Wenn ich weggehe, dann spürt ihr das als Schmerz, als Verlust. Aber der Geist, der über euch kommt, der wird euch leiten.

Jetzt was und wie?

Der Heilige Geist kommt nicht nur über einen, und der hat den Weg. Der Heilige Geist hat den Weg, und der ist in allen. In der Gemeinde. Für uns ist nicht ein Einzelner der, der den Schlüssel hat. Die Gemeinde ist der Schlüssel. Die Gemeinde mit ihren Gaben. Die Gemeinde mit ihrem Gespräch, mit ihrem Gedankenaustausch, mit ihren unterschiedlichen Erfahrungen.

Sicherlich stehe ich als Einzelne und als Einzelner vor Gott. Aber ich stehe als Einzelne und Einzelner nicht allein. Ich stehe in der Gemeinschaft mit Christus, in der Gemeinschaft der Heiligen, in der Gemeinde der »unsichtbaren Kirche«. Ich stehe als Christ vor Gott, und damit als Glied am Leib Christi. Getauft auf seinen Namen, in seiner Kirche.

Fragt man mich nach meinem Glauben, dann bin ich manchmal um eine Antwort verlegen. Bin selbst eher ein Rohr im Wind als ein stabiler Wegweiser. Bin angewiesen auf die anderen in der Gemeinde, auf ihren Rat, auf ihr Gebet, auf ihre Schulter, an die ich mich lehnen kann.

Und dann höre ich die Lieder; bete das Vaterunser in der Gemeinde; sehe Kinder nachwachsen voll Vertrauen; sehe Familien, die ihre Kinder taufen lassen; einen jungen Mann, der getauft werden möchte; erlebe, wie Menschen teilen; sehe schlimmes Unglück, sehe aber auch die Hilfe; sehe weinende Augen und Menschen, die die Weinenden in die Arme nehmen und trösten; sehe auf dem Friedhof traurige Menschen und spüre dort auch den Trost der Gemeinschaft; höre auf dem Friedhof einen Mann kräftig die Lieder mitsingen, von dem ich das nie gedacht hätte; erlebe, wie die eigenen Vorurteile sich als falsch erweisen; sehe strahlende Augen und spüre Hände, die bleiben; spüre den Heiligen Geist als die schöpferische und heilende Kraft Gottes in der einen Welt.

Mehr und mehr entdecke ich diese Gemeinschaft der Heiligen als große Gnade.

Und dann spreche ich mit:

Ich glaube an den Heiligen Geist.
Die heilige christliche Kirche.
Die Gemeinschaft der Heiligen.
Die Vergebung der Sünden.
Die Auferstehung der Toten.
Und die zukünftige Herrlichkeit, die Gott geben wird.

Pfingsten ist kein einmaliges Ereignis

Apostelgeschichte 2,1–12; Johannes 14,23ff; 4. Mose 11,11ff

Pfingsten ist nicht nur einmal gewesen. Es gibt durch die ganze Bibel hindurch Pfingstgeschichten. Durch die ganze Menschheitsgeschichte beobachten wir, wie Menschen plötzlich erkennen, woher und wohin, warum und wozu sie leben.

Wie sie sich verstehen, ohne die Sprache zu kennen. Wie sie der Erde Gutes tun, das Rechte tun, das, was jetzt notwendig ist, ohne viel studiert und nachgedacht zu haben.

Diese Erde ist vom Geist Gottes durchwoben. Ist nicht ein am Rande der Milchstraße vergessenes und zufällig herumirrendes Abfallprodukt kosmischer Katastrophen, sondern ist Heimat, ist Dach und Weg, ist Musik und Liebe, ist Möglichkeit und Weite.

Die alten Geschichten reden in Bildern. Sie sagen, am Anfang schwebte der Geist Gottes über dem Wasser. Sie sagen, Gott habe die Erde angehaucht, und so sei Leben geworden. Sie sagen, der Himmel stünde offen, es führten Leitern hinauf und herunter. Bilder, die deutlich machen, das sind nicht zwei antiseptisch getrennte Welten, Oben und Unten, Gott und Mensch, Himmel und Erde. Der Geist, sagen die alten Geschichten, weht, wo er will. Durchweht alles, schafft immer wieder neu Leben.

Pfingsten ist immer wieder.

Die eigentliche Pfingstgeschichte, viele sagen, das sei der Geburtstag der Kirche, steht in der Apostelgeschichte im 2. Kapitel:

Lesung Apostelgeschichte 2,1–12

Sie spüren selbst: Pfingsten ist kein pflegeleichtes Fest. Ist auch das unserer großen Feste, an dem die wenigsten zu den Gottesdiensten kommen. Kein Osternest, kein Kind in der Krippe, kein Gekreuzigter. Ich kann nicht sagen: Hier ist der Geist Gottes oder dort. Ich kann allerdings zeigen, wo er gewirkt hat. Dort, wo Frieden wird nach Zeiten des Krieges, dort, wo geredet wird nach Zeiten des Schweigens, dort, wo Barmherzigkeit regiert anstelle des Kalküls, dort, wo Christus gepredigt wird, wo man ohne Angst ins Gesicht des Nächsten schauen kann und die Furcht, etwas zu verpassen, der Heiterkeit des Glaubens gewichen ist.

Jesus antwortete und sprach zu ihm:

> *Wer mich liebt, der wird mein Wort halten; und mein Vater wird ihn lieben, und wir werden zu ihm kommen und Wohnung bei ihm nehmen. Wer aber mich nicht liebt, der hält meine Worte nicht. Und das Wort, das ihr hört, ist nicht mein Wort, sondern das des Vaters, der mich gesandt hat. Das habe ich zu euch geredet, solange ich bei euch gewesen bin. Aber der Tröster, der Heilige Geist, den mein Vater senden wird in meinem Namen, der wird euch alles lehren und euch an alles erinnern, was ich euch gesagt habe.*
> (Johannes 14,23ff)

Wir feiern einen »Agape-Gottesdienst«. Agape ist Griechisch und heißt »Liebe«. Das ist noch einfach. Es meint nicht Sexualität und Erotik, es meint die Liebe zum Mitmenschen, die Offenheit für seine Sorgen, die Geduld mit seinen Fehlern, die Freude über seine Gaben, die Achtung seiner Würde.

Agape ist mehr noch, ist das, was wir an Gottes Liebe unter uns spüren, ist sein guter Geist unter uns, ist Gemeinde und Gemeinschaft, ist Fürbitte und Leben aus dem Segen.

Wir sagen beim Abendmahl, wenn wir Brot und Wein teilen: »Ich teile mit dir, was Gott uns schenkt.« Das ist Agape, wenn wir teilen, was Gott uns schenkt, einer den anderen anstiftet zum Leben.

Ein Agape-Gottesdienst ist ein Gottesdienst mit Abendmahl, ein »Feierabendmahl«, in dem Schuld, Buße und Reue eine nicht ganz so wichtige Rolle spielen. In dem auch die Form des Brotes zweitrangig ist, mehr noch ein symbolisches kleines Essen unter Freunden.

Jesus sagt: Wer mich liebt, der wird mein Wort halten. Der hält auch dem anderen die Tür und die Hand offen. Der teilt, was Gott ihm schenkt. Der hat den Geist. In dem wohnt Gott, wohnt Jesus Christus.

Wer mich liebt, der wird mein Wort halten; und mein Vater wird ihn lieben, und wir werden zu ihm kommen und Wohnung bei ihm nehmen.

Wir feiern, dass Gott unter uns ist, in jedem von uns wohnen will. Nicht wir teilen eigentlich, er teilt sich mit.

Ich kann es anders sagen: Wo dieser Geist fehlt, fehlt auch die Liebe. Wes Geistes Kinder sind wir? Welcher Geist kommt auf uns? Wilhelm Willms schreibt:

die frage ist
wo ist oben
was ist oben
wer ist oben
denn je nachdem
was bei uns oben ist
kann man sich ausrechnen
was auf uns herabkommt
welcher geist

ist das geld oben
kommt der geist des geldes
auf uns herab

ist die wirtschaft oberstes prinzip
kommt dieser geist auch auf uns herab
und über uns

ist jesus für uns oben
dann kommt auch der geist jesu
auf uns herab

(Wilhelm Willms, die frage ist. Aus: ders: der geerdete himmel, © 1974 Verlag Butzon & Bercker, Kevelaer, 7. Aufl. 1986, 13.1, www.bube.de)

Und Mose sprach zu dem Herrn:

Warum finde ich keine Gnade vor deinen Augen, dass du die Last dieses ganzen Volks auf mich legst? Woher soll ich Fleisch nehmen, um es all diesem Volk zu geben? Sie weinen vor mir und sprechen: Gib uns Fleisch zu essen. Ich vermag all das Volk nicht allein zu tragen, denn es ist mir zu schwer. Willst du aber doch so mit mir tun, so töte mich lieber, wenn anders ich Gnade vor deinen Augen gefunden habe, damit ich nicht mein Unglück sehen muss. Und der Herr sprach zu Mose: Sammle mir siebzig Männer unter den Ältesten Israels, von denen du weißt, dass sie Älteste im Volk und seine Amtleute sind, und bringe sie vor die Stiftshütte und stelle sie dort vor dich, so will ich herniederkommen und dort mit dir reden und von deinem Geist, der auf dir ist, nehmen und auf sie legen, damit sie mit dir die Last des Volks tragen und du nicht allein tragen musst. Da kam der Herr hernieder in der Wolke und redete mit ihm und nahm von dem Geist, der auf ihm war, und legte ihn auf die siebzig Ältesten. Und als der Geist auf ihnen ruhte, gerieten sie in Verzückung wie Propheten und hörten nicht auf.

(4. Mose 11,11–25 in Auswahl)

Mose ist am Ende. Es fehlt die Nahrung. Die Menschen in der Wüste sind unzufrieden, sie haben Angst, zu verhungern. Nehmen wir ihre Sorgen nicht zu unwichtig.

Nur, es ist hier so, wie es sonst auch oft ist: Die Sorge macht blind. Ich bin fixiert auf eine bestimmte Lösung und sehe die anderen Wege nicht mehr. Hier heißt die Lösung: Fleisch. Etwas zu beißen zwischen den Zähnen, und dann geht es wieder gut.

Anderswo heißt die Lösung: An die Macht kommen, dann wird alles anders. Oder: Lass mich erst mal das nötige Geld haben, dann werden wir ... Oder: Nur noch ein paar Tage, dann habe ich Urlaub, und dann habe ich auch Zeit für dich. Alles Pseudo-Lösungen, und wir wissen das.

Wir taufen heute ein Kind. Wir streiten gelegentlich über den Sinn von Kindertaufen. Es heißt ja, das Kind solle einmal selbst entscheiden. Und wir hängen etwas halbherzig später die Konfirmation dran, um das nachzuholen.

Aber eigentlich überzeugt das alles nicht so recht. Entweder Kindertaufe und damit ist geschehen, was zu geschehen hatte, oder Erwachsenentaufe, wann immer der Mensch reif ist für eine abgewogene eigene Entscheidung für Jesus Christus. Und allein darum geht es. Denn um ein religiöser Mensch zu sein, brauche ich weder Taufe noch Kirche noch Christus. Und um als anständiger Mensch meinetwegen nach den Zehn Geboten oder ähnlichen Maßstäben zu leben, brauche ich diesen Jesus Christus auch nicht.

Die Kirche hat mit der Kindertaufe aber eine Kostbarkeit bewahrt, nur ist es ihr nicht so recht bewusst, weil wir selbst diesen Schatz nicht so recht schätzen.

Ludwig kann ja schon einiges, wenn er kleiner wäre, wäre es noch deutlicher: das Kind bei der Taufe als Zeichen für die vollkommene Angewiesenheit.

Am Anfang und am Ende unseres Lebens: vollkommene Angewiesenheit auf Liebe, auf Zuwendung, auf Fürsorge, auf Getragenwerden, auf die Versorgung mit dem Lebensnotwendigen. Da reicht es – jeder weiß das – nicht, wenn Fleisch auf dem Tisch steht, wenn das Einkommen stimmt und ich ein Dach über dem Kopf habe. Das ist noch kein »Leben«.

Pfingsten, Taufe – das ist Geistesgegenwart, Leben in der ewigen Gegenwart Gottes. Christus in mir und Christus in dir. Ich bin nicht nur durch das, was ich mache und kann und habe, verbunden mit den anderen. Es gibt eine Luft, die wir atmen; eine Erde, die uns trägt; einen Gott, der unser Leben umschließt; einen Geist, der uns spüren lässt: Das ist kein Zufall, dass ich bin, das ist Liebe. Das ist kein Verdienst, dass ich lebe, das ist Gnade.

Übersetzt das den Kindern. Das ist, je länger du lebst, die wichtigste Lektion, die es zu lernen gilt. Wer sie verstanden hat, wird ein fröhlicher Mensch und ein Segen für seine Umgebung.

Die Trinitatiszeit

Meditation: »Erzähle mir von Gott« – Von der Chance der Trinitätslehre heute

Als das Schiff des Bischofs für einen Tag an einer fernen Insel anlegte, beschloss er, diesen Tag so gut wie möglich zu nutzen. Er schlenderte am Strand entlang und traf drei Fischer, die ihre Netze flickten. In Pidginenglisch erklärten sie ihm, dass sie vor vielen Jahrhunderten von Missionaren christianisiert worden waren. »Wir Christen!«, sagten sie und zeigten stolz auf sich.

Der Bischof war beeindruckt. Kannten sie das Vaterunser?

Davon hatten sie noch nie gehört. Der Bischof war schockiert. Wie konnten diese Männer behaupten, Christen zu sein, wenn sie nicht etwas so Grundlegendes wie das Vaterunser kannten?

»Was sagt ihr also, wenn ihr betet?«

»Wir heben Augen zu Himmel. Wir beten: ›Wir sind drei, du bist drei, sei uns gnädig.‹« Der Bischof war bestürzt über dieses primitive, ja zutiefst ketzerische Gebet. So verbrachte er den ganzen Tag damit, sie das Gebet des Herrn zu lehren. Die Fischer lernten schwer, aber sie strengten sich an, und ehe der Bischof am nächsten Tag die Segel setzte, hörte er befriedigt, wie sie das ganze Gebet fehlerfrei aufsagten.

Monate später passierte das Schiff des Bischofs zufällig wieder diese Inseln. Als er auf dem Deck betend hin- und herging, erinnerte er sich mit Freuden daran, dass es auf jener fernen Insel drei Männer gab, die dank seiner geduldigen Bemühungen nun korrekt beten konnten. Als er gedankenverloren aufblickte, sah er im Osten einen hellen Fleck. Das Licht kam auf das Schiff zu, und als der Bischof verwundert hinsah, erkannte er drei Gestalten, die sich auf dem Wasser dem Schiff näherten. Der Kapitän stoppte, alle Matrosen beugten sich über die Reling, um das erstaunliche Ereignis zu sehen.

Als sie so nahe waren, dass man sie verstehen konnte, erkannte der Bischof seine drei Freunde, die Fischer.

»Bischof!«, riefen sie, »wir so froh, dich zu sehen. Wir hören, dein Boot an Insel vorbeifahren, wir schnell schnell kommen, dich zu treffen.«

»Was wollt ihr?«, fragte der Bischof ehrfürchtig. »Bischof«, sagten sie, »wir so sehr traurig. Wir vergessen schönes Gebet. Wir sagen: Unser Vater im Himmel, geheiligt sei dein Name, dein Reich komme ... dann wir vergessen. Bitte sage uns ganzes Gebet noch einmal.«

Demütig sagte der Bischof: »Geht nach Hause zurück, gute Leute, und sagt, wenn ihr betet: ›Wir sind drei, du bist drei, sei uns gnädig!‹« (Anthony de Mello, Ein Bischof lernt beten, aus: Anthony de Mello, 365 Geschichten, die gut tun. Weisheit für jeden Tag, hrsg. von Jorg Lix © Verlag Herder GmbH, Freiburg i. Br. 2006, S. 150–152)

Vielleicht haben Sie das Gefühl, gedanklich überfordert zu sein. Vielleicht auch plagt Sie der Eindruck, die ganze Lehre von der Dreieinigkeit Gottes sei lebloses akademisches Geziehe und Gezerre, blutleere Dogmatik und für Nicht-Theologen kaum oder nicht verständlich.

Das scheinen zwei Blitzlichter aus der Kirchengeschichte zu bestätigen. Die erste Erinnerung an den Kirchenvater Augustinus:

Nach einer beliebten Legende erging sich Augustinus in einem Traum gedankenverloren am Meer. Er dachte über eine der ihn am meisten beschäftigenden Fragen nach, über das Geheimnis der Dreieinigkeit Gottes. Dabei beobachtete er ein Kind, das mit einem Eimer Wasser aus dem Meer schöpfte und damit einen kleinen Teich zu bauen versuchte. »Was machst du da?« – »Ich möchte das Meer in meinen Teich schöpfen.« Augustinus lachte und meinte: »Das wird dir nie gelingen.« Das Kind antwortete: »Du machst es ja auch nicht anders. Du willst mit deinem kleinen Verstand das Geheimnis des dreieinigen Gottes verstehen.«

Die zweite Erinnerung an Martin Luther:

Wir lehren und glauben nicht allein, dass ein Gott ist, sondern auch, dass er in ganz einfältiger Einfältigkeit und in ganz einiger Einigkeit ist: Wir trennen diese drei nicht voneinander, den Vater, den Sohn und den heiligen Geist. Wir machen nicht unterschiedliche Götter, sondern glauben, dass in rechter Einigkeit ein einiger und einfältiger Gott sei. Ja, möchte irgendeiner sagen: Ich verstehe das nicht! Antwort: Das ist recht, du sollst es auch nicht verstehen. (Aland, Luther Deutsch, Lutherlexikon, Göttingen 1983, 242, S. 69)

Unser Verstand tut sich schwer, ihm ist es vielleicht gar nicht möglich, zu verstehen, was da gelehrt wird über die »Dreieinigkeit Gottes«.

Aber wenn diese ein so zentraler Glaubensinhalt ist, wie wir Christen das seit spätestens 1900 Jahren behaupten, dann muss ich doch verstehen können, was ich glauben soll! Wenn nicht, taugt der Glaube nicht.

Und der Glaube darf weiß Gott auch nicht an einem einfachen Verstand scheitern. Petrus, Paulus, der Hauptmann unterm Kreuz und all die anderen biblischen Gestalten hatten kein Abitur. Jesus hat Kinder in die Mitte gestellt.

Und an einer für die Trinität wichtigen Stelle sagt Jesus sogar:

> *»Ich preise dich, Vater, Herr des Himmels und der Erde, weil du dies den Weisen und Klugen verborgen hast und hast es den Unmündigen offenbart. Ja, Vater; denn so hat es dir wohlgefallen. Alles ist mir übergeben von meinem Vater; und niemand kennt den Sohn als nur der Vater; und niemand kennt den Vater als nur der Sohn und wem es der Sohn offenbaren will.«*
> (Matthäus 11,25–27)

Dann muss Nachdenken über die Dreieinigkeit Gottes möglich sein, und auch einfach möglich sein.

Es ist offensichtlich, dass die gerne zitierten biblischen Aussagen nach einer Erläuterung verlangen. Natürlich handelt es sich bei diesen Sätzen nicht um eine »explizite« – ausgeführte – Trinitätslehre (da steht nicht: ... tauft sie auf den Namen des dreieinigen Gottes), aber – so wird man in der Auslegung der Schriften schon früh sagen – es findet sich eine »implizite Trinitätslehre«: Die Texte lassen keinen anderen Schluss zu, als dass der eine Gott uns im Vater, im Sohn und im Geist begegnet.

Ist das nun ein Gott? Oder sind das drei Götter? Oder zwei Götter und ein Götterbote? Oder ein Gott und zwei Bevollmächtigte?

Ist Christus Gott oder ist er Mensch?

War Christus vom Ursprung an – wenn es überhaupt einen solchen gibt – zu dieser Gottheit dazugehörig?

Kann ich also auch von Christus sagen, er sei Schöpfer?

Kann ich auch vom Vater sagen, er habe gelitten unter Pontius Pilatus?

Kann ich auch vom Geist sagen, er schaffe, er richte, er erlöse?

Ist Christus nur der Erstgeborene oder der Einziggeborene?

Als man die Bekenntnisse formulierte, ging es um die Abwehr von Gefahren.

Einmal um die Gefahr, den einen Gott aufzulösen in drei Götter. Gott wird vorgestellt als drei Wesen. Das wäre »Tritheismus«.

Die andere Gefahr war die, der Einheit den Vorrang zu geben. Das ist der monarchische »Monotheismus«. Vater, Sohn und Geist sind nur als drei Gesichter Gottes zu sehen, drei Arten, Gott zu nennen, die selbst aber keine Eigenständigkeit haben. Das nennt man auch »Modalismus«.

Der Kirchenvater Origenes hatte behauptet:
»Es gab keine Zeit, da der Sohn nicht war.«

Dagegen hielt der Bischof Arius:
»Es gab eine Zeit, da der Sohn nicht war.«

Daraus entwickelte sich der große Streit, der zum Nicänischen Glaubensbekenntnis 325 führte und damit zu einer Klärung der Frage nach der Gottheit Jesu Christi. Sie haben die Formel vielleicht noch im Ohr:

»Gott von Gott / Licht vom Licht / wahrer Gott vom wahren Gott / gezeugt, nicht geschaffen / eines Wesens mit dem Vater; durch ihn ist alles geschaffen.«

Es folgten im Laufe der Kirchengeschichte weitere Präzisierungen. Das Christentum blieb ja nicht auf den Griechisch oder Lateinisch sprechenden und denkenden Teil Europas beschränkt. Immer wenn das Christentum in neue Sprachen, in neue Kulturen übersetzt werden musste, war es nötig, die Bilder, die Symbole neu zu übersetzen.

Die Glaubensbekenntnisse nennen wir in der Fachsprache »Kirchliche Symbole«. »Symbol« ist ursprünglich das abgebrochene Stück eines Würfels oder eines sonstigen Gegenstandes, das sich mit dem Rest zusammenfügen lässt, sodass es wieder ein Ganzes gibt. Symballein heißt zusammenfügen, zusammenwerfen. Solche Symbole dienten als Ausweise. Später wurden sie durch einen Siegelabdruck ersetzt. Symbole sind also Erkennungszeichen zum Beispiel für Vertragspartner oder

Boten. Sie sind damit ein erkennbarer Hinweis auf etwas anderes, was sie repräsentieren, so wie die Flagge das Symbol einer Nation ist. Symbole müssen verstanden werden, wenn sie wirken sollen.

Offenbarung »pur« gibt es nicht. Gott offenbart sich in unseren Bildern, in unserer Sprache. Und die Weitergabe übersetzt schon. Wir erzählen Glauben. Oder noch deutlicher: Wir leben Glauben.

Wenn wir darüber nachdenken, was Trinität heute so wichtig macht, dann muss uns klar sein:

1. Der Gott der Bibel offenbart sich so, dass wir gezwungen sind, über das Verhältnis von Vater, Sohn und Geist nachzudenken. Die Kirche hat das in Bekenntnissen geregelt, in denen von drei Personen eines Wesens gesprochen wird: Dreieinigkeit Gottes.
2. Wenn wir über den dreieinigen Gott sprechen, dann sprechen wir immer als Menschen. Gott offenbart sich uns, und wir deuten diese Erfahrung. Voraus geht immer das, was Gott tut. Und wir erzählen daraufhin Glauben. Der Gott der Bibel, so sagen wir, offenbart sich als Vater, als Sohn, als Geist, das heißt, wir erfahren ihn als Schöpfer, als Erlöser oder Befreier und als Vollender oder Sammler, als einen, der heiligt. Weil wir nun Gott »ökonomisch« – in seiner Wirkung auf uns – als Dreiheit, in drei Wirkweisen offenbart bekommen oder ihn erfahren, schließen wir daraus auf eine »immanente Trinität«. Wir sagen: Die offenbarte dreifache Wirkung erklärt sich durch die wesenhafte Dreiheit Gottes. Anders gesagt: Gott ist und war nie anders als Gemeinschaft. Das Wesen Gottes ist Liebe, Gemeinschaft.

Die Rede von der Dreieinigkeit Gottes ist also nicht eine »Erfindung«, sondern Reflexion auf Offenbarung.

Ich gebe einen Hinweis aus der Zahlensymbolik: Eins ist mathematisch eine natürliche Zahl, symbolisch eine absolute Zahl. Sie steht dafür, dass es nichts anderes gibt. Ist das, was ist, eins, dann gibt es kein Zweites.

Würde eins geteilt, dann wäre das, was ist, nicht mehr eins, sondern zwei. Dann wäre neben dem einen ein anderes.

Wenn etwas zwei ist, dann ist es entweder das eine oder das andere. Wenn etwas eins ist, dann kann es eben nicht das eine oder das andere sein, sondern nur das eine.

In der Zahlensymbolik steht die Eins also für das Absolute, das Ganze.

Wenn in der Geschichte der Philosophie über die Gottheit nachgedacht wurde, dann schlossen aus dieser Denknotwendigkeit die Denker über die Gottheit:

- dass die Vielheit ausgeschlossen ist
- dass die Unterschiedlichkeit ausgeschlossen ist
- dass die Bewegung ausgeschlossen ist
- und dass das Leiden ausgeschlossen ist.

Gottangemessen, göttlich ist

- das Eine
- das immer Gleiche
- das Unbewegte
- die Leidensunfähigkeit.

Wäre Gott nicht eins, so wäre er einem anderen zugeordnet, also nicht allmächtig. (Denken Sie dabei nicht nur an Vater und Sohn, sondern auch an Gott und den Teufel.)

Wäre Gott unterschiedlich, dann wäre er heute mal so, morgen so, damit auch nicht vollkommen und zuverlässig.

Wäre Gott bewegt, dann wäre er mal heute hier, morgen dort, eben nicht überall, alles in allem, vollkommen. Dann gäbe es einen Ort, an dem Gott jetzt nicht ist.

Und hätte er Leidensfähigkeit, wäre er einem fremden Willen unterworfen.

Wenn man den Kosmos, die Welt, die Natur betrachtet, dann begegnet man nur Vielheiten. Das Absolute, das dem Kommen und Gehen nicht unterworfen ist, das keinen Anfang und keinen Tod kennt, das nicht geschaffen ist – das »Absolute« ist »eins«.

Insofern taten sich die Griechen schwer mit der Vorstellung eines dreieinigen Gottes oder gar eines Gottessohnes, der am Kreuz stirbt. Der Kreuzestod war der beste Beweis dafür, dass dieser Mensch eben nicht Gott war. Als die Griechen auf dem Areopag in Athen Paulus vom Kreuzestod reden hören, lachen sie ihn aus und sagen: Erzähle uns ein andermal weiter von deinem Gott. Heute haben wir genug gelacht.

Wie gehen wir damit um, dass, nach Paulus, das Leiden und Sterben Christi nach des Vaters Willen uns erlöst von der Sünde, wenn wir diese Gnade im Glauben auch annehmen?

Damit tun sich auch heute Menschen schwer. Das Kreuz ärgert

auch heute noch. Das Opfer Gottes wird auch heute noch als anstößig, unmöglich verworfen.

Nun kann ich mir meinen eigenen Privatglauben zusammenbasteln, oder ich kann mich als braver Protestant an das Zeugnis der Bibel halten. Und dort steht das eben. Nicht nur einmal. Vielmal. Jesus ist gestorben, hat für uns gelitten, ist auferweckt worden vom Vater. Und dieser Jesus war vorher und ist nachher eins mit dem Vater.

Ja, hat er dann, so fragten manche, für die Zeit seines irdischen Lebens einen menschlichen Leib angezogen, wie ein Schauspieler eine Uniform anzieht, in der Uniform stirbt, und jeder weiß, dass dieser Soldat nun tot ist; doch fällt der Vorhang, steht der Schauspieler wieder auf, zieht den Soldatenrock aus und trinkt fröhlich nach der Vorstellung sein Bier mit den Kollegen.

Das war eine Möglichkeit: Der ewige Gott schlüpft in die Rolle und spielt Mensch. Aber so steht es nicht in der Bibel.

Die andere Möglichkeit: Jesus war nicht Gott. Gott hat ihn adoptiert. Er ist der erste der Menschen, die – vielleicht wegen ihres besonders gerechten Lebens, ihres vorbildlichen Märtyrertodes – auferweckt werden. Jesus war ganz Mensch und nur Mensch. Er ist uns auf dem Weg zu Gott voraus. Aber er ist nicht Gott. Vielleicht jetzt, vielleicht nach der Auferweckung. Aber nicht vorher, schon gar nicht von Anfang an. Aber auch so lesen wir es nicht in der Bibel.

Was nun? Wenn von Jesus beides gesagt wird, dann muss, das ist die Konsequenz der Offenbarung, die Philosophie falsch sein. Gott ist keine einsame, in sich selbst ruhende, unbewegte und leidensunfähige Monade, keine unbewegte Einheit.

Gott hat – das erzählt auch das Alte Testament auf jeder Seite – eine Geschichte.

Gott hat ein Herz, hat eine Leidenschaft, liebt, hasst, schlägt sich auf die eine oder andere Seite, bringt sich ein. Gott ist nicht »a-pathisch«, Gott ist »pathisch«, hat ein Pathos, eine Leidenschaft. Oder noch überraschender: »Gott lebt.« Und: »Gott ist Liebe.« Gott liebt. Gott schlägt sich auf die Seite der Armen, der Kranken und Ausgegrenzten.

Liebe ist nicht denkbar ohne Leiden, nicht denkbar ohne Geschichte. Liebe mischt sich ein. Liebe hat ein Ziel. Das Ziel göttlicher Liebe ist das Heil der Welt. Der Schalom. Das Reich Gottes.

Auch Juden und Muslime zielen dahin. Doch der Gott der Muslime ist nicht denkbar als einer, der leidet. Der Kreuzestod Jesu ist im Koran weggebogen. Und Jesus ist nur ein Prophet. Gott leidet nicht. Gott sagt, was richtig und was falsch ist, und sortiert am Tag des Gerichts aus, wer ins Paradies kommt.

Gott in der hebräischen Bibel gibt den Menschen seine Thora, aber zeigt ihnen nicht sein Gesicht. Das würde kein Mensch überleben. Wer Gott sieht, stirbt. Die Thora zeigt den Weg. Und wer sich an die Thora, an die aus Liebe gegebene Weisung hält, wird leben.

Hier wie dort bleibt Gott im Letzten für sich, wie unterschiedlich weit er sich auch herauslehnt und einbringt. Aber er »äußert sich« nicht »all seiner Gwalt, wird niedrig und gering«.

Wir Christen sind mit unserem Bekenntnis Exoten. Das gibt es sonst nicht, dass Gott sich so einmischt, dass er leidet, sein Leben lässt und gar stirbt.

Halten wir fest als Erstes: Gottes Passion, Gottes Pathos, Gottes Leidenschaft, Gottes Liebe und Gottes Leiden sind zentral für das christliche Reden von Gott. Schon damit ist die Einheit Gottes als absolute, ungeteilte, unbewegte, apathische nicht mehr die Einheit, die Christen meinen, wenn sie sagen: Ja, Gott ist »einer«. Christen sind also nicht Monotheisten wie Juden oder Muslime.

> *»Das eigentliche Kennzeichen Gottes ist seine Liebe, er kann nur lieben, nichts als lieben. Aber wir werden doch immer wieder darauf hingewiesen, dass wir nicht an unseren Bildern und Vorstellungen kleben sollen. Er ist eine ›unpersönliche Person‹. Er liebt, nicht wie ich liebe, sondern wie ein Smaragd grün ist. Er ist ›Ich liebe‹.«*
> (Simone Weil).

Ich könnte heute mit einem alten Begriff – der Perichorese – sagen: Gott ist von Liebe durchdrungen. Perichorese ist das wechselseitige Sich-Durchdringen der Personen der Trinität. Gott ist von Liebe durchdrungen. Von drei Äußerungen komme ich her und sage:

Liebe und Gemeinschaft sind Einheit.

Die Gemeinschaft der drei Personen macht Gott zum einen Gott. Nun stellt sich die Frage: Warum eigentlich drei? Warum z. B. nicht vier?

Drei ist eine Primzahl, als »heilige Zahl« die Bezeichnung der in sich ruhenden, nach allen Seiten abgesicherten Geschlossenheit und geordneten Einheit in der Vielheit der Erscheinungen. Es gibt verschiedene Triaden:

1. göttliche Triaden in den Religionen
2. metaphysische Triaden, Vater – Mutter – Sohn
3. anthropologische Triaden

Platons Trichotomie der Seelenkräfte: Begierde – Mut – Verstand;

die hellenistische Unterscheidung: Fleisch (bzw. Leib) – Seele – Geist

4. ethisch-religiös: Glaube – Hoffnung – Liebe (l. Kor. 13,13)
5. kosmologisch (u. a. im alten Orient): Himmel – Erde – Unterwelt;

Hegel: These – Antithese – Synthese

Die (magische) Bedeutung und Grundfunktion der Zahl Drei wird im täglichen Leben noch greifbar in Wendungen und Gesten wie: dreimal klopfen, dreifaches Hoch (Hurra), negativ: dreimal verfluchen, »in drei Teufels Namen«.

Aber keines dieser Beispiele liegt dem Reden von der Dreieinigkeit Gottes zugrunde.

Ich habe es darzustellen versucht: Es geht voraus die biblische Offenbarung, die wir deuten. Nicht die Heiligkeit der Zahl Drei führt zum Reden von der Dreieinigkeit Gottes, eher umgekehrt: Die Trinität gibt auch anderen Triaden ein besonderes Gewicht.

Warum dann nicht vier?

Hat die katholische Kirche in der Person der Maria und ihrer fast göttlichen Verehrung nicht de facto längst aus der Dreieinigkeit eine Viereinigkeit gemacht?

Das ist auch ein Anliegen von C. G. Jung, dem die Zahl Vier für das Göttliche die bessere, umfassendere gewesen wäre.

Wir reden von vier Jahreszeiten, von vier Himmelsrichtungen.

Bekannt sind aus unserer Region römische Viergöttersteine.

Vier Evangelisten tragen viele Kanzeln.

Die Vier ist nicht weniger eine heilige Zahl.

Zumindest spricht eines – neben dem entscheidenden Hinweis, dass die biblische Offenbarung eben anders redet – gegen die Vier: Die Vier ist ohne Spannung, ohne Bewegung. Das Quadrat ist geschlossen, stimmt, während das Dreieck eher nach Unruhe, nach spitzer Einmischung und nach Spannung aussieht.

Und das ist ja eben ein Moment der göttlichen Trinität: Sie genügt sich nicht selbst. Ihre Bewegung, ihre Liebe drängt nach außen, will teilhaben lassen, will Gemeinschaft stiften.

Eins ist eins. Ist absolut.

Zwei genügen sich oder zwei streiten.

Drei ist eins und zwei, lässt die Liebe oder die Spannung von zwei fruchtbar werden: Vater, Mutter, Kind. Sinnbild der Familie.

Vier würde »das Kind schon wieder verheiraten« und die Spannung, die Bewegung wegnehmen.

Es gab in der Geschichte der Kirche immer wieder einmal Tendenzen hin zur Vier, nie aber wirklich ernsthaft diskutiert, weil das Neue Testament in göttlicher Qualität eben nur Vater, Sohn und Geist kennt.

Ich kann Gott nicht »begreifen« im Sinne von »definieren«, sondern »erkennen« im Sinne von »teilhaben«.

Gott lässt den Menschen teilhaben, damit, wie es das Johannesevangelium sagt, am Ende alle eins seien, wie der Vater und der Sohn »eins sind«, so auch wir.

Der junge Melanchthon schreibt 1521:

> *»Die Geheimnisse der Gottheit beten wir an. Das ist richtiger, als dass wir sie erforschen.«*
>
> (Loci communes, Melanchthons Werke II, ed. R. Stupperich. Gütersloh 1952, S. 7)

Im Übrigen: Der deutsche Begriff »Geheimnis« hat die Grundbedeutung von zu Hause sein, daheim sein. Das, was »heimelig«, »heimlich« ist, ist vertraut. Das zerre ich nicht auf den Markt, zerlege es mit dem Messer auf dem Tisch vor aller Augen und verkaufe es gar.

Die Geheimnisse der Gottheit beten wir an. Das ist richtiger, als dass wir sie erforschen. Doxologie statt Streit um Orthodoxie.

Wir haben noch nicht über ein Wesentliches gesprochen: über den Begriff »Person«. Im Bekenntnis steht: drei Personen eines Wesens.

Persona, griechisch prosopon, ist eigentlich wörtlich das, was man sehen kann, was ins Auge fällt, deshalb Gesicht, Antlitz, sichtbare Gestalt. Davon abgeleitet, bezeichnet es die Maske, die in der griechischen Antike die Schauspieler vor ihrem Gesicht tragen. Die sie auch wechseln können während des Spiels. Sie stellen eine Persönlichkeit dar mit der Maske.

Man könnte sagen: Vater, Sohn und Geist sind Rollen Gottes, sichtbare Gestalten des ein und selben Spielers. Man müsste allerdings darauf achten, dass dabei aus Jesus nicht ein Schein-Mensch wird, der nur eine Rolle spielt in einem Bühnenstück.

Sie spüren, wie schwierig das mit den Begriffen, mit dem Begreifen ist. Wenn wir nicht in Begriffe fassen wollen, sondern die hinter der Trinität stehende Energie, besser Synergie, das Ziel dieser göttlichen Offenbarung verstehen wollen, wird es etwas einfacher:

Gott war, ist und bleibt Liebe.
Gott war, ist und bleibt in sich Gemeinschaft.
Gott hat eine Geschichte. Gott hat ein Pathos.
Gott will Teilgabe.
Gott äußert sich, das ist Gnade.

Die Trinität hat keine Hierarchie.
Das ist keine monarchische Struktur wie im Islam.
Gott ist Gemeinschaft.

Und wenn wir Menschen Ebenbild Gottes sind – nicht nur sein sollen, sondern sind –, dann äußert sich diese Gottesebenbildlichkeit in unserer Liebe, in unserer Gemeinschaft, in unserer Solidarität, in unserer Hingabe, in unserer Teilhabe. Sie spüren daran, wie stark – das ist nicht vielen bewusst – das soziale Engagement, die selbstverständliche Gleichberechtigung in der Gemeinschaft, ganz wesentliche Werte unseres Miteinanders, geprägt und entwickelt sind über Jahrhunderte mit und aus der Trinitätslehre.

Wir können im Gespräch mit muslimischen Freunden und Partnern nicht auf ein wirkliches Verständnis unserer Anliegen hoffen. Sie verstehen anders. Der Weg ihrer Kultur, der Weg ihrer Religion ist fundamental anders: Gott befiehlt die Liebe zum Nächsten. Gott befiehlt die Armensteuer. Auch der Gott des Alten Testaments setzt in Liebe Weisungen und Gebote.

Der Gott der Christen ist Liebe. Ist Gemeinschaft. Im Miteinander der Menschen spiegelt sich das göttliche Miteinander.

Wenn der Mensch zu sich selbst finden will, dann findet er immer über sich selbst hinaus zum anderen und zu Gott.

Unsere Zeit lehrt ganz anderes. Und Sie spüren vielleicht, warum die Lehre von der Dreieinigkeit Gottes gerade heute so wichtig ist.

Ich hatte kurz von der Perichorese gesprochen, von der gegenseitigen Durchdringung. Der lateinische Begriff, der dahin gehört, ist »circumincessio« oder »circuminsessio«. Den Begriff brauchen Sie sich nicht zu merken, nur die Sache.

Wörtlich übersetzt: »um herum hinein sitzen« – oder »um herum hinein weichen«. Sie spüren die Absicht.

Drei tanzende Menschen im Kreuzgang des Domes von Fritzlar

Ich nehme ein Bild, das Ihnen allen vertraut ist: den Tanz. Die drei göttlichen Personen sind wie Tänzer in einem gemeinsamen Tanz. Drehen sich ineinander, wechseln die Plätze, durchdringen sich, spielen Rollen, mal der eine, mal der andere. Ich sehe die Tanzenden als eines, eng verschlungen, und doch sind es zwei oder drei. Und sie tanzen diesen göttlichen Tanz nicht selbstvergessen, exklusiv, sie tanzen uns auf, sie tanzen für uns, sie tanzen, damit wir mittanzen.

Das ist nicht nur Communio / Gemeinschaft. Das ist Communicatio / Austausch, gegenseitige Mitteilung.

In phantastischer Ausformung wird hier ein exzentrischer Tanz gezeigt, bei dem sich die drei Verzückten geradezu akrobatisch an Händen und Füßen fassen, in der Mitte mit den sich verschlungen überlagernden Armen und Beinen ein gleichseitiges Dreieck bildend. ... Schaut man genauer hin, erschließen sich dem Betrachter die dargestellten Personen als ausgeprägte Individuen: Einer hat einen Bart, ist also ein alter Mann; ein anderer hat ein junges Gesicht und Knöpfe an seinem Rock, ein Kind. Vater und Sohn? Was wäre dann die Darstellung des Heiligen Geistes? Es ist eine Narrengestalt, mit Zipfelmütze und Harlekin-Kragen! Oder soll die Narrengestalt Jesus Christus sein, was zum mittelalterlichen Bild des Christus als Narr passen würde?

Jedenfalls »tanzt« die Trinität ihren »göttlichen Lebenstanz«.

Die so wesentliche Lehre von der Dreieinigkeit Gottes erschließt sich mir, wenn ich mich hineinnehmen lasse in das, was die drei Personen im Wesen eint: Liebe, Gemeinschaft und Gespräch.

Trinitatis: Zeugen der Ökumene Gottes – »Drei Engel für die Einheit« – Bildpredigt über die Dreifaltigkeits-Ikone von Rublev

Die »Dreifaltigkeits-Ikone« von Rublev ist eine der bekanntesten Ikonen der russisch-orthodoxen Kirche. Ihr Inhalt ist sowohl Pfingst- wie auch Trinitatispredigt. Es legt sich nahe, einen der jetzigen Sonntage zu wählen, um über diese Ikone zu predigen.
Unverzichtbar ist es dabei, dass alle Gottesdienstbesucher eine farbige Abbildung in Händen halten. Sie finden eine farbige Abbildung der »Dreifaltigkeits-Ikone« auf der beigefügten Material-CD-ROM. Die »Dreifaltigkeits-Ikone« von Rublev gibt es in jeder (Kunst-)Buchhandlung in den verschiedensten Ausführungen. Die Größe einer Postkarte bietet sich an und ist auch finanziell erschwinglich.
Drei Internet-Adressen möchte ich gerne nennen, die sich zur Vorbereitung auf den Gottesdienst ganz hervorragend eignen. Sie befassen sich jeweils mit der Rublev-Ikone bzw. grundsätzlich mit der Ikonenmalerei und ermöglichen den Download kurzer, wichtiger Texte, die auch in die Predigt übernommen werden können.
3.a.: http://www.orthodoxfrat.de/deu/page7d.htm – Die Kunst des Ikonenmalens (von Erzpriester Chrysostomus Pijnenburg). Chr. Pijnenburg gibt einen ausgezeichneten Abriss über die Geschichte des Ikonenmalens, über Maltechniken, Hintergrund, Farbbedeutung, Perspektive, liturgisch-sakramentale Funktion, Beschriftung und Weihe. (8-seitiges Dokument)
3.b: http://www.trinitaet.de/Texte/Rubljow/rublev-text.htm – Die theologische Problematik der Identifikation der göttlichen Personen am Beispiel der Dreifaltigkeitsikone Andréj Rubljóws, Markus Mühling-Schlapkohl. M. Mühling-Schlapkohl bietet eine wissenschaftlich hervorragende, allgemein verständliche Exegese der Ikone. Dabei stellt er unterschiedliche Ergebnisse der Auslegungsgeschichte vor. (10-seitiges Dokument)
3.c: http://www.bistum-chur.ch/bu_6bu.htm – Buchtipp: »Der andere Paraklet – Die Ikone der Heiligen Dreifaltigkeit des Malermönches Andrej Rubljov«, Würzburg: Verlag »Der Christliche Osten« 1994, 127 Seiten mit vielen farbigen Abbildungen (ISBN 3-927894-13-3). In der herunterzuladenden Buchbesprechung vertritt Domherr Christoph Casetti

die Auffassung, bei der »Dreifaltigkeits-Ikone« von Rublev handele es sich um eine Pfingst-Ikone: »Bei der Dreifaltigkeits-Ikone handelt es sich um eine Festtags-Ikone. Sie befindet sich rechts von der Mitteltür der Ikonostase. Sie hat theologisch von Anfang an das Pfingstgeheimnis zum Inhalt und ist von dorther zu deuten. Der theologische Ort der Ikone ist zunächst nicht die private Andacht, sondern die Feier der göttlichen Liturgie. Diese ist Abbild und Widerschein der himmlischen Liturgie, welche die Menschen zusammen mit allen Engeln und Heiligen des Himmels feiern.« Die Besprechung der Ikone liest sich wie eine geistbegabte Pfingstpredigt. (8-seitiges Dokument)

»Die vorliegende Dreieinigkeits-Ikone wird Andréj Rubljów zugeschrieben, ein Mönch und Maler, der zwar 1988 anlässlich der Tausendjahrfeier der russisch-orthodoxen Kirche heiliggesprochen wurde, über dessen Leben wir aber so gut wie nichts wissen. Sicher ist, dass Rubljów und ein älterer Mitbruder, wahrscheinlich einer seiner Lehrer, Daniíl Tschórnyj, mit der Ausmalung der Dreifaltigkeitskirche des Sségij-Klosters, 75 km nordöstlich Moskaus, beauftragt wurde. Da diese Kirche seit 1422 gebaut wurde und einige zeitgenössische Quellen darauf schließen lassen, dass Rubljów nicht nach 1427 gestorben sein dürfte, ist die Entstehung der Ikone, die als Orts-Ikone in der Ikonostase der Kirche diente, in diesem Zeitraum anzusiedeln. 1551 wurde auf der Moskauer Hundertkapitelsynode die Dreieinigkeits-Darstellung Rubljóws dogmatisch als Vorbild für Dreieinigkeits-Darstellungen definiert. Dies ist die erste Erwähnung, die Rubljów die Ikone zuschreibt.« (Markus Mühling-Schlapkohl, s.o. 3.b)

Es heißt, Rublev habe die Ikone für das Sergius-Kloster Zagorsk zum Andenken an den Heiligen Sergius von Radonez gemalt, und zwar im Auftrag seines Nachfolgers, des Abtes Nikon. Die Zeit der Entstehung der Ikone war eine Zeit großer politischer Wirren, von Krieg und Zerstörung.

Die Ikonen-Malerei ist besonders in der orthodoxen Kirche verbreitet. Dabei hält sich die orthodoxe Kirche, das ist für uns zuerst überraschend, an das Bilderverbot der Bibel. Sie stellt nämlich Gott nur so dar, wie er sich uns in menschlicher Gestalt offenbart hat. In der Hauptsache damit in der Person Jesu Christi. Ikonen sind gemalte Predigten. Durch gläubige Vertiefung und Meditation, durch Gebet und Lesen der Schrift entstehen gemalte Predigten mit einem großen geistlichen Reichtum.

Was predigt dieses Bild? Zuerst ganz vordergründig werden Sie drei Engel erkennen. Unterschiedlich gewandet, in unterschiedlicher Haltung, drei Engel mit goldenen Flügeln. Vielleicht erinnern Sie sich: In der Bibel ist von drei Engeln die Rede. Sie besuchen den Vater Abraham und werden von ihm gastlich aufgenommen und kündigen die Geburt eines Sohnes an. Gerne weisen wir auf diese drei Engel hin, in deren Gestalt Gott Abraham besucht, wenn wir vom dreieinigen Gott reden.

Die drei Engel bilden mit ihren Körpern einen Kreis, die Körper und Häupter wiederum gleichschenklige Dreiecke. Der Kreis ist der Inbegriff der Einheit und Ewigkeit – auch das Symbol Gottes. Das Dreieck ist das altchristliche Symbol der Dreifaltigkeit.

Inmitten dieses Kreises und Dreieckes steht ein Kelch. Betrachten Sie nun den freien Raum, den die Knie der beiden äußeren Engel vom Tischtuch noch lassen: Er hat auch die Form eines Kelches. Und noch einmal vereinfacht, der Raum, den die beiden Fußschemel frei lassen, wieder ein Kelch.

Drei Engel – eine Darstellung der Dreifaltigkeit Gottes. Blau ist die Farbe der Gottheit. Es ist eigenartig, wie unterschiedlich die drei Engel sich blau gekleidet haben.

Vom blauen Gewand des linken Engels sieht man fast nichts. Es ist Gott-Vater. Er bleibt uns am verborgensten. Seine Haltung ist aufrecht. Sein Blick und seine Hand zeigen: Er erteilt eine Weisung, einen Befehl. Sein Obergewand ist in Rosa und Gold gehalten, das sind die ranghöchsten Farben. Er ist der Ursprung der Gottheit, der Quell alles Lebens.

Der Engel in der Mitte ist der Sohn. Er hört auf den Vater und spricht mit ihm. Sein Untergewand ist blutrot. Der Ernst seiner Liebe zu uns führt ihn in den Tod. Nur beim Sohn ist das Blau zum Obergewand geworden. In Christus hat sich die Gottheit geäußert. Was bei Gott-Vater, dem linken Engel, noch verborgen ist, das blaue Untergewand, wird in seinem Sohn offenbart. Gott kehrt in Jesus sein Innerstes nach außen.

Sein Haupt neigt er nach links zum Vater. Seine Arme und die offenen Finger der Segensgeste weisen nach rechts zum dritten Engel, zum Heiligen Geist.

Betrachten Sie ihn. Er ist ganz ergeben, hingebungsvoll und bereit. Er ist der Tröster. Er ist die Quelle der Güte. Und Sie werden auch eine neue Farbe finden, das Grün tritt zum Blau der Gottheit. Es zeigt den Gottesgeist, der durch sein Wirken im All die ganze Schöpfung belebt und neu gestaltet.

Das sind die Äußerlichkeiten dieses Bildes. Und nun eigentlich beginnt der Maler Andrej Rublev zu predigen. Er erzählt von der Bewegung dieser drei Personen. Diese Bewegung drückt sich aus in den drei rechten Händen der Engel: aus dem Schoß des Vaters durch Jesus Christus zum Heiligen Geist. Im Heiligen Geist kommt die Bewegung zur Ruhe. Er beugt sich, sagt in Liebe »Ja«. Beschrieben ist das ewige Gespräch zwischen Vater, Sohn und Geist. Es ist eine Bewegung dankbar antwortender Hingabe. Und die Mitte der Bewegung, das Ziel der Hingabe, ist der Kelch.

Gott-Vater weist verhalten, aber klar auf diesen Kelch hin. Der Sohn hat die Geste verstanden und nickt dem Vater zu. Er weiß um die Schwere des Auftrages, um den Schmerz. Der rote Stab des Sohnes, den er in der linken Hand hält, neigt sich deshalb zum Heiligen Geist. Er ist der Beistand.

Und noch ein letzter Hinweis: Der einzige Zugang zu diesem ewigen Geschehen, der einzige Zugang zur Ewigkeit Gottes, ist der von unten nach oben. Gegen den Hintergrund sind die Engel durch ihre Flügel abgeschirmt. Auch von der Seite her gibt es keinen Zutritt. Die Sitzbänke schließen ab. Nur ganz unten, zwischen den Fußschemeln der beiden Seitenengel, bleibt ein Raum frei. Er bildet die Form des Kelches nach und weist nach oben zum Altar. Die Kelchform, die vom Altar durch die Knie der Figuren rechts und links noch sichtbar bleibt, führt weiter nach oben zum Kelch der Eucharistie, zum Abendmahl.

Die Liebe Gottes, so predigt uns dieses alte symbolträchtige Bild, ist uns als Hingabe nur über das Abendmahl zu begreifen.

Keiner der Engel ist jünger oder älter. In Gottes Dreieinigkeit gibt es kein Früher und kein Später. Jetzt ist Liebe notwendig und jetzt lässt Jesus sein Leben für uns. Es gibt keinen Unterschied im Alter, im Geschlecht, in der Nationalität oder in der Konfession: In Jesus Christus sind wir alle eins. Wir sollen nicht alle katholisch werden, wir sollen auch nicht alle evangelisch werden, wir sollen alle eins werden in Christus Jesus, unserem Herrn. Wenn die Kirchen daran scheitern, dann bleibt ihnen das Geheimnis der Dreieinigkeit verschlossen.

Wie soll eine gespaltene Kirche das Geheimnis der Dreieinigkeit Gottes verstehen. Dreieinigkeit, so sagt uns die Rublev-Ikone, ist eine Bewegung, in die ich mich hineinziehen lassen muss. An diesem Tisch sitzen heißt verstehen. Geliebt werden und selbst lieben heißt verstehen. Miteinander von diesem Kelch trinken heißt verstehen.

Unser »Zugang« zur Dreieinigkeit Gottes ist das für uns vergossene Blut Jesu, der Kelch des Heils, aus dem wir trinken. Wenn eine christliche Kirche nicht die andere einlädt zu dieser Mitte, zu diesem Kelch, an diesen Tisch, dann ist dies die denkbar größte Provokation, die wir dem dreieinigen Gott bereiten.

Die Welt schreit nach Hilfe und Orientierung. Wir streiten uns um theologische und philosophische Fragen des Mittelalters.

Die Weltmächte militarisieren das Weltall. Wir streiten uns darum, ob ein evangelischer Pfarrer auch im Vollsinn als Priester anerkannt wird oder nicht.

Das Leben ist in Gefahr, durch Kriege, durch Hunger und Gewalt, durch Umweltvergiftung, durch Manipulation am Erbgut, durch Lügen und durch menschlichen Größenwahn. Wir sprechen nicht mit einer Stimme.

All das, was wir gemeinsam tun, soll es zu unserem Heil und zum Heil der uns anvertrauten Menschen sein, führt zu diesem gemeinsamen Kelch. Führt durch Christi Blut zur Gemeinschaft mit dem dreieinigen Gott und zur Gemeinschaft der Heiligen.

Andrej Rublev malt drei Engel für die Einheit.

Beten wir darum, dass seine Botschaft Gremien und Herzen bewegt.

Trinitatis: Aaronitischer Segen

4. Mose 6,22–27

Was bin ich?

Ich weiß nicht, ob damals bei Robert Lembkes heiterem Beruferaten schon ein Pfarrer zu Gast war – sicherlich. Was hat er wohl als typische Handbewegung angegeben?

- offene Hand mit Wasser: Taufe
- gefaltete Hände: Gebet
- erhobener Zeigefinger: Moralprediger ...

Jedenfalls eine Handbewegung war zwischenzeitlich doch etwas in den Hintergrund getreten: mit erhobenen Händen zu segnen. Indes: Die meisten meiner Kolleginnen und Kollegen machen sie längst wieder.

Es ist die priesterliche Geste, die mich, so meinte ich früher, von den Gottesdienstbesuchern trennt, aus ihnen heraushebt. Das wollte ich nicht, und das will ich heute auch noch nicht. Und es ist auch ein Zweites. Vielleicht verstehen Sie das nicht. Aber ich hatte eine gewisse Scheu davor. Oder besser: Ehrfurcht. Ich bin zu jung dazu, zu unerfahren. Ich übernehme mich dabei. Ich maße mir etwas an, wozu ich noch nicht reif bin, wenn ich die Hände über die mir als Pfarrer anvertraute Gemeinde hebe und sie segne.

Ich habe diese Ehrfurcht noch nicht verloren. Nicht eine Spur. Aber ich habe mit den Jahren ein anderes Verhältnis zu meinem Amt bekommen. Und auch einen tieferen Glauben. Und nun will ich doch das, was ich bei Krankenbesuchen, bei Taufen, Konfirmationen und Trauungen ja schon länger tue, auch im Gottesdienst tun, wenn ich den Segen spreche, der heute Predigttext ist. Er steht im 6. Kapitel im 4. Buch Mose. Es ist der Aaronitische Segen.

> *Und der Herr redete mit Mose und sprach: Sage Aaron und seinen Söhnen und sprich: So sollt ihr sagen zu den Israeliten, wenn ihr sie segnet: Der Herr segne dich und behüte dich; der Herr lasse sein Angesicht leuchten über dir und sei dir gnädig; der Herr hebe sein Angesicht über dich und gebe dir Frieden.*

Segnen kommt eigentlich her vom Grüßen. Beim Abschiednehmen wünsche ich dem anderen das Beste. Segen ist also etwas ganz Alltägliches. Und wenn wir unseren Sprachgebrauch durchforsten, stoßen wir immer wieder auf solche »Segensreste«. Da ist davon die Rede, dass einer segensreich wirkte. Man spricht von Erntesegen, etwas ironisch vom Kindersegen, und abschätzig davon, dass einer das Zeitliche gesegnet hat. Man wünscht sich zum Geburtstag oder zum neuen Jahr viel Glück und viel Segen, oder jeden Tag zum Mittagessen eine gesegnete Mahlzeit.

Bleiben wir beim Letzten. Auch da nur noch ein Segensrest. »Mahlzeit.« Mehr werden Sie kaum noch hören auf dem mittäglichen Gang in die Kantine. »Mahlzeit.« Aus dem Wunsch »Gesegnete Mahlzeit« ist eine nichtssagende Floskel geworden. »Gesegnete Mahlzeit« – da ist noch die Erinnerung wach, dass das Essen nichts Selbstverständliches ist, sondern etwas zu tun hat mit Gottes Güte. Soll man uns und unseren satten Mitbürgern schlechtere Zeiten wünschen? Ich befürchte, die kommen sowieso. Die Alten sagten oft: Da ist kein Segen drauf! Wenn ich unseren Umgang mit der Natur, unsere Art, zu verbrauchen, zu züchten, zu pflanzen, zu kreuzen und zu spritzen nur für unseren Mittagstisch, wenn ich das so betrachte, dann denke ich auch: Da ist kein Segen drauf!

Erlauben Sie mir, ein klein wenig abzuschweifen. Ich habe bei Albert Schweitzer geblättert. Denken Sie an das gedanken- und lieblos dahingesagte »Mahlzeit« auf der einen Seite. Und hören Sie jetzt einen der empfindsamsten Menschen des vergangenen Jahrhunderts:

»Wahrhaft ethisch ist der Mensch nur, wenn er der Nötigung gehorcht, allem Leben, dem er beistehen kann, zu helfen, und sich scheut, irgendetwas Lebendigem Schaden zu tun. Er fragt nicht, inwiefern dieses oder jenes Leben als wertvoll Anteilnahme verdient, und auch nicht, ob und inwieweit es noch empfindungsfähig ist. Das Leben als solches ist ihm heilig. Er reißt kein Blatt vom Baume ab, bricht keine Blume und hat Acht, dass er kein Insekt zertritt. Wenn er im Sommer nachts bei der Lampe arbeitet, hält er lieber das Fenster geschlossen und atmet dumpfe Luft, als dass er Insekt um Insekt mit versengten Flügeln auf seinen Tisch fallen sieht.

Geht er nach dem Regen auf der Straße und erblickt den Regenwurm, der sich darauf verirrt hat, so bedenkt er, dass er in der Sonne vertrocknen muss, wenn er nicht rechtzeitig auf Erde kommt, in der er sich verkriechen

kann, und befördert ihn von dem todbringenden Steinigen hinunter ins Gras.
Kommt er an einem Insekt vorbei, das in einen Tümpel gefallen ist, so nimmt er sich die Zeit, ihm ein Blatt oder einen Halm zur Rettung hinzuhalten.
Er fürchtet sich nicht, als sentimental belächelt zu werden. Es ist das Schicksal jeder Wahrheit, vor ihrer Anerkennung ein Gegenstand des Lächelns zu sein.
Einst galt es als eine Torheit, anzunehmen, dass die farbigen Menschen wahrhaft Menschen seien ... Die Torheit ist zur Wahrheit geworden. Heute gilt es als übertrieben, die stete Rücksichtnahme auf alles Lebendige bis zu seinen niedersten Erscheinungen herab als Forderung einer vernunftgemäßen Ethik auszugeben. Es kommt aber die Zeit, wo man staunen wird, dass die Menschheit so lange brauchte, um gedankenlose Schädigung von Leben als mit Ethik unvereinbar einzusehen.
Ethik ist ins Grenzenlose erweiterte Verantwortung gegen alles, was lebt.«
(Albert Schweitzer, Kultur und Ethik, S. 331f)

»Mahlzeit!«

Sicherlich, Sie denken wie ich auch: Der ist nicht Geschäftsmann hier bei uns, nicht Metzgermeister, nicht Wirt, nicht Winzer und nicht Arbeiter. Recht haben wir. Aber damit hat er nicht Unrecht. Und wir spüren das. Wir spüren, dass auf so vielem, was wir tun und was wir andere so tun lassen, kein Segen liegt.

Jahwe, der Gott Israels, der Vater Jesu, schließt mit seinem Volk einen Bund. Es ist etwas ganz Dichtes, etwas ganz Kostbares, was uns davon im 5. Mosebuch überliefert ist:

»Ich nehme Himmel und Erde heute über euch zu Zeugen: Ich habe euch Leben und Tod, Segen und Fluch vorgelegt, damit du das Leben erwählst und am Leben bleibst.«
(5. Mose 30,19)

Leben und Tod, Segen und Fluch. Wir können wählen. Wir sollen ein Segen sein, für unsere Mitmenschen, für die uns anvertraute Erde. Auf der Suche nach Segen finden wir allenfalls noch Spuren: »Mahlzeit.«

Der Herr segne dich und behüte dich; der Herr lasse sein Angesicht leuchten über dir und sei dir gnädig; der Herr hebe sein Angesicht über dich und gebe dir Frieden.

Schützen, gnädig sein und Frieden schenken, das verbindet unser Predigttext mit Segen. Segen bezieht alle Aspekte des Lebens ein: das persönliche Heil und den großen, gesellschaftlichen Frieden. Unser Miteinander steht immer wieder vor der Frage: Segen oder Fluch? Wenn wir uns gegenseitig Segen zusprechen, dann machen wir deutlich, wenn wir es bewusst tun: Ich will dich ins Licht halten. Ich möchte dich dem Angesicht Gottes nähern. Ich meine es gut mit dir, und deshalb soll uns der verbinden, der es gut mit uns allen meint. Die zwei Ehepartner. Die Eltern und Kinder. Die Freunde und die Mitchristen. Segen verbindet: Gott mit der Welt, Sonntag mit Alltag, Ferne und Nähe, Lebende und Verstorbene, Katholische und Evangelische – Segen verbindet. Stiftet Gemeinschaft.

Um diesen Segen beten Gläubige aller Kirchen. Weil wir uns alle sorgen. Sorgen um die bedrohte Schöpfung, um den Frieden, der ohne Gerechtigkeit nichts wert ist. Wir Christen hören auf damit, uns gegenseitig zu bekriegen, zu befeinden, uns gegenseitig den Segen streitig zu machen. Wir Christen wollen die Verheißung ernst nehmen: Ihr sollt ein Segen sein. Wir Christen wollen bei allen Gegensätzen, die uns noch trennen mögen, wir Christen wollen ein Segen sein. Kein Fluch.

Segen will nichts anderes als das, was auch Jesus will. Der Inhalt des Evangeliums ist Segen. Der neue Bund Gottes mit den Menschen – ein umfassender Segen. Damals beim ersten Bund der Regenbogen als Zeichen. Jetzt das Kreuz. Signiert – gesegnet – mit dem Kreuz sind wir.

Segen stiftet Frieden. Fluch macht Angst.

Wir haben Angst. Angst vor dem Tod, vor allem. Angst, allein zu sein. Allein zu bleiben. Angst, zu versagen. Angst, daneben zu stehen. Angst, zu verlieren oder verloren zu sein. Angst vor Krankheit und Angst vor Liebesentzug. Wir sind ja so hochkomplizierte Wesen. Angst, dass da eine Kleinigkeit aus dem Lot kommt und dann alles zusammenbricht. Ein kleiner Tumor. Eine kleine Bemerkung. Eine kleine Sprachlosigkeit zwischen Mann und Frau. Eine kleine Unachtsamkeit. Ein kleiner Fehler. Eine Winzigkeit Verspätung. Und alles nicht mehr zu korrigieren. Wir haben Angst.

Der Segen will genau diese tiefen Schichten ansprechen. Da, wo die entscheidenden Fragen meines Lebens gestellt sind: Woher komme ich? Wohin gehe ich? Hat mein Leben einen Sinn? Bin ich nötig hier? Bin ich gewollt oder nur geduldet? Bin ich geliebt oder nur respektiert? Bin ich etwas wert oder überflüssig?

Der Segen will sagen: Es ist keine Frage. Du bist gewollt, du bist nötig, dein Leben hat einen Sinn.

Aber fängt der da vorne jetzt nicht an, abzuheben? Weg von dem, was mich plagt. Weg von dem, was mir fehlt. Werde ich jetzt vertröstet?

Ich will Ihnen eine Geschichte erzählen.

Er hatte seinen Vater auf dem Sterbebett noch übers Ohr gehauen, den eigenen Bruder gleich mit. Es ging ums Erben. Ja, und da war nichts mehr rückgängig zu machen. Auch wenn der Vater schier verzweifelte und der Bruder platzte vor Wut. Es war besser, dass er sich verzog. 20 Jahre war er weg. Im Ausland. Bei Verwandten. Seine Geschichte liest sich wie eine Story aus dem Betrugsdezernat. Ich sag's mal so deftig, wie's auch zu lesen ist: bescheißen und beschissen werden. Sie kennen diesen Gauner. Sein Name sagt alles. Er heißt übersetzt: »der Hinterlistige«. Es ist Jakob. Jakob aus der Bibel. Ein Gauner, wie er im Buch steht. Aber er hat den Segen seines Vaters Isaak. 20 Jahre im Ausland. Bei Laban, seinem Onkel. Der versucht hatte, noch raffinierter zu sein. Nun ist Jakob nach einem mit Ach und Krach noch einigermaßen versöhnlichen Abschied von seinem Onkel mit seinen Frauen, den Kindern und seiner Herde zurück auf dem Weg in die Heimat. Und je näher er kommt, umso größer wird die Angst vor seinem Bruder. Ob er ihm verziehen hat, das von damals. Dass er ihn um das Erbe und um den Segen des Vaters betrogen hat. Wenn ihm eines in den Jahren immer wieder Mut gemacht hat, bei all den Schlägen, die er einstecken musste, dann war es dieser Segen.

Es wird Nacht. Am nächsten Tag wird man die Grenze erreichen. Wird er dem Bruder gegenüberstehen. Jetzt kann er nicht mehr zurück. Seinem Bruder schickt er Boten mit Geschenken entgegen. Teilt sein Lager auf in zwei Lager, dass wenigstens ein Teil überlebt. Mit 400 Mann kommt ihm sein Bruder entgegen. Das hat man ihm ausgerichtet. Mit 400 Mann!

Er selbst lagert mit seiner Familie am Fluss Jabbok. Es wird Nacht. Und da wird er von einem Mann überfallen. Kein Laut. Ein langer, schweigsamer Kampf auf Leben und Tod. Es ist Gott, der mit ihm ringt. Eine lange Nacht lang. Und als der Morgen graut, gibt es keinen Sieger. Doch Gott schlägt auf sein Hüftgelenk, das dabei ausgerenkt wird. Gott will weggehen. Doch Jakob hält ihn fest und sagt: Ich lasse dich nicht, es sei denn, du segnest mich.

Die Bibel schließt die Geschichte:

> *Und er segnete ihn daselbst. Und Jakob nannte die Stätte Pnuël; denn, sprach er, ich habe Gott von Angesicht gesehen, und doch wurde mein Leben gerettet.*
> *Und als er an Pnuël vorüberkam, ging ihm die Sonne auf; und er hinkte an seiner Hüfte.*
> (1. Mose 32,30c–32)

Er ist gesegnet. Er sieht das Licht des neuen Tages. Aber er ist kein strahlender Held. Er ist fertig. Er ist angeschlagen. Er hinkt. Er ist gezeichnet von dieser Begegnung mit Gott. Aber er sieht den neuen Tag.

Liebe Freunde, Segen ist nicht die Erfolgsgarantie für Gesundheit, Reichtum, Erfolg. Segen ist die eigentlich viel wertvollere Ermöglichung der Begegnung Gottes. Das ist etwas, was nicht endet mit Inflation, Krieg oder Tod. Das ist etwas, was mir alles offenhält, alle Optionen, wie man so schön sagt, alle Wünsche. Die Wünsche der vielen Angeschlagenen unter uns, der vielen Verletzten, der vielen, die durchs Leben hinken.

Du sollst nicht mehr Jakob heißen, sondern Israel. Nicht mehr »der Hinterlistige«, sondern »Gott möge herrschen«. Jakob bekommt einen neuen Namen. Eine neue Lebensmöglichkeit. Sein Leben ist darin begründet, dass Gott herrscht – und dass dieser Gott ihn segnet.

Hinkend, verletzt von der Begegnung mit Gott, geht er in den neuen Tag. Mit einem neuen Namen. Mit einer neuen Lebensmöglichkeit. Und als Bruder und Bruder sich nach 20 Jahren gegenüberstehen, umarmen sie sich.

Wir tragen Spuren der Begegnung mit Gott. Lachfalten und Sorgenfalten. Auch wir sind angeschlagen. Aber auch wir tragen einen neuen Namen. Den Namen Christi. Auf uns liegt der Segen Gottes.

Ein neuer Name. Ein neuer Tag. Schutz, Gnade und Frieden. Für uns. Gesegnet von der Begegnung mit Gott, erwarten wir den neuen Tag. Einen neuen Himmel und eine neue Erde.

Siehe da, die Hütte Gottes bei den Menschen! Und er wird bei ihnen wohnen, und sie werden sein Volk sein, und er selbst, Gott mit ihnen, wird ihr Gott sein; und Gott wird abwischen alle Tränen von ihren Augen, und der Tod wird nicht mehr sein, noch Leid noch Geschrei noch Schmerz wird mehr sein; denn das Erste ist vergangen. Und der auf dem Thron saß, sprach: Siehe, ich mache alles neu! Und er spricht: Schreibe, denn diese Worte sind wahrhaftig und gewiss! Und er sprach zu mir: Es ist geschehen. Ich bin das A und das O, der Anfang und das Ende. Ich will dem Durstigen geben von der Quelle des lebendigen Wassers umsonst.
(Offenbarung 21,3b–6)

Gesegnet werden, das heißt mit diesen wunderbaren Worten des Johannes: seinen Durst löschen von der Quelle des lebendigen Wassers – umsonst.

In der Liebe zu Hause

1. Johannes 4,16b–21

Wer aus der Liebe fällt,
fällt aus dem Leben.

Wir spüren das und suchen nach Ersatz.

Die Unrast unserer Tage, die Schwere mancher Nächte, die Überarbeitung, die Sucht nach Terminen, die Verwirklichung von Plänen, die Besuche beim Arzt – oft nur der Ersatz für mangelnde Liebe, für enttäuschte Liebe.

Wer aus der Liebe fällt,
fällt aus dem Leben.

Es lässt sich leicht und in klugen Worten beschreiben, wie Menschen an der Liebe scheitern. Geschieht es doch tagtäglich unter uns, neben uns, in unseren eigenen Familien.

Es ist schwierig, die gegenteilige Rechnung aufzumachen. Positiv zu beschreiben, wie Liebe gelingt und nachhaltig gelingt. Wo die Liebe selbst zum Haus wird, in das Menschen einziehen und bleiben.

Es gibt ein wunderschönes kleines Gedicht von Reiner Kunze:

Rudern zwei
ein boot,
der eine
kundig der sterne,
der andre
kundig der stürme,
wird der eine
führn durch die sterne,
wird der andre
führn durch die stürme,
und am ende ganz am ende

wird das meer in der erinnerung
blau sein

(Reiner Kunze, rudern zwei. Aus ders., gespräch mit der amsel. © S. Fischer Verlag GmbH, Frankfurt am Main 1984)

Ich wünschte das jeder unserer Ehen. Sind wir doch alle einmal so angetreten. In der Hoffnung,
dass eins das andere ergänzt,
dass eins das andere führt,
dass eins mit dem anderen ankommt
und dass am Ende unsere Liebe in das Meer der großen Erinnerung mündet, ich sag's jetzt mit meinen Worten: dass eins mit dem anderen ankommt und im Meer der Liebe Gottes versinkt.

Wenn wir dieses Bild ernst nehmen, dann spüren wir, es kann, es darf uns nicht darauf ankommen, dass nur uns das Lieben und Geliebt-Werden gelingt. Es muss uns darauf ankommen, dass es den anderen gelingt. Denn der Tropfen unserer Liebe käme ohne die Bäche und Flüsse nie ans Meer.

Es muss eins ins andere fließen.

Es muss der eine wollen, dass es dem anderen gut geht.

Unsere Häuser, unsere Familien gehen zugrunde, wenn jeder nur sein eigenes Heil sucht.

In der jüdischen Religion heißt es, der Messias würde kommen, wenn einen Tag lang alle Juden sich an die Gebote Gottes halten würden.

Bei uns Christen könnte man sagen, das Reich Gottes sei da, wenn einen Tag lang jeder Mensch auf der Erde mindestens einen anderen hat, der ihn liebt.

Der heutige Predigttext, geschrieben in einer Zeit, in der eine christliche Gemeinde in Kleinasien auseinandergebrochen ist, die Gründe kennen wir nicht mehr, redet von der Liebe.

Es ist einer der großen Texte aus den Briefen des Neuen Testaments, aus dem 1. Johannesbrief:

Gott hat in Jesus Christus eine Liebesgeschichte mit den Menschen. Und das Faszinierende an dieser Liebe ist:

Wir lieben das Schöne, das Freundliche – sagt Martin Luther. Gott liebt das Hässliche, liebt den Sünder.

Und wir wären jetzt dran, das umzusetzen. Und scheitern schon in der eigenen Familie.

Ja, manchmal scheint die Liebe zu den Nächsten schwieriger als zu den Fernen und Fremden.

Manchmal scheint uns ein Kollege näher als der eigene Bruder und eine Freundin näher als die eigene Schwester.

Das Prinzip Liebe will, wenn wir unseren Alltag betrachten, auch wenn wir die Geschichte betrachten, einfach nicht funktionieren.

Ja, beweisen lässt es sich nicht.

Aber leben lässt es sich.

Glaubwürdig leben.

Vorleben.

Gefragt, wie man einem Nichtchristen am besten erklären kann, was Christsein bedeutet, sagte der Kirchenvater Tertullian:

Ganz einfach, du lässt ihn ein Jahr lang bei dir wohnen.

Christen glauben, sie seien allein durch Jesus Christus, durch ihre Taufe und die grenzenlose Liebe Gottes einverleibt in die große Geschichte göttlicher Liebe, die weiß Gott nicht begonnen hat mit der Geschichte der Menschen und weiß Gott auch nicht mit ihr endet, deren Grund niemand begreift.

Von dem aber in jeder Generation neu immer wieder Menschen ergriffen werden und glaubwürdig zu leben versuchen.

Das Gegenteil ist Angst. Furcht. Ich meine, ich hätte es vor Wochen schon einmal gesagt. Es gibt eigentlich nur zwei Prinzipien, die den Lauf der Welt bestimmen bis in unser einzelnes Leben: Das eine ist die Liebe, das andere ist die Angst.

Furcht ist nicht in der Liebe.

In einer bereits 1936 verfassten Botschaft an die Nachwelt schreibt der 1955 verstorbene Albert Einstein:

»Liebe Nachwelt! Wenn ihr nicht gerechter, friedlicher und überhaupt vernünftiger sein werdet, als wir sind bzw. gewesen sind, so soll euch der

Teufel holen. Diesen frommen Wunsch mit aller Hochachtung geäußert habend bin ich euer (ehemaliger) Albert Einstein«.

(Zeiten des Staunens, Hg. H. Schützeichel, Freiburg 1993, S. 14)

Er meint, wenn wir die Einstellung zum Nahen und Fernen nicht ändern; wenn die Angst uns regiert, gingen wir zugrunde.

Vor einiger Zeit war ich als Referent eingeladen zu einem interreligiösen Gespräch in Heidelberg.

Zum ersten Mal unterhielten wir uns auf dem Podium nicht nur über die Zehn Gebote und wie man lebt, ohne sich gegenseitig den Schädel einzuschlagen, sondern über unseren Glauben an Gott.

Und siehe da: Es gab Gemeinsamkeiten.

Es ist ein Irrglaube, uns würde mit den Fremden nur die Sehnsucht nach Frieden und Gerechtigkeit verbinden. Uns verbindet auch die Liebe Gottes. Etwas, was wir gar nicht machen. Etwas, was uns geschenkt ist rund um die Erde, wenn uns nicht die Angst und die Furcht bestimmen.

Angst führt zu Rechthaberei.

Angst führt zu Gewalt.

Angst trennt.

Das gilt nicht theoretisch.

Das gilt nur ganz praktisch:

Wenn ich mich leiten lasse von der Liebe – und Liebe kann streng sein, auch zu mir selbst; Liebe greift ein und wehrt, wo Gewalttat und Unrecht geschieht –, wenn ich mich leiten lasse von der Liebe, ist mir der andere nicht mehr egal.

Das ist heute die schlimmste der Zeitkrankheiten: Die anderen sind uns eigentlich egal.

Zum Rabbi kommt ein stadtbekannter Bettler. Er schenkt ihm alles, was er hat. Seine Schüler sind empört: Wie kannst du nur? Er sagt: »Soll ich wählerischer sein als Gott, der es mir zuvor gegeben hatte?«

Suche ich einen Namen für die Quelle, die alles speist, dann trägt sie – bei aller menschlicher Unvollkommenheit und Vorläufigkeit – den Namen Liebe. Die Liebe steht am Anfang unseres Lebens, wenn auch später vielleicht gebrochen und entfremdet.

Die Liebe steht am Anfang unseres Lebens.
Da war eine Ahnung davon,

dass ein Mensch sich nicht in sich selbst erschöpft.
Dass seine Gedanken, Träume, seine Hände,
sein Mut und seine Augen geschaffen sind
zum träumerischen Miteinander,
zum spielerischen Entdecken,
zu gegenseitiger Stütze in schwerer Zeit.

Welche Tugenden den Menschen und seine Zeit auch immer auszeichnen mögen, die Liebe ist die größte.

Größer als der Glaube, umfassender als der Verstand. Liebe sieht den anderen mit den Augen Gottes und erträgt sich selbst mit großer Geduld.

Dabei weist uns der Glaube auf eines hin: Es geht weniger um die Kunst, zu lieben. Es geht eher um die Kunst, sich lieben zu lassen.

Die Hinterbliebenen, die heute ihrer Verstorbenen gedenken, wissen, dass nur Liebe wirklich erinnert. Alles andere vergisst: Vernunft vergisst; Mut vergisst; Pflicht vergisst; Liebe erinnert.

Die Bibel ist von Anbeginn an bis zu den letzten Zeilen ein Dokument des göttlichen Versuches, trotz aller Widerstände, Eitelkeiten und Fassadenpflege dem Menschen zu beteuern, dass er ein liebenswertes, mehr: ein geliebtes Wesen ist.

Befreit vom Zwang, mich beweisen zu müssen, weil über alles Vergangene und Kommende einer mich liebt, kann ich aufrecht gehen und der Angst Fersengeld geben.

Die Einladung

Lukas 14,15–24

Das Parlament entscheidet über die Vertrauensfrage des Kanzlers, der Kanzlerin. Nehmen wir einmal an, der/die jetzige würde die Vertrauensfrage stellen. Ich will nicht politisieren, aber denkbar könnte das ja sein, und das gab es ja auch schon, selbst zu weniger schwierigen Zeiten als heute.

Nehmen wir also an, der Kanzler, die Kanzlerin stellt die Vertrauensfrage. Die Opposition sieht die Chance, endlich selbst an die Macht zu kommen. Die Regierungsparteien werden alles versuchen, damit dem Kanzler, der Kanzlerin die Mehrheit erhalten bleibt. Was tun sie? Alle Abgeordneten werden beigekarrt, aus den Urlauben geholt von den letzten Winkeln der Erde, im Rollstuhl, auf der Trage, aus dem Krankenhaus – all dies haben wir schon gesehen. Ein volles Haus. Alle achten sie darauf, dass wirklich alle da sind. Es wird ja die Vertrauensfrage gestellt.

In unserer Kirche, in unserem Gottesdienst wird jeden Sonntag um zehn Uhr die Vertrauensfrage gestellt.

Traust du Gott?

Traust du Jesus Christus?

Traust du dem Heiligen Geist und der Gemeinschaft der Christen?

In unserer Kirche, in unserem Gottesdienst wird jeden Sonntag um zehn Uhr die Vertrauensfrage gestellt.

Jeden Sonntag eine neue Niederlage. Die Menschen, diese von Gott so gefragten Wesen, haben Wichtigeres zu tun.

Gilt der Gottesdienstbesuch als Gradmesser für die Vertrauenswürdigkeit Gottes, für die Vertrauenswürdigkeit der Kirche?

Jesus feiert Sabbat im Haus eines Pharisäers. Er erläutert die Tischsitten im Reich Gottes. Einer derer am Tisch sagt: Selig ist der, der das Brot isst im Reich Gottes …

Jesus nimmt diese Anregung auf und erzählt ein Gleichnis, unseren heutigen Predigttext:

Lade zu deinem Geburtstag deine besten Freunde ein. Stell die Vertrauensfrage.

Darf man wie Jesus aus dem Nichtkommen und aus den vorgebrachten Entschuldigungen solche Schlüsse ziehen?

Es ist ja spannend: Bei Matthäus, der dieselbe Geschichte erzählt, hört sich das alles noch ganz anders an.

Da lädt ein König zur Hochzeit seines Sohns. So ein richtig höfischer Event.

Da geht man nicht im Besitzerstolz den eigenen neuen Garten betrachten. Da schaut man keine eben gekauften Ochsen an. Da verlegt man die eigene Hochzeitsnacht.

Wenn der König einlädt!

Das ist ein Event, wie man heute sagt, ein Highlight, etwas ganz Besonderes. Da geht man hin, ob gern oder ungern, ob aus freien Stücken oder aus Pflicht.

Ich weiß nicht, wie's Ihnen ginge, wenn Sie eingeladen wären vom Bundespräsidenten, einem Ministerpräsidenten, von der Bundeskanzlerin, von Michael Schumacher, Britney Spears, Madonna oder Götz George oder Jörg Zink oder dem Dalai Lama oder gar dem Papst?

Selbst wenn Sie anders denken, würden Sie nicht doch gehen?

Bei den Genannten würde ich wahrscheinlich gehen, auch wenn ich mir zum Teil vielleicht etwas Schöneres vorstellen könnte. Aber das ist ein Ereignis, da muss ich hin.

Wie jeder Abgeordnete der CDU den schönsten Urlaub abzubrechen hat, wenn seine Kanzlerin die Vertrauensfrage stellt.

Nur, Lukas, der diese Geschichte in seinem Evangelium anders erzählt, ist clever. Der sagt sich: Wenn ein König einlädt – wer ginge da nicht?

Aber so ganz normal, samstagabends am Sabbat, beim feierlichen Abendessen der jüdischen Familie.

Da bricht einer aus der Familie aus und lädt über die Familie hinaus ein. So wie wir jeden Sonntag zum Gottesdienst.

Alltag. Ein bisschen mehr als Alltag, aber das gibt es jede Woche. Gottesdienst. Das kleine Wochenfest der Kirche. Das schleift sich ab.

Es muss ein Event sein, es muss ein Highlight sein.

Der örtliche Verein muss schon gegen Bayern spielen, wenn das Stadion voll sein soll. Ein Kanzler muss schon die Vertrauensfrage stellen, damit der Bundestag voll besetzt ist. Wir müssen schon Glocken oder die Orgel einweihen, wenn die Kirche voll sein soll. Oder Weihnachten feiern oder Erntedank oder Konfirmation. Das ist ja auch nicht jede Woche.

Sauer ist der Gastgeber, der einlädt zum Abendessen. Stinksauer.

Kommt, es ist alles bereit, hat er gesagt. Kommt, alles ist da, was du brauchst, um froh zu sein, um leben zu können, um Freunde zu finden.

Ihr Konfirmandinnen und Konfirmanden fragt doch auch: Gehst du da hin? Wenn du hingehst, geh ich auch hin. Die meisten kommen doch zu zweit.

Ich unterhalte mich ja auch nicht anders als ihr mit Freunden: Ja, wenn du da hingehst mit ..., dann gehen wir auch hin. Dann kommen wir neben euch zu sitzen, haben dann Tischnachbarn, mit denen wir garantiert »können«. Dann ist es einem einfach wohler, als wenn man in eine fremde Gesellschaft geht.

Das macht ihr doch auch. Mit Recht. Ihr möchtet nicht fremd sein. Toll, wenn man trotzdem Freunde findet, vielleicht zufällig, vielleicht erst an diesem Abend kennen lernt.

Das Problem dabei ist: Wenn man sich nur die Events heraussucht, nur die Highlights, nur die ganz großen, besonderen Dinge, dann bleibt man fremd.

Man weiß nicht so richtig, was man sagen soll.

Man weiß nicht so richtig, wie man sich anziehen soll.

Man weiß nicht so richtig, wie man sich verhalten soll.

Darf ich aus meinem vollen Glas trinken, bevor der Gastgeber etwas gesagt hat?

Darf ich mich schon hinsetzen, bevor ich aufgefordert bin?

Muss ich da etwas beten, etwas auswendig sagen, etwas singen, was mir fremd ist?

Was erwartet der Gastgeber?

Rechnet er mit einem Geschenk?

Er hat nur geschrieben, er würde sich riesig freuen, wenn ich komme?

Gibt es da etwas zu essen oder soll ich besser vorher etwas essen?

Weiß der, dass ich Shrimps und Lachs nicht mag?

Weiß der, dass ich vegetarisch esse und keinen Alkohol trinke?

Weiß der, dass meine Ehe auseinander ist, oder stellt der dumme Fragen, wenn ich alleine komme?

Was haben wir in dieser Gemeinde schon Gottesdienst-Events gefeiert. Musikalische Gottesdienste. Riesige Erntedank-Veranstaltungen, spektakuläre Singspiele an Weihnachten. Familiengottesdienste. Literaturgottesdienste. Krabbelgottesdienste für die Kleinsten und ihre Familien.

Mich bewegt in diesen Jahren schon die Frage, wie es uns gelingen kann, von dieser Event-Kirche, von dieser Ereignis-Kirche wegzukommen und trotzdem die Gottesdienstbesucher nicht zu verlieren. Selbst wenn das Fernsehen wieder mal hier wäre, bin ich mir einer vollen Kirche nicht mehr sicher.

Sensationen schleifen sich ab.

Besonderes wird rasch normal.

Die Karawane zieht weiter.

An jeden Einzelnen von uns stellt Gott täglich, stündlich die Vertrauensfrage.

Aber an uns als Gemeinde stellt er die Vertrauensfrage sonntagmorgens beim Gottesdienst. Seit 2000 Jahren ist das so. Bei den Juden ist es der Samstagabend. Bei uns der Sonntagmorgen.

Und die Menschen stimmen mit den Füßen ab.

Ich bin gefährlich nahe an einer Moralpredigt, die mir erstens nicht zusteht und die ich zweitens auch nicht halten will. Die drittens bei denen, die in den Gottesdienst kommen, auch fehl am Platz ist.

Obwohl ich manchmal heulen könnte – ich sag das einfach so –, wie Menschen reagieren. Ich bin nicht wütend, ich werde eher traurig. Weil ich weiß, den Menschen, die kommen, wie den Menschen, die wegbleiben, entgeht so vieles. Den einen entgeht die zugesprochene Verheißung, dass das Leben sich nicht in den Grenzen bewegt, die uns fesseln. Den anderen entgeht die Möglichkeit, neue Freunde zu finden, eine gute, gelingende Gemeinschaft zu spüren. Beiden entgeht Liebe.

Wenn ich nicht zu einem Rendezvous gehe und lieber zu Hause sitze und grüble: »Mag sie mich, mag sie mich nicht?« – wie soll ich's erfahren.

Wenn ich die Einladung ausschlage, weil ich befürchte, dort vielleicht fremd zu sein, dann entgeht mir die Nähe, die dort auf mich wartet.

Den Menschen, die vom Gottesdienst wegbleiben, entgeht Grundnahrung für den manchmal glanzlosen Alltag.

Aber eigentlich noch mehr belastet mich, was uns fehlt: Uns fehlt der Blick in das Gesicht von Freundinnen und Freunden. Wir vermissen die Gaben, die jeder Einzelne hat. Das Lachen, das Singen, das kurze Gespräch, die Absprache, die Bestätigung, die Erneuerung der Freundschaft.

Noch einmal so etwas Persönliches.

Vier, fünf Tage trage ich mit mir herum, was mich im Gespräch mit einem Gemeindeglied oder was mich in einem Kreis bewegt hat. Und dann entdecke ich den Text aus der Bibel als Schlüssel, als Hilfe, als Lösung. Und bin glücklich.

Ja, davon erzähle ich am Sonntag im Gottesdienst. Überlege mir besonders gut, was ich – gerade für ihn oder für sie – in der Predigt sage. Stelle mir ihn oder sie vor, wenn ich aufschreibe, führe ein fiktives Gespräch am Schreibtisch.

Und dann wird Sonntag, und da ist der eine nicht, an den ich dachte, und von dem Kreis, der mir so nachgeht, ist auch niemand da.

Das ist, wie wenn Sie eingeladen haben und Sie wissen, da ist einer, der steht auf Pilzsalat. Und für ihn machst du einen ganz besonders köstlichen Pilzsalat, damit er sich freut.

Und spätabends, wenn alle gegangen sind, steht die Schüssel mit dem Pilzsalat immer noch unberührt da. Und du wirst ihn wegkippen. Kein anderer isst das. Und er ist nicht gekommen.

Jesus lädt ein mit den Worten: Kommt, es ist alles bereit.

Vielleicht laden wir falsch ein?

Es gibt Einladungstipps. Vielleicht laden wir falsch ein. Ich möchte Worte von Eugen Drewermann vorlesen. Sie sind nicht unbedingt zu diesem Bibeltext geschrieben. Aber sie tun gut. Und helfen.

»Wie behandelt man Menschen, damit ihre Hände die Güte zurückzugewinnen vermögen? Wie öffnet man die Hände von Menschen, die sich verkrampfen zu Fäusten? Wie macht man die Hand eines Menschen so reich, dass er fähig wird, ohne Angst zu teilen? Wie streichelt man die Hand eines Menschen so sanft, dass sie zärtlich wird und Leben weckt? Wie berührt man die Hand eines Menschen auf eine Weise, dass sie rein wird und alles, was sie anfasst, an Schönheit gewinnt? – Das war die Frage Jesu.

Wie spricht man zu einem Menschen so, dass seine Ohren sich öffnen, und freundlich ins Herz eines Menschen, dass die Angst daraus weicht und er sich aufschließt zu seinem eigentlichen Leben? Wie formt man menschliche Worte so, dass darunter die Stimme zum Gesang wird und das mensch-

liche Herz zum Instrument, diese Melodie zu verkörpern und zu spielen? – Dies war die Frage Jesu.
Wie bringt man den Mund eines Menschen dazu, dass er Freundlichkeit spricht und Vertrauen erweckt, Worte, die wiederum zum Herzen eines anderen reden, nicht indem sie Frieden oder Freiheit oder Gerechtigkeit zum Befehl erheben, aber stark genug sind, diese Geschenke zu verwirklichen und zu geben? Wie wird es möglich, den Mund eines Menschen so zu prägen, dass die Worte, die daraus hervorgehen, so sind wie die Berührung der Lippen, so sanft und so nahe und so geprägt von Liebe?
Und wie erweckt man die Augen von Menschen, dass sie widerspiegeln den Schimmer der Sterne und aufleuchten von der Entdeckung eigenen Glücks? Wie legt man in die Augen von Menschen den Glanz der Unendlichkeit, das Vertrauen in die Güte von allem, was ist? Wie macht man sie empfänglich für die Schönheit von allem, was existiert, und dankbar für die Schönheit des eigenen Wesens? – Dies waren die Fragen Jesu …«
(Eugen Drewermann, Der offene Himmel, Düsseldorf 1991, S. 36f)

Ich kann nur »Ja« und »Amen« sagen. Ich kann nur sagen, was Jesus gesagt hat: Kommt, es ist alles bereit.

Kommt, sagt es allen weiter!
Hier trefft ihr auf Freunde.
Hier begegnet ihr eurem Gott.
Hier hat man euch lieb.
Hier seid ihr so willkommen, wie ihr seid.

Wenn das nicht mehr stimmt, feiern wir nicht Gottes-Dienst, sondern uns selbst.

Das Wort der Versöhnung

2. Korinther 5,17–21

2005 ist der 90-jährige Frère Roger, wie der Gründer der Ordensgemeinschaft Taizé genannt wird, während des Abendgebets in der Kirche von Taizé von einer offenbar kranken Frau mit mehreren Messerstichen getötet worden.

Der leise Mann mit dem milden Lächeln und der weißen Kutte hat sich von seinen schwindenden Kräften nicht entmutigen lassen. Auch wenn das Leben zuweilen eine Last sei, so bleibe doch das Wesentliche, und das seien Liebe und Verzeihung. »Der Tod eröffnet einen Durchgang zu einem Leben, in dem Gott uns für immer in sich aufnimmt«, hat er in einfachen Worten gesagt.

Ich habe eingeladen zu einem Gottesdienst im Gedenken an diesen wunderbaren Menschen, diesen wahren ökumenischen »Heiligen«, an sein Werk der Versöhnung.

Wir hören in diesem Gottesdienst seine Gedanken. Ein kleiner Ausschnitt nur unter dem Stichwort »Versöhnung«.

Wir werden auch die Liturgie deshalb etwas anders gestalten. Mit Gesängen aus Taizé. Auch das Fürbittengebet wird ausnahmsweise gesungen.

(Es liegt nahe, in diesem Gottesdienst – mit Liedblatt – nicht nur Taizé-Lieder zu singen, sondern auch aus der reichhaltigen Literatur von Frère Roger Gebete zu lesen.)

Wenn zwei sich streiten, dann bleibt das nicht bei denen. Dann zieht das Kreise in einer Klasse, in einer Familie, unter Staaten.

Wenn zwei sich streiten, wenn zwei sich bekriegen, dann bleibt das nicht bei denen. Dann werden andere hineingezogen, angeschwiegen, nervös behandelt, es wird laut, es wird giftig.

Wenn zwei sich streiten, dann lähmt das viele.

Mitunter hat das katastrophale Folgen. Wenn dann nicht jemand aus dieser Spirale mutig ausbricht, sich nicht beteiligt, sondern an einer Gegenwelt arbeitet, dann führt das mitunter in eine Katastrophe.

So geschehen am Beginn des Ersten Weltkriegs. So geschehen am Beginn des Zweiten Weltkriegs. So geschehen am Anfang aller Kriege.

Es scheint, erst müsse es Tote geben, bis die Kräfte des Friedens wach werden und gehört werden.

Wenn zwei sich versöhnen, dann bleibt das auch nicht bei denen. Die Lage um sie herum entspannt sich, die Wogen glätten sich, die Stimmen werden wieder ruhiger, die Wahrnehmung wird eine andere, die Mienen werden heller, der Blick weitet sich.

Sie sehen andere im Streit und möchten, dass auch sie sich versöhnen können. Sie möchten die Erfahrung der Versöhnung ausweiten.

Was einmal ging, muss doch wieder gehen. Was mit einem geht, muss doch auch mit vielen gehen, mit allen.

Darf nicht bei den Menschen bleiben, muss die Natur mit einbeziehen, die aufgeheizten Meere, die aufgewühlten Seen, die verseuchten Flüsse, die beleidigte Erde, die vergifteten Felder.

Versöhnung kann nicht Halt machen, wirkt immer weiter.

Der Apostel Paulus greift so nach den Sternen, nach dem Kosmos, noch weiter: nach Gott. Lasst euch versöhnen mit Gott.

Darum: Ist jemand in Christus, so ist er eine neue Kreatur; das Alte ist vergangen, siehe, Neues ist geworden. Aber das alles von Gott, der uns mit sich selber versöhnt hat durch Christus und uns das Amt gegeben, das die Versöhnung predigt. Denn Gott war in Christus und versöhnte die Welt mit sich selber und rechnete ihnen ihre Sünden nicht zu und hat unter uns aufgerichtet das Wort von der Versöhnung. So sind wir nun Botschafter an Christi Statt, denn Gott ermahnt durch uns; so bitten wir nun an Christi Statt: Lasst euch versöhnen mit Gott! Denn er hat den, der von keiner Sünde wusste, für uns zur Sünde gemacht, damit wir in ihm die Gerechtigkeit würden, die vor Gott gilt.

Roger Louis Schutz-Marsauche, so sein voller Name, wurde am 12. Mai 1915 als Sohn eines schweizerischen reformierten Pfarrers und einer Französin in Provence (Kanton Vaud) geboren.

Zunächst wollte er Bauer und Schriftsteller werden, verzichtete aber auf die literarische Laufbahn und studierte nach dem Abitur Theologie. Er wurde zum reformierten Pfarrer der Landeskirche des Kantons Neuenburg ordiniert.

»Der Zweite Weltkrieg war ausgebrochen. Die französische Niederlage weckte in Roger ein tiefes Mitgefühl für das Land seiner Mutter. Im Frühjahr verbrachte er mehrere Tage im Hochjura. Auf einsamen Wanderungen rang er mit der Frage, ob er unverzüglich nach Frankreich gehen solle. ›Es drängte mich, ein gemeinsames Leben aufzubauen, in dem die Versöhnung gemäß dem Evangelium Tag für Tag handgreiflich gelebte Wirklichkeit ist. Wollte ich den Anfang machen, so hatte ich mich auf ein Leben im Gebet einzulassen, und zwar allein. Ich musste ein Haus finden, in das ich Menschen aufnehmen konnte, die unter dem Krieg zu leiden hatten und Zuflucht suchten.‹ ...
Damals, als Europa zerfiel, beschäftigte ihn immer wieder eine Frage: Warum all die Gegensätze, Konflikte, dieses Sich-Verurteilen unter den Menschen, ja sogar unter den Christen? Gibt es nicht einen hier und heute gangbaren Weg, alles beim andern zu verstehen? ... Er sagte sich: Wenn es diesen Weg gibt, dann fang bei dir selber an und schlag ihn ein. Es ging ihm um nichts Geringeres, als ein Leben lang immer wieder auf einen unumstößlichen Entschluss zurückzukommen: Lieber verstehen als verstanden werden. Er war überzeugt, dass dieser Entschluss bis zum Tod gilt.«

(Kathryn Spink, Frère Roger – Gründer von Taizé, S. 57f. © Ateliers et Presses de Taizé, 71250 Taizé, France)

Nach seinem Theologiestudium von 1935 bis 1939 in Lausanne und Straßburg kam er 1940 mitten im Krieg unter dem Eindruck dieses schlimmen Leidens, des gegenseitigen Tötens von Christen auf beiden Seiten nach Taizé in der Nähe der Demarkationslinie zwischen dem besetzten und dem unbesetzten Teil Frankreichs, wo damals nur noch 50 Dorfbewohner lebten. Mitten unter den Armen fand er ein geeignetes Gebäude, das er mit geliehenem Geld kaufte, begann das angrenzende Land zu bebauen, die einzige Kuh zu melken und eine Kapelle einzurichten. Von Anfang an beherbergte er jüdische Flüchtlinge und Oppositionelle. 1942 besetzte die Gestapo das Haus. Schutz, der gerade in der Schweiz weilte, musste dort bleiben, bis Taizé 1944 befreit war.

Mit drei Freunden kehrt Schutz zurück und kümmert sich um Kriegswaisen, aber auch um deutsche Kriegsgefangene. Sieben Männer aus reformatorischen Kirchen legen 1949 ihr Ordensgelübde ab und versprechen Armut, Ehelosigkeit und Gehorsam. Heute gehören der Ordensgemeinschaft hundert Brüder aus 25 Ländern und verschiedenen Konfessionen an, ohne die Zugehörigkeit zu ihrer Kirche aufgeben zu müssen. Einige von ihnen leben in Armutsgebieten in Asien, Lateinamerika und Afrika.

In der Ordensgemeinschaft selbst spielt die Trennung der Kirchen keine Rolle. Taizé sei – so Schutz – eine »ganz bescheidene Flamme ökumenischer Hoffnung«. Ihren Unterhalt bestreitet die Gemeinschaft aus dem Ertrag künstlerischer Werkstätten sowie aus Büchern und Schriften. Über Besitz verfügt sie nicht, Spenden und Geschenke werden nicht angenommen.

Zehntausende, vor allem Jugendliche aus allen Ländern der Erde, pilgern jährlich seit Ende der 50er Jahre nach Burgund, um dort Gemeinschaft zu erfahren, zu beten, zu singen, am Leben der Brüder teilzuhaben und geistlich gestärkt zu werden.

Die kleine romanische Kirche von Taizé war längst zu klein geworden. Die Brüder überlegten, ob sie eine Halle, ein Zelt aufbauen sollten. Da traf es sich, dass Ende der 50er Jahre »Aktion Sühnezeichen« einige Mitarbeiter nach Taizé sandte. Diese nach dem Zweiten Weltkrieg von Christen in Deutschland gegründete Organisation hatte damals die Aufgabe, in den Ländern, die unter dem Krieg gelitten hatten, Zeichen der Versöhnung zu errichten: Israel, Polen, Russland, eben auch Frankreich.

So bauten Mitarbeiter von Aktion Sühnezeichen eine neue, größere Kirche. Am 6. August 1962 wurde sie eingeweiht und erhielt den Namen »Kirche der Versöhnung«.

Kräftig unterstützt wurde diese ökumenische Bewegung in Taizé durch Papst Johannes XXIII. Er berief 1959 ein ökumenisches Konzil ein, das II. Vaticanum.

> *»Im Hinblick auf die Versöhnung der Christen sagte er dabei ein Wort, das in den Augen der Brüder von Taizé ausschlaggebend war: ›Wir werden keinen historischen Prozess aufrollen, wir werden nicht erforschen, wer Unrecht hatte und wer im Recht war. Die Verantwortung ist geteilt. Wir werden einfach sagen: Versöhnen wir uns!‹«*
>
> (Kathryn Spink, Frère Roger – Gründer von Taizé, S. 93. © Ateliers et Presses de Taizé, 71250 Taizé, France)

Wie haben wir uns Versöhnung vorzustellen?

Wenn ich Schülern oder Konfirmanden den Begriff Versöhnung erkläre, wenn ich verdeutlichen will, was das Zentrum christlichen Glaubens ist, dieser »fröhliche Tausch« – sagt Luther – meiner Schuld in Jesu Schuld, meines Todes in seinen Tod, seines Lebens in mein Leben (»Nimm und iss, das ist mein Leib, mein Blut«), dann mache ich das an der griechischen Wortbedeutung des Begriffes Versöhnung klar. katalagge: Stellenwechsel.

Ich sage dann: Stelle dir eine Wippe vor, der eine sitzt unten, der andere oben, der eine im Dreck, der andere in lichter Höhe. Der unten ist der Mensch, der oben ist Gott. Und nun legt Gott das entscheidende Pfund drauf, seinen Sohn, zieht den Menschen aus dem Dreck und sitzt nun selbst darin.

Das ist Versöhnung, dass Gott auf seine Kosten uns aus dem Dreck zieht.

Seinen Platz verlässt, um zu retten.

Bilder der Versöhnung. Bilder unserer Versöhnung auf seine Kosten.

Wenn versöhnt werden soll, dann geht das nicht ohne Teilen, ohne Teilgabe, ohne Abgabe, ohne Zuneigung.

Das deutsche Wort »Versöhnung« kommt nicht von »Sohn«, sodass vielleicht ein Mensch wieder – wie der verlorene Sohn – von seinem Vater aufgenommen wird. Das wäre ja durchaus schön und auch sprachlich denkbar.

»Versöhnung« kommt von »versühnen«. In manchen Liedern finden wir das Wort noch:

»O du fröhliche, o du selige,
gnadenbringende Weihnachtszeit!
Christ ist erschienen, uns zu versühnen:
Freue, freue dich, o Christenheit!«

Süenen – sühnen – zur Sühne bringen, ausgleichen. Eine Sühne ist eine Ersatzzahlung, eine Ersatzhandlung, durch die etwas aus dem Gleichgewicht Gekommenes wieder ins Gleichgewicht kommt. Der »Richter« sorgt dafür, dass durch Sühne »aus-gerichtet« wird.

In der Muttersprache von Frère Roger, dem Französischen, heißt Versöhnung »réconciliation«. Sie hören »Konzil«, Gemeinschaft, wieder in die Gemeinschaft bringen, wieder vereinen, aus-gleichen.

Stichworte, die immer wieder in den Texten von Frère Roger auftauchen – ein Schlüssel zum christlichen Verständnis von Versöhnung – sind:

Freude, Barmherzigkeit, einfaches Leben, Verstehen der anderen, Gemeinschaft, Liebe zu allen Menschen, Christus gleich werden.

Ich möchte Ihnen Gedanken lesen, die Frère Roger geschrieben hat für Menschen, die sich prüfen wollen, ob sie selbst diesen Weg des einfachen Lebens, der Freude, der Liebe und der Versöhnung gehen wollen.

»Was nützt es, bei jedem Missverständnis herauszufinden, wer Recht und wer Unrecht gehabt hat?
Deine Absichten werden vielleicht entstellt. Verzeih, wenn man dich um Christi willen verleumdet. Du wirst frei sein, unvergleichlich frei.
Verzeihen, immer wieder verzeihen, darin liegt die äußerste Form der Liebe. Du machst dir das letzte Gebet Jesu zu eigen: ›Vergib ihnen, sie wissen nicht, was sie tun.‹
Du verzeihst – nicht um den anderen zu ändern, sondern einfach, um Christus nachzufolgen.
Betrachte den Nächsten nicht nur in einem Abschnitt seines Lebens, sondern auf dem Hintergrund seines ganzen Lebenswegs.
Suche die Lauterkeit des Herzens. Meide alle Machenschaften. ...
Um von der Versuchung befreit zu werden, besinge Christus bis zur ungetrübten Freude.
Zur Freude ruft er dich, nicht zur Trübsal.
In jedem Lebensalter Glaubensmut. Bis in das Grau der Tage seine helle Freude, ja fröhliche Unbekümmertheit. Nicht seufzen, sondern in jedem Augenblick alles auf ihn legen, selbst noch den überbeanspruchten, verbrauchten Leib. ...
Einer der ersten Zeugen des Evangeliums hat es schon begriffen: ›Ich könnte die Gabe haben, im Namen Gottes zu sprechen, alle Erkenntnis, einen Glauben, der Berge versetzt – wenn ich die Liebe nicht habe, nützt es nichts.‹
In der einzigartigen Gemeinschaft, die die Kirche ist, zerstückeln alte oder neue Auseinandersetzungen Christus in seinem Leib. ... Die Versöhnung ist ein Frühling des Herzens. Wer sich ohne Aufschub versöhnt, macht eine Entdeckung: Das eigene Herz verändert sich.«

(Frère Roger, Taizé – Die Quellen von Taizé. © Ateliers et Presses de Taizé, 71250 Taizé, France)

Seit Jahren schrieb Frère Roger einen Taizé Jahresbrief an Hunderttausende in aller Welt. Im Taizé Jahresbrief 2005, »Eine Zukunft in Frieden«, schreibt er:

»Unzählige Menschen sehnen sich heute nach einer Zukunft in Frieden, danach, dass die Menschheit von drohender Gewalt befreit wird.
Manche ergreift Angst vor der Zukunft und sie sind davon wie gelähmt, aber überall auf der Erde gibt es auch erfinderische, schöpferische Jugendliche. ...
Es gibt Menschen, die Frieden und Vertrauen dorthin tragen, wo Gefahren drohen und Widerstreit herrscht. Sie halten durch, auch wenn sie schwere Belastungen oder Rückschläge auszuhalten haben.
An manchen Sommerabenden, unter einem sternklaren Himmel, hören wir in Taizé die Jugendlichen durch die geöffneten Fenster. Wir sind nach wie vor erstaunt, wie zahlreich sie sind. Sie suchen, sie beten. Und wir sagen uns: Ihr Verlangen nach Frieden, ihre Sehnsucht nach Vertrauen sind wie diese Sterne, kleine Lichter in der Nacht.
Wir leben in einer Zeit, in der sich viele fragen: Was ist eigentlich der Glaube? Der Glaube ist ganz einfaches Vertrauen auf Gott, ein unerlässlicher, im Leben unentwegt neuer Aufbruch des Vertrauens.
In jedem Menschen können sich Zweifel regen. Sie haben nichts Beunruhigendes. Wir möchten vor allem auf Christus hören, der leise in unserem Herzen sagt: ›Hast du Bedenken? Sei ohne Sorge, der Heilige Geist bleibt immer bei dir.‹ ...
Im Evangelium lautet eines der ersten Worte Christi: ›Glücklich, die im Herzen einfach sind!‹ Ja, glücklich, wer auf die Einfachheit zugeht, im Herzen wie im Leben. ...
Ein Mensch mit einfachem Herzen beansprucht nicht, ganz allein alles vom Glauben zu verstehen. Er sagt sich: Was ich kaum begreife, verstehen andere besser, und sie helfen mir auf meinem Weg weiter.
Wer sein Leben vereinfacht, kann mit den Bedürftigsten teilen, um Leiden zu lindern, wo es Krankheit, Armut, Hunger gibt.
Auch unser persönliches Gebet ist einfach. Meinen wir, dass es im Gebet viele Worte braucht? Nein, bisweilen genügen einige, manchmal auch unbeholfene Worte, um Gott alles anzuvertrauen, unsere Ängste wie unsere Hoffnungen. ...
Das Gebet befreit nicht davon, sich um die Dinge der Welt zu kümmern. Im Gegenteil, nichts ist verantwortlicher, als zu beten: Je mehr man ganz einfach und bescheiden betet, desto mehr sieht man sich veranlasst, zu lieben und es mit seinem Leben zum Ausdruck zu bringen. ...
So möchten wir Gott bitten: ›Gott, du liebst uns, mache uns zu schlichten Menschen, schenke uns tiefe Einfachheit im Gebet, in den menschlichen Beziehungen, in der Gastfreundschaft ...‹

Jesus, der Christus, ist nicht auf die Erde gekommen, um irgendwen zu verurteilen, sondern um den Menschen Wege zur Gemeinschaft zu bahnen. ...
Im Lauf ihrer Geschichte haben die Christen aber vielfältige Erschütterungen erlebt: Es kam zu Trennungen unter ihnen, obwohl sie sich auf denselben Gott der Liebe beriefen.
Es ist dringlich, Gemeinschaft heute wiederherzustellen; das kann nicht ständig auf später, auf das Ende der Zeiten verschoben werden ...
›Gemeinschaft‹ ist einer der schönsten Namen der Kirche: In ihr kann es nicht hartes Gegeneinander geben, sondern nur Lauterkeit, Herzensgüte, Erbarmen ...
Und im schlichten Gebet können wir ahnen, dass wir nie allein sind: Der Heilige Geist stärkt unsere Gemeinschaft mit Gott, nicht nur für einen Augenblick, sondern bis in das Leben, das kein Ende kennt.«

(Frère Roger – Taizé Jahresbrief 2005 »Eine Zukunft in Frieden«. © Ateliers et Presses de Taizé, 71250 Taizé, France)

Gott schenke uns einen einfachen Glauben,
Weisheit im Umgang mit Zweifeln,
Gemeinschaft untereinander und mit Christus.

Das höchste Gebot

Markus 12,28ff

Er geht durch die Straße und hat einen Blick für die Not. Er schaut hinter Fassaden und Mauern. Er kann nicht unbeteiligt vorbeigehen.

Er kennt die Stoßgebete der alten Frau im zweiten Stockwerk. Kennt die ganze Galerie an Familienbildern, meist schwarz-weiß, wenige schon farbig. Kein Lebender ist auf diesen Bildern zu sehen. Nicht ein Einziger. Eine Wand voll von fotografierter, aufgehängter, immer wieder betrachteter Vergangenheit. Menschen, die sich aus dem dunklen Rahmen lösen und endlich mit ihr sprechen. Die beiden Söhne, die im Krieg blieben. Der Mann, in den 50er Jahren an einem Magendurchbruch gestorben. Die Schwestern, Cousinen, alle hat sie überlebt.

Er kennt die Schmerzen, die Hilflosigkeit und Verzweiflung des Mannes im Haus gegenüber. Oft schon ist er in seinem Wohnzimmer gesessen. Gerade 50 und längst in Rente. Von den Schmerzen abgezehrt, zu einem Miteinander mit anderen kaum noch in der Lage. Und wie begabt war er gewesen vor Jahren, beliebt, erfolgreich im Beruf, engagiert in der Gemeinde.

Er hat die Briefe gelesen, die die Frau zwei Häuser weiter geschrieben hat. Viele Briefe. An Botschafter, Konsulate, Abgeordnete. Mit der Bitte um Suche nach dem verschollenen Bruder. Wenigstens das Grab, wenn er schon tot ist. Wenigstens wissen, wo er begraben ist.

Hier der Mann ist knappe 48. Seit einem Dreivierteljahr arbeitslos. Von irgendeinem englischen oder amerikanischen Konzern wurde der Betrieb übernommen. Und die kennen keine Rücksicht. Anfangs hat er noch gesucht. Jetzt ist er längst am Ende. Die bunten Sitzmöbel, die sonst immer im Sommer draußen auf der Terrasse standen, auf denen er mitdiskutierte über Technik und Markt, Politik und Erziehung, die Gartenmöbel standen in diesem Jahr noch nicht ein einziges Mal draußen.

Im Eckhaus, oberste Etage, hustet wieder das Kind. Er weiß, wie sich die Eltern sorgen, wenn es schwül wird, kein Wind frische Luft in unsre Stadt bringt und das Kind zu husten beginnt.

Er kennt auch die gegenseitigen Vorwürfe des Ehepaars im Einfamilienhaus. Ohne Kinder. Nebeneinander älter werden, immer fremder werden. Sie haben sich immer weniger zu sagen. Vor Jahren war es manchmal wenigstens noch laut, und die Nachbarn tuschelten über die Ehekräche. Jetzt ist es still. Und das ist viel schlimmer. Er weiß es. Er kennt das Eis in den Gefühlen und den Hass verbitterter Menschen.

Wenn er durch die Straßen geht, kann er dir Geschichten erzählen aus jedem Haus. Überall war er schon. Mit der türkischen Familie war er beim Einwohnermeldeamt, mit der Rollstuhlfahrerin bei der Krankengymnastik, mit dem Witwer oft auf dem Friedhof, mit der Zuckerkranken beim Arzt und mit der alleinerziehenden Frau beim Kinderpsychologen. Zwei Selbstmordversuche in den letzten vier Jahren haben ihn wochenlang beschäftigt.

Er geht durch die Straße und hat einen Blick für die Not. Er schaut hinter Fassaden und Mauern. Er kann nicht unbeteiligt vorbeigehen.

Es ist nicht der Pfarrer. Es ist nicht die Frau von der Sozialstation. Es ist der Diakon. Diakonos heißt Diener. Es ist auch nicht eine einzelne Person. Die könnte das nicht verkraften.

Es ist der Heilige Geist in unseren Gemeinden. Das ist nicht einer, der fürs Helfen bezahlt wird und deshalb »Diener« ist. Das sind wir alle zusammen. Und an der Frage, ob in unseren Gemeinden geholfen wird und verstanden, gesucht und besucht, geliebt und versorgt, an dieser Frage entscheidet sich, wes Geistes Kinder wir sind. Gottesliebe und Nächstenliebe sind keine abstrakten Theorien auf dem Papier.

Einer allein kann nicht allen helfen. So macht Hilfe dann auch keinem eine Freude. Weil es über die Kräfte geht, über die Zeit, und das spürt man. Es kommt nicht darauf an, dass ich alle Menschen liebe. Aber wenn wir so weit kämen, dass es in unseren Gemeinden keinen mehr gibt, für den nicht ein anderer ein gutes Wort, ein paar Minuten Zeit, einen Rat oder ein Gebet übrig hat, einen Gang zur Meldebehörde oder einen Anruf bei der Verwaltung, keinen, der durch unser »Liebes-Netz« fällt und deshalb hart aufschlägt auf dem Boden kirchlicher Wirklichkeit; wenn jeder nur einen hätte, der ihn wirklich liebt, ich denke, wir wären vom Himmel nicht mehr weit entfernt.

Gott lieben und den Nächsten lieben, das ist die gleiche Sache, nur unter anderem Blickwinkel. Jesus fasst dies beides zusammen, als ihn einer fragt nach dem höchsten Gebot. Gott lieben, und den Nächstbesten wie dich selbst. Das ist die Summe der Bibel. Diakonie, Seelsorge, auch Verkündigung ist die Gabe einer ganzen Gemeinde. Es ist uns gegeben, uns gegenseitig so zu lieben. Und es macht Freude, diese Gabe zu entdecken. Es macht glücklich, durch die Straßen zu gehen und zu wissen: Die alte Frau dort oben wird von der Nachbarin besucht. Die Rollstuhlfahrerin hat gleich zwei oder drei, die sich um sie kümmern. Und so hat auch das kranke Kind und alle die, die ich aufgezählt habe, mindestens einen, der sich kümmert, sorgt und liebt.

Legen Sie zwei Stück Eisen aufeinander. Sie können mit dem Hammer zuschlagen. Es wird nie ein Stück daraus. Ins Feuer gelegt, genügt ein kräftiger Schlag des Schmieds. Man kann alle Mauern abreißen zwischen den Menschen, man kann sie Sonntag für Sonntag für eine Stunde gemeinsam in den Gottesdienst schicken, man kann sie verkabeln, vernetzen, loben und tadeln. Ohne Liebe tut jeder allenfalls seine Pflicht. Und das ist zum Sterben zu viel und zum Leben zu wenig.

In den Zeilen eines mir unbekannten Verfassers heißt es:

»Pflicht ohne Liebe macht verdrießlich.
Verantwortung ohne Liebe macht rücksichtslos.
Gerechtigkeit ohne Liebe macht hart.
Wahrheit ohne Liebe macht kritisch.
Erziehung ohne Liebe macht widerspruchsvoll.
Klugheit ohne Liebe macht gerissen.
Freundlichkeit ohne Liebe macht heuchlerisch.
Ordnung ohne Liebe macht kleinlich.
Sachkenntnis ohne Liebe macht rechthaberisch.
Macht ohne Liebe macht gewalttätig.
Ehre ohne Liebe macht hochmütig.
Besitz ohne Liebe macht geizig.
Glaube ohne Liebe macht fanatisch.«

Der Glaube löst sich nicht in Liebe oder Gefühlsduselei auf. Der Glaube verlangt oft handfeste Auseinandersetzung. Aber ich muss sie so führen, dass der andere eine Chance hat. Nicht, dass ich Recht behalte, ist wichtig, sondern dass ich liebe. Wer glaubt, ohne zu lieben, ist nicht im Recht. Und tut Jesus keinen Dienst.

Ordnung ohne Liebe macht kleinlich.

Besitz ohne Liebe macht geizig.
Glaube ohne Liebe macht fanatisch.
Liebe kann man üben.

Es ist im Übrigen für das Verständnis dieser Stelle im Markusevangelium wichtig, dass Jesus auf die Frage des gelehrten Mannes nach dem höchsten Gebot damit antwortet, dass er zentrale Texte des »Alten« Testamentes zitiert. Er spricht das Gebet, das ein frommer Jude täglich betet:

»Höre, Israel, der Herr, unser Gott, ist der Herr allein, und du sollst den Herrn, deinen Gott, lieben von ganzem Herzen, von ganzer Seele, von ganzem Gemüt und von allen deinen Kräften.«
(5. Mose 6,4.5)

Und mit diesem Bekenntnis zum einen Gott, das Juden und Christen eint, verbindet er einen zweiten zentralen Satz aus der Thora, dem Gesetz des Mose:

»Du sollst deinen Nächsten lieben wie dich selbst.«
(3. Mose 19,18)

Gott, der andere neben mir und ich selbst – eine ganz besondere Dreieinigkeit. So nimmt es auch nicht wunder, was Jesus später sagt:

Das, was ihr dem anderen da, dem, auf den ihr herabschaut, diesem Nichts neben euch, getan habt oder verweigert habt, das habt ihr mir getan oder verweigert. Ich und der Vater sind eins. Ich und dein Bruder, deine Schwester sind eins. So wie ich eins bin mit dir.

Eine Geschichte von Aftar aus Neishapur geht so:

Der Verehrer klopfte an die Tür seiner Liebsten. »Wer klopft?«, fragte die Liebste von drinnen. »Ich bin's«, sagte der Liebhaber.
»Dann geh weg. Dieses Haus hat keinen Platz für dich und mich.« Der abgewiesene Verehrer ging in die Wüste.
Dort meditierte er monatelang über den Worten der Geliebten. Schließlich kehrte er zurück und klopfte wieder an die Tür.
»Wer klopft?« – »Du bist es.« Und sofort wurde aufgetan.

Eins sein in der Liebe.

Gerade weil ich bei mir selbst und bei vielen anderen anderes erlebt habe, hoffe ich, es ist nicht so platt, wenn ich sage, das sei unser Lebensziel: Eins sein in der Liebe. Eins sein in Gott. Wie anders könnte ich eins sein mit Gott als in der Liebe. Deshalb allein lohnt sich der ganze Aufwand der Kirche. Deshalb allein.

Und nun macht da keinen so großen Unterschied. Christliche Liebe ist nicht nur das Dienen, das Sich-einem-anderen-Antragen und Helfen. Es ist auch das, was zwischen Frau und Mann, zwischen Freund und Freund, zwischen Kind und Eltern geschieht. In allen Facetten. Ohne die kleinen Karos. Sie töten die Liebe.

Es bleiben Glaube, Hoffnung und Liebe, diese drei. Schreibt Paulus am Ende des 1. Briefes an die Gemeinde in Korinth.

Es bleiben Glaube, Hoffnung und Liebe.

Die Liebe aber ist die größte unter ihnen.

Wer das einmal verstanden hat,

wer das einmal verstanden hat und dem traut,

wer das einmal verstanden hat, wer dem traut, wer wehrlos liebt und sich lieben lässt, ist nicht fern vom Reich Gottes. Sagt Jesus.

Aus heiterem Himmel

Lukas 19,1–10

Ich erinnere mich, dass es für mich als Kind die schlimmste Strafe war, etwas nicht wiedergutmachen zu dürfen. Tun Sie das bitte niemandem an. Lassen Sie keinen auf seiner Schuld sitzen.

Sie verstehen, was das ist, wenn jemand »Herzensruhe« sucht. Sie kennen das Gegenteil, Herzflattern, Unruhe, Schlaflosigkeit, irgendetwas ist in Unordnung. Vielleicht wissen Sie nicht einmal richtig, was. Meist ist uns der Grund unserer Unruhe wohl sehr bewusst.

Herzensruhe.
Mit mir, mit Gott, mit den Menschen im Reinen sein.
Augen schließen können.
Vertrauen haben.
Türen und Fenster offen stehen lassen können.
Herzensruhe.
Nichts verbergen müssen.
Nichts absichern müssen.
Es ist gut, wie es ist.
Herzensruhe.

Johannes Tauler, mittelalterlicher Mystiker in Straßburg, predigt so: Entweder bist du in dir oder Gott ist in dir. Beide können nicht gleichzeitig in dir sein. Einer muss ausziehen. Also mach dich leer, damit Gott in dir einziehen kann.

Wie soll das geschehen?

Aus dem Umkreis der Mönchsväter, die um das Jahr 400 in Ägypten auf der Suche nach Herzensruhe lebten, wird folgende Geschichte erzählt:

Ein Bruder sagt zum Altvater Poimen: »Ich habe eine große Sünde begangen und will drei Jahre dafür Buße tun.« Der Greis antwortet ihm darauf: »Das ist viel!« Der Bruder erwidert: »Aber dann ein Jahr lang?« Der Greis darauf wieder: »Das ist viel!« Die Anwesenden meinen: »Vierzig Tage.« Und wieder spricht der Greis: »Das ist viel. Ich sage euch:

Wenn der Mensch aus ganzem Herzen bereut und sich vornimmt, die Sünde nicht mehr zu tun, dann nimmt ihn Gott auch bei einer Buße von drei Tagen wieder auf.«
(G. u. T. Sartory [Hg.], Lebenshilfe aus der Wüste, Freiburg 1992, S. 63)

Das »Gewissen« ist eine Instanz, die sehr gut spürt, ob eine »Rechnung noch offen« ist. Wer oder was in mir ist, wer oder was mich besetzt hält.

Du musst leer werden, sagt Johannes Tauler.

Dieser Weg der Versenkung, der Erlösung, der Weg der Erleuchtung wird oft falsch verstanden. Es ist einerseits ein Weg zu mir selbst, für dich selbst. (Unterschied zu asiatischer Meditation)

Aber dann bleibst du nicht bei dir selbst und kümmerst dich nicht mehr um anderes, du wirst nun gerade frei für andere. Du spürst, ich kann Gutes tun. Ich bin freier als ein Vogel und besser versorgt als eine Lilie auf dem Feld.

Das eigentlich geschieht unserem Zachäus. Unsicher geworden in seinem Lebenshaus, traut er sich heraus, weiß nur dem Gefühl nach: Da kommt einer, der könnte mir vielleicht helfen. Klettert auf den Baum. Und Jesus sagt: Ich muss heute bei dir einkehren. Und das Lebenshaus, aufgebaut auf Übervorteilung anderer; das Lebenshaus, gebaut aus den Scheinen und Münzen anderer und der Waffengewalt Roms; das Lebenshaus, gefüllt bis an den Rand mit Absicherung, Sorge, Begehrlichkeit, Besitz, ist schon lange keine Wohnung mehr für Zachäus. Darin findet er keine Herzensruhe.

Nun macht er sozusagen »Kehraus«: Raus mit den Abhängigkeiten, raus mit den Lügen, raus mit dem durch überhöhte Zölle und Gewinne erzielten Erwerb, raus mit allem, was sich zwischen ihn und seine Mitmenschen stellt.

Und nun ist Platz für Jesus, Platz für Gott, Platz für ihn selbst.

Die Hälfte seines Hauses, seine Besitzes gibt er den Habenichtsen, und den Betrogenen gibt er vierfach zurück. Nun hat er wieder gutgemacht, ist »bei sich«, kann wohnen in seinem Lebenshaus.

Und Jesus sagt: Heute ist diesem Haus Heil widerfahren. Übersetzt: Heute hat der Bewohner dieses Lebenshauses Herzensruhe gefunden, ist heil geworden, ist nicht mehr besessen, sondern offen für Gott. Gott kann einziehen.

Wir haben heute Trauernde unter uns. Sie haben liebe Menschen vor wenigen Tagen zu Grab gebracht. Ich weiß aus vielen Gesprächen, wie wichtig eine »schöne Beerdigung« für Hinterbliebene ist; ein letzter Dienst. Ich weiß auch, wie verzweifelt Menschen sind, die keine Möglichkeit haben, diesen letzten Dienst zu tun. Es bleiben doch so viele Fragen offen, so viele Dinge ungesagt. Kein Tod, bei dem es nicht auch irgendwo um Schuld und Bewältigung von Schuld geht. Wenn ich nur noch etwas wiedergutmachen könnte!

Menschen brauchen die Möglichkeit zur »Buße«, zur »Sühne«, zum »Verzicht«. Keiner findet anders die gesuchte »Herzensruhe«.

Das hat manchmal Tiefendimensionen, die nur in einer Beichte zur Sprache kommen können. In diesem intimen seelsorgerlichen Miteinander wird dann auch eine geeignete, stimmige »Buße« gefunden werden können. Der greise Wüstenvater spürt dem jungen Asketen ab: Drei Jahre Buße, das ist nicht der rechte Weg. Wenn es wirkliche Buße ist, reichen drei Tage. Wenn es wirkliche Buße ist, kann ein Beichtgespräch mit seiner ganzen Geschichte schon ausreichen als seelische Schwerstarbeit.

Ich kann nur zu solchen Beichtgesprächen raten, auch wenn sich evangelische Christen schwer damit tun. Wer immer Schuld verspürt – berechtigt oder unberechtigt –, wer nach einem Irrweg, einem Fehler oder einer Schuld auch die »inneren Rechnungen begleichen« möchte, sollte dies tun. Seelsorgegeheimnis und Schweigepflicht garantieren verantwortlichen Umgang.

Ein »weiser« Seelsorger wird mit dem Hinweis auf Gottes Liebe den Belasteten und Beichtenden davor bewahren, sich schlechter zu machen oder sich nun selbst durch übertriebene Härte zu »strafen«.

In der Regel weiß der Betroffene allerdings selbst, was zu lassen oder was zu tun ist. Der Seelsorger hilft ihm beim »rechten Maß«.

»Komm herunter!«, sagt Jesus und geht ins Haus des Zachäus. Näher geht es nicht. Mit keinem Wort wird erwähnt, dass Zachäus seine Sünden bekannt hätte. Wir erfahren von keiner weiteren »Beichte«. Der Weg auf den Baum, herunter vom Baum und – vor aller missbilligenden Öffentlichkeit – mit Jesus ins Haus ist Buße genug.

Und Zachäus findet auch das für ihn adäquate Maß der Wiedergutmachung selbst: Jesus hindert ihn nicht daran. Zachäus hat offensichtlich das richtige Gespür. Und sein Seelsorger bestätigt den Heilungsprozess: Heute ist diesem Haus Heil widerfahren.

Was auch immer war, ob es um eine gescheiterte Ehe geht, um ein Unrecht im Beruf, um ein total verkorkstes Verhältnis zwischen Vater und Sohn oder um ein anderes Scheitern – der Mensch, der zu dieser neuen Chance nicht findet, wird an seinem Leben scheitern. Wird sich in sich zurückziehen, sich andauernd selbst verurteilen oder die Welt schlechter machen, als sie ist.

Ich muss die Chance bekommen, dass ich entdecke: Ich kann ja doch etwas »gut« machen. Ich bin ja in der Lage, zu lieben, mich zu öffnen, Gutes zu tun, zu vergeben, mit mir und meinem Partner »einig« zu werden.

Wie viel positive Energie in einem Menschen steckt, den alle Welt für einen Betrüger, Halsabschneider und Charakterlumpen hält, zeigt die Geschichte mit Zachäus. Jesus »macht« nicht gesund, er vergibt Sünden und ermöglicht Umkehr.

Wenn man dem von Paulus so oft gebrauchten Begriff »Versöhnung« auf den Grund geht, dann bedeutet er wörtlich übersetzt: »Stellenwechsel«. Gott tauscht seinen Platz »hoch droben« über den Menschen und ihrem Elend ein gegen einen Platz »tief unten« bei den Menschen und in ihrem Elend. Aber doch nicht, um nun gemeinsam das Elend zu feiern, sondern um alles auf die Waagschale zu legen, was den Menschen befreien könnte. Mit diesem Pfund darf ich wuchern. Auf diese Versöhnung kann ich mich berufen. Gott traut mir Gutes zu. Nun sollte ich es auch versuchen.

Lassen Sie mich noch einen letzten Gedanken anfügen: Mit allem hatte Zachäus wohl gerechnet, mit Schwierigkeiten, Spott, vielleicht auch mit Drohungen. Nur nicht damit, dass der Mann, den er sehen wollte, ihn herunterholt und sich einlädt in sein Haus. Das kam für ihn »wie aus heiterem Himmel«. »Aus heiterem Himmel«. Wahrscheinlich sieht man mit Buße und Schuld und Kirche eher einen dunklen, einen verhangenen Himmel verbunden.

Sagen Sie den Menschen und trauen Sie dieser Nachricht selbst: Der Himmel ist heiter. Gott meint es gut. Du findest Herzensruhe auf diesem Weg. Du hast die Chance, in dir das vermisste Gute zu entdecken. Trau dich heraus aus deinem unwirtlichen Lebenshaus. Öffne dich. Gib Gott die Chance, bei dir einzukehren, und du wirst zu Gutem regelrecht befreit.

Übe die leisen Töne.

Übe, bis deine Hand zärtlich ist und deine Stimme weich.

Übe zu horchen.

Öffne dein Lebenshaus und warte.

Schweige nicht aus Verbitterung, schweige aus Geduld und im Vertrauen, dass dir dann eine Antwort wird. Zachäus hat diese Antwort aus heiterem Himmel getroffen.

Aus heiterem Himmel. Und der Ruf hat ihn nicht erschlagen.

Allerdings, die Bibel berichtet auch, dass die Umgebung des Zachäus sich neue Vorurteile einfallen lassen musste. Aber vielleicht haben auch sie gelernt. Steht ja nichts davon drin. Aber vielleicht ging auch ihnen der Himmel auf, den anderen, den Geschädigten, den Opfern.

Ich erinnere mich, dass es für mich als Kind die schlimmste Strafe war, etwas nicht wiedergutmachen zu dürfen. Tun Sie das bitte niemandem an. Lassen Sie keinen auf seiner Schuld sitzen.

Erlauben Sie ihm, Gutes zu tun.

Geheilt

Lukas 17,11–19

Barbara M. wurde am 18. des vergangenen Monats geheilt aus der Klinik für Innere Medizin entlassen. Sie kennen das wahrscheinlich alle: die bangen Minuten bei den Visiten die Tage zuvor. Jetzt ja kein Fieber mehr. Die Pläne, die Hoffnungen, die Ängste. Das Urteil des Arztes; es ist ein Urteil, er ist Richter in diesen Tagen, auch wenn er das weit von sich weist. Nun ja keine überflüssige Frage. Nun ja keine neuen Beschwerden.

Dann irgendwas zwischen neun und elf Uhr. Das geht alles dann so schnell: Bademantel, Tasche, Schwesternzimmer, die Ärzte sind längst bei anderen. Der Betrieb geht weiter. Fast verloren, überflüssig steht Barbara M. an der Glastüre zur Frauenstation. Sie kennt mittlerweile den Geruch, diese Mischung aus Bohnerwachs und Sagrotan. Sie kennt diese andauernde Geräuschkulisse: das Türenschlagen, den Aufzug, die Abluft im Hinterhof, den Geschirrwagen, die manchmal überlauten Rufe der überforderten Schwestern, den Müllschlucker, die Wasserspülung. Die Schreie der Verzweifelten, die Fragen der Verwirrten, die laute Musik aus 317.

Wochen, Monate, um genau zu sein: 13 Wochen hat sie hier verbracht. Angefangen hatte das eigentlich ganz undramatisch – unter der Dusche. Die harte Stelle an der Brust. Und mit 44 ist man dann vorsichtig, hat so vieles gehört. Montags drauf der Rat des Frauenarztes: Ich würde Sie gerne überweisen ins Krankenhaus, die haben bessere Geräte, können mit Sicherheit ausschließen, dass es etwas Bösartiges ist.

Von wegen und so ausschließen. Es war bösartig. Gut, kein Krebs von der ganz schlimmen Sorte. Dass es da unterschiedliche gibt, hat sie erst nach der Operation erfahren. Nachdem die linke Brust amputiert war. Auch das sind heute Routineoperationen.

Die Behandlung danach auch: Chemotherapie, Bestrahlungen, Gespräche.

Dann kam das plötzliche Fieber. Jedenfalls ging alles nicht so routinemäßig – als ob es bei einem Krebspatienten jemals so etwas wie Routine geben könnte. Ich will keine lange Krankheitsgeschichte erzählen.

Diese Ansammlung von Blättern, auf denen nur Zahlen, lateinische Begriffe, unverständliche Vermerke stehen – und du hast den Eindruck, du stehst gar nicht auf diesem Blatt. Wehrst dich, eine Nummer zu sein, eine »Brust« oder ein »Magen« oder eine »Prostata«. Originalton: »Die Prostata von 212 zum Ultraschall.« Nein, ich bin keine Brust, kein Magen, keine Prostata und kein Darm. Ich bin Barbara M., 44 Jahre alt, ein Mensch. Ich hatte nicht einmal Schmerzen, nur eine harte Stelle, die ich spürte unter der Dusche. – Und nun bin ich die »Brust von 216«. Ich bin die Fieberkurve, die am Ende meines Bettes hängt, bin ein zweimal gemessener Pulsschlag, bin ab und zu ein Blutdruck oder eine Ansammlung von Blutwerten. Beim Namen muss der Arzt schon auf die Blätter schauen, bei der Krankheit nicht. Er weiß, dass ich »eine Brust« bin. Ich will ihm nicht verübeln, dass er in dem hektischen Betrieb meinen Namen nicht kennt. Eine Zeitlang kam so ein junger, freundlicher. Ich weiß nicht, ob er Arzt war. Er hat sich Zeit genommen für mich. Das ist auch schon wieder sechs, sieben Wochen her.

Kurz vor elf schließt sich hinter ihr die elektronisch gesteuerte Glastüre an der Pforte. Barbara M. ist als geheilt ins Leben entlassen. Draußen wartet ein Taxi. Alle 14 Tage soll sie sich bei ihrem Arzt anfangs melden. Alle 14 Tage ist sie wieder eine Brust. Oder ein Magen. Oder ein Darm oder eine Lunge.

Barbara M. wird sich daran gewöhnen, dass sie wieder in einer anderen Welt lebt. Sie wird zum Arzt, zur Kirche, zum Bäcker und zum Chor gehen. Barbara M. gehört wieder dazu. Barbara M. ist geheilt entlassen. Ob sie in sich die nächsten Krebszellen trägt oder nicht. Ob sie es verkraftet oder nicht. Ob sie darüber reden möchte oder nicht. Ob sie in den Nächten schläft oder angstfiebernd durch die Zimmer geht. Den Nachbarn ist das Thema peinlich. Die Verwandten schwanken zwischen Übervorsicht und routinierten Späßen. Barbara M. ist geheilt entlassen.

Lesung Lukas 17,11–19

Barbara M. wird nur in die Innere zurückgehen, zu hilflosen Helfern, überforderten Ärzten, gestressten Schwestern und Sagrotanpflegern, wenn sie muss. Wenn man sie schickt. Zu neuer Untersuchung. Für ein neues Urteil. Zu Zeiten neuer Erniedrigung. Neues Warten auf Untersuchungen, Röntgen, Blut, Puls, Temperatur, Kontrastmittel, wenig Zusprache.

Ob das so sein muss? Ich kann mir kein Urteil erlauben. Überlastete und schlecht bezahlte Schwestern, überforderte Pfleger, unter viel zu hohem Erwartungsdruck stehende Ärzte müssten da reden. Ich stelle nur fest, wie viele sich mit Händen und Füßen wehren: Nein, ja nicht ins Krankenhaus. Ich selbst fürchte mich am meisten vor der Entmündigung. So etwas wie Privatleben, Intimsphäre, ganz persönliche Zeiten des Zurückziehens, der Ruhe, mehr oder weniger freie Entscheidung über meine Zeit bis hin zu der Freiheit, nicht »herein« zu sagen oder zu öffnen, wenn ich nicht will – all das ist nicht möglich. Das ist nicht nur böser Wille oder schlechte Organisation, das ist objektiv nicht möglich. Und deshalb sehnt jeder den Tag der Entlassung herbei. Und kaum einer der als geheilt Entlassenen kommt wieder zurück. Am liebsten möchte man nicht mehr erinnert werden.

So wie die neun vom Aussatz Geheilten. Das deutsche Wort Aussatz ist etwas missverständlich. Es handelt sich bei der Krankheit, um die es bei den zehn Aussätzigen geht, wahrscheinlich nicht um eine tödliche, vielleicht um eine ansteckende Krankheit. Etwas anderes war viel schlimmer, und da kommt das deutsche Wort »Aussatz« auch her.

Aussätzige sind eben »Aussätzige«. Sie haben ihren Namen verloren. Da spielen Herkunft, Volkszugehörigkeit oder Beruf keine Rolle mehr.

Die Betroffenen werden mit der Entdeckung der Krankheit in einer Art Beerdigung aus der Gemeinschaft der Gesunden/Lebenden ausgeschlossen. Sie halten sich in konturlosen Mengen an Orten auf, wo sie aus gebotener Distanz die »Lebenden« um einen Erweis ihres Erbarmens anflehen können. (Roser, Pred. Stud 1, II, 2009, S. 128)

Vielleicht waren sie mal Juden, vielleicht waren sie mal Menschen aus Samaria. Vielleicht waren sie mal Durchreisende. Vielleicht waren sie mal Mütter, Väter oder Töchter von …

Jetzt sind sie nur noch »Aussätzige«. Das Land der Lebenden haben sie verlassen müssen.

Auch diesen Grenzraum durchschreitet Jesus.

Er hält die Grenzen zunächst ein: Anders als sonst kommt es zu keiner Berührung. Jesus schickt sie, sich den Priestern zu zeigen. Nach Lev 14,1–32 bedarf es eines ritualisierten Vorgangs zur Reinigung. Auf diesem Weg vollzieht sich das Wunder nicht als individuelle Gesundung, sondern als Resozialisierung in die Gemeinschaft der Lebenden.

Die Aussätzigen waren vom Gottesdienst ausgeschlossen, sie waren vom gesellschaftlichen Miteinander ebenso ausgeschlossen. Sie waren »ausgesetzt«.

Vielleicht trifft das den Punkt, warum sie jedenfalls in ihrer großen Mehrzahl nicht mehr zurückgekommen sind zu Jesus. Sie hätten ja dahin zurückgehen müssen, wo man sie ausgesetzt hatte. Die Furcht, dass alte Wunden wieder aufbrechen, dass man der Konfrontation mit der eigenen Vergangenheit nicht gewachsen ist. Wer geheilt ist, stürzt sich so schnell wie möglich in den Alltag, in den Beruf, in die Familie. Will wieder ganz dazugehören. Will Gegenwart. Will nicht auf die Vergangenheit festgelegt werden. Möglichst unauffällig. Möglichst die Zeit des Ausgesetztseins vergessen, weil du bei uns nur wer bist, wenn du mitkommst.

Ich denke mir, aus ähnlichem Grund gehen Flüchtlinge nur mit ganz gemischten Gefühlen wieder zurück in die Heimat, aus der sie geflohen sind. So, als ob da noch eine Rechnung offen wäre, vor deren Präsentation man Angst hat.

Woher sollten die Zehn wissen, dass ihnen Jesus nicht die Rechnung präsentiert? Dass Jesus gerade der ist, der sie nicht auf die Vergangenheit festlegt? Der ihre Vergangenheit im Vollsinn des Wortes »bereinigt« und ihnen den aufrechten Gang zum Tempel und unter die Menschen ermöglicht.

Zum aufrechten Gang in die Zukunft gehört das Eingeständnis des Umwegs hinter mir – des Irrtums, der Schuld, der Ängste, der Krankheit. Das Eingeständnis, dass ich meinen aufrechten Gang der Befreiungstat eines anderen verdanke. Und da wird das eine ganz moderne Geschichte. Sie handelt von unserem Problem mit der Abhängigkeit. Möglichst auf niemand angewiesen sein. Die Scheu vor Verpflichtungen. Die Unsicherheit, wie man danken soll, ohne gleich wieder den anderen in Verlegenheit zu bringen. Es scheint die Scheu vor eigener Schwäche zu sein.

Der Wochenspruch für diese Woche heißt: Lobe den Herrn, meine Seele, und vergiss nicht, was er dir Gutes getan hat. Im Psalm werden nach diesem Eingang all die möglichen Wohltaten Gottes aufgezählt. In Jesus Christus tritt uns Gottes Wohltat in Person gegenüber. Er heilt sozusagen auf ebener Erde, unter irdischen Bedingungen, ohne Vorbedingungen. Er schickt uns auf einen neuen Weg. Ich muss meinen bisherigen Weg nicht verleugnen. Ich muss meine Herkunft nicht abstreiten.

Die Konfrontation mit der Vergangenheit wird zu einer Begegnung mit Jesus. Eine Vergangenheit, die von Jesus Christus bereinigt ist. Eine Krankheit, die von Gottes Sohn geheilt ist. Eine Schuld, die in seinem Namen vergeben ist. Der eine, der zurückkommt, ist wichtig. Nicht die Entrüstung über die Undankbarkeit der anderen. Diese Geschichte taugt nicht zur Menschenschelte. Der eine, der zurückkommt, ist wichtig. Er kommt nicht mehr dahin zurück, wo er einmal war. Der Ort, wo man ihn ausgesetzt hatte, ist nun von Gott besetzt. Die Vergangenheit bereinigt. Verstehen Sie? Das ist es, was Menschen suchen. Worunter Menschen heute leiden. Was so viele unglücklich macht und in die Flucht treibt. Sie können ihrer eigenen Vergangenheit nicht ins Auge schauen. Vor ihrer eigenen Geschichte laufen sie davon, hinein in neue Krankheit, in neue Schuld, in neue Isolation. »Ach Gott, der ist schon zweimal geschieden!« – Dabei ist einmal schon für manche ein halber Tod. »Du, stell dir vor, die hat Krebs. Brustkrebs. Ist operiert. Aber wer weiß.« – Das sagt man so, als sei das ein Todesurteil. »Ach wissen Sie, der hat schon bei der letzten Firma nicht lange ausgehalten.« – Und keiner hat ihn gefragt, warum.

Das war es eigentlich, wofür der Mann aus Nazareth – wenn wir der Bibel glauben dürfen – gestorben ist. Für die Bereinigung unserer Vergangenheit. Für den aufrechten Gang in unserer Gegenwart. »Steh auf, geh hin«, sagt Jesus. Steh auf, geh hin, dein Glaube hat dir geholfen. Einer, der sich zurückgetraut hat.

Ich rede aus Erfahrung. Ich weiß, was es heißt, auf die Vergangenheit festgelegt zu sein. Und ich muss Ihnen ehrlich sagen: Wir Christen machen es uns gegenseitig schwer. Gegenseitig. Wir sind schlechte Zeugen der Liebe Gottes. Das sind gar nicht so sehr die spektakulären Fälle, der entlassene Strafgefangene oder der Mann mit der Stasi-Vergangenheit. Das sind die kleinen alltäglichen Nadelstiche. Mit denen wir signalisieren: Ich kenn dich. Ich weiß was. Komm mir nicht zu nahe. Du bist auch nicht besser. Wieso soll es dir auch besser gehen. Bei dem ist das kein Wunder.

Wegen demselben Vergehen kann nach deutschem Recht jemand nicht ein zweites Mal angeklagt werden. Ich wäre froh, wir würden unter uns nach fünf Mal Schluss machen. Wenn den Verwundeten unter uns etwas die Seele abdrückt, dann dies, dass sie immer und immer wieder ihre Krankheitsgeschichte vorgehalten bekommen. Wer hat da noch Mut, neue Wege zu gehen?

Barbara M. muss die Gesunde spielen, muss die Ängste mit Medikamenten betäuben und lachen über dämliche Bemerkungen. Günther F. wird ein Leben lang durch monatliche Zahlungen an die gescheiterte Ehe erinnert, und weiß Gott, sie ist – wenn überhaupt, dann – nicht nur an ihm gescheitert. Anna K. ist seit zehn Jahren oder mehr clean, aber meinen Sie, der Hinweis auf die Drogen ließe sich tilgen aus Akten bei Ämtern, Betrieben, in den Köpfen?

Steh auf, geh hin, dein Glaube hat dir geholfen. Dazu gehören zwei. Nein, wir haben Vergebung gepredigt, aber vergeben haben wir nicht. Wir haben Neuanfang gepredigt, aber vergessen haben wir nicht. Wer zurückkommt, ist aufs Neue ausgesetzt.

Wir Christen sind schuldig geworden an den neun und an Abertausenden. Ich vermute, wir trauen dem Frieden selbst nicht. Da ist so viel Gutes möglich. Ist es denn wirklich nicht möglich, mit dem Verweis auf Jesus Christus das Vergangene ruhen zu lassen und die Energie auf den Weg vor uns zu konzentrieren? Brauchen wir dazu nicht alle Kraft? Es ist wie bei einem Läufer, der alles gibt auf der Zielgeraden: Wer immer zurückschauen muss, sich nach hinten absichern will, wird verlieren. Jesus sagt, wer seine Hand an den Pflug legt und sieht zurück, der ist nicht geschickt zum Reich Gottes. Er setzt dabei voraus, dass er selbst hinter uns steht. Jesus Christus ist meine bereinigte Geschichte. Das gilt für die Kranken, das gilt für die Geschiedenen, das gilt für die Trauernden, das gilt für meine Schuld, das gilt für meine Herkunft, das gilt für jeden Umweg.

Barbara M. hat eine ums vielfache vergrößerte Lebenschance, wenn man sie liebt. Wer sie liebt, schaut mit ihr gemeinsam nach vorn und vertraut das, was war, Gott an. Das war. Das ist bereinigt. Das ist deine Geschichte. Das sind deine Wunden. Das bist ganz du. Und so, wie du geworden bist, hab ich dich lieb.

Wer Barbara M. und all die anderen liebt, hilft ihr und all den anderen, die Vergangenheit anzunehmen, für Heilung zu danken, aufzustehen und zu gehen. Eine Gemeinde, die sich das zur Aufgabe macht, ist eine Christusgemeinde. Menschen, die so lieben, sind eine Wohltat für die verwundete Welt.

Weltgericht – Nicht zugrunde richten, sondern aufrichten

Lukas 11,14–23

Es gab eine Zeit, so eine alte jüdische Legende, da lebte der ewig-eine Gott, der Schöpfer alles Geschaffenen, gemeinsam mit den Engeln in Frieden und Harmonie. Alles war so, wie es am Ende jedes Schöpfungstages hieß: Und siehe, es war gut so. Nun kam Gott, wie wir alle wissen, auf die Idee, Menschen zu schaffen. Seine Ebenbilder auf der Erde. Dieser Gedanke Gottes, so erzählt die Legende, war im Himmel ganz und gar nicht unumstritten. Es gab Engel, die fanden die Idee gut, weil sie eh immer alles gut fanden, was Gott machte. Andere waren tatsächlich überzeugt, dass die Erde durch lebendige Ebenbilder Gottes gewinnen würde. Aber es gab eine namhafte Gruppe, die lief Sturm gegen diesen göttlichen Plan. »Sie werden alles Gute zerstören«, warnten sie. »Sie werden sich von dir entfremden, du wirst dich nicht mehr in ihnen wiedererkennen. Sie werden die Erde zugrunde richten. Lass von deinem Plan ab, und alles bleibt gut, wie es ist, wie du es geschaffen hast.« Aber alles Argumentieren nützte nichts. Gott bestand auf seinem Plan. Da sammelte einer der oberen Engel, Luzifer, ein Drittel der himmlischen Heerscharen gegen diesen Plan. Aber selbst durch dieses gewaltige Votum ließ Gott sich nicht umstimmen. Er schuf den Menschen mit aller Liebe als sein Ebenbild. Luzifer aber verließ mit einem Drittel der Engel den Himmel, um auf der Erde die Menschen durcheinanderzubringen, gegeneinander aufzubringen, mit dem Ziel, dass sie sich selbst zerstörten. Denn so alleine glaubte er, die gute Schöpfung Gottes erhalten zu können und damit Gott einen Dienst zu tun.

Soweit die alte jüdische Legende. Luzifer, Beelzebub, Satan oder wie immer wir die Verkörperung des Bösen nennen, bekommt darin fast sympathische Züge. In einer Art Vorahnung warnt er Gott vor der Erschaffung des Menschen, und um schließlich das Schlimmste zu verhindern, beginnt er einen Zerstörungsfeldzug gegen die Menschen. Er tut dies treu nach dem Motto, mit dem wir ja auch oft genug argumentieren: »Bös muss Bös vertreiben!«

Jedes Reich, sagt Jesus, das in sich uneins ist, geht zugrunde. Damit haben viele von Ihnen Erfahrungen gemacht. Das gilt politisch. Das gilt persönlich, in Ehe und Familie. Das gilt selbst für eine Firma: Wenn Uneinigkeit herrscht, wenn nicht mehr miteinander auf ein Ziel hin gelebt und gearbeitet wird, wenn einer Vorteile auf Kosten des anderen sucht und wenn der eine genüsslich die Fehler des anderen feiert, dann beginnt die Mauer zu bröckeln, die eine Ehe, einen Betrieb, ein Gemeinwesen schützend umgibt. Jedes Reich, sagt Jesus, das in sich uneins ist, geht zugrunde.

Ich heile nicht im Namen des »Durcheinanderbringers«. Teufel und Heilung, das passt nicht zusammen. In mir ist nicht die Kraft des Bösen, sondern die heilende Kraft Gottes.

Was geschieht da mit dem sprachbehinderten, stummen Menschen?

Nach Satans Willen, oder sagen wir: nach dem Willen der Zerstörung und des Todes, soll der Mensch verstummen. Nach Gottes Willen soll der Mensch reden. Nach Gottes Willen kann der Mensch auch Ja und Nein sagen zu Gott.

Gott will uns aufrichten, will uns zum Sprechen bringen. Gott sucht unsere Antwort, unsere Verantwortung.

Das ist es ja, was den Luzifer – den Engel, der Gott in den Arm fällt und sagt: »Das geht nicht gut!« – auf den Plan bringt, eben Böses mit Bösem zu vertreiben. Und er hat ja Recht: Gott gerät in die Hände der Menschen, Gott kommt unter die Räder, Gott vergibt sich seine Majestät, um uns die Angst zu nehmen.

Wo immer Gott auf Menschen trifft, wo immer Menschen Gottes Boten ins Angesicht schauen, lesen und hören wir: »Fürchte dich nicht!« Gott spürt, die Angst des Menschen ist der Grund für all das Schlimme, was er anrichtet: Er hat Angst, zu kurz zu kommen; hat Angst, einer Aufgabe nicht gewachsen zu sein; hat Angst, zu versagen; hat Angst, nicht mehr geliebt zu werden; hat Angst, es kommt etwas von seiner Schwäche ans Licht. Der Mensch in Angst hört: »Fürchte dich nicht!« Und er hört ein Zweites, wenn er Gott begegnet: »Ich bin mit dir.«

Gott ist ein »Fürchte-dich-nicht-Gott«, ein »Ich-bin-mit-dir-Gott«, ein »Heiland«, sagten unsere Mütter und Väter und übersetzten damit das Wort »Messias«. Gott »wappnet« sein Reich, indem er den Schaden heilt und die, die den Schaden anrichten, auch. Deshalb heilt Jesus Menschen, die nicht aufrecht gehen können, die gekrümmte Frau oder den Lahmen. Deshalb heilt Jesus Menschen, die geblendet sind und kein gesundes Auge mehr haben für diese kranke Welt. Deshalb heilt Jesus den Stummen, dem der Mund verboten ist.

Viele glauben, Gott sei ein Gott, der die abgefallenen Menschen verfolgt, der böse Taten rächt, die Menschen mit Krankheit schlägt und Böses mit Bösem vertreibt. Und wir sprechen es ja auch immer wieder in unserem Glaubensbekenntnis, dass Jesus kommt, »zu richten die Lebenden und die Toten«. Ich glaube nach allem, was die Bibel über Jesus Christus erzählt, dass unser Glaube besser bekannt wäre in dem Satz: »... aufzurichten die Lebenden und die Toten«. Gottes Gericht, das in Jesus Christus zu uns kommt, ist ein heilendes Gericht, richtet Gebeugtes auf, biegt Krummes zurecht, bringt Durcheinandergekommenes zurecht. Wer aus diesem heilenden, liebenden, aufrichtenden Gott einen Rächer macht, der die Menschen zu Tode bringt, zum Schweigen bringt, der verwechselt Gott mit dem Teufel und den Teufel mit Gott.

Es gibt Menschen, die verwechseln Frieden mit Ruhe und Heil mit Schweigen. Es gibt Menschen, die sind selbst gebeugt, krank und durcheinander, so verzweifelt, dass sie andere mit hineinreißen in ihr eigenes Unglück. Aber sie sind doch Menschen, Ebenbilder Gottes, Geschöpfe seiner Liebe. Wer sie totschlägt, hinter Gittern zum Verstummen bringt oder beugt, hat vielleicht Ruhe, aber noch keinen Frieden. Gott geht das Risiko ein, zu einem Partner zu halten, der ihn zigmal betrogen hat. Er teilt nicht – wie im Märchen – die Guten und die Bösen, die Tauglichen und die Untauglichen. Er jagt und vertilgt nicht die Verirrten. Sein Heil schließt ein, nicht aus. Sein Reich lebt vom »Aufrichten« der Lebenden und Toten, vom Wort der Verstummten, vom Schritt der Lahmen und von der Sanftmut der Herrschenden (Matth 5,5). Christus kommt, Lebende und Tote zu »heilen«.

Gott schenke uns allen einen getrosten Glauben, der ihm alles Gute zutraut. Er sammelt die Stummen und schenkt ihnen die Sprache. Er sammelt die Gebeugten und schenkt ihnen den aufrechten Gang. Er sammelt die Schwachen und schenkt ihnen seinen Geist. Er sammelt die Sterblichen und schenkt ihnen das Leben.

Weltgericht – Opfer und Täter

Matthäus 25,31–46

So einfach ist das.

Wenn der Menschensohn kommt, gilt seine Gerechtigkeit. Den einen ist das eine Hoffnung, den anderen eine Provokation. Haben sie doch alles in die Wege geleitet, dass ihre Maßstäbe sich durchsetzen. Wer dem Frieden des Menschensohns den Weg bereiten will im Voradvent seines Kommens, der tut gut daran, die Einfälle der Opfer zu studieren, nicht die Rechtfertigungen der Täter. So einfach.

Was ihr getan habt oder nicht getan habt an einem dieser Geringsten, das habt ihr mir getan. So einfach.

Da wird kein theologisches Examen stehen am Ende der Zeit, da musst du keine Lieder und Bibelsprüche aufsagen, da wird nicht gefragt nach Konfession oder Amt. Da stehen – so denke ich mir das wohl im Bild –, da stehen die Opfer meines Lebens. Und wenn ich sie der Reihe nach anschaue, sieht es mit einem Mal aus, als ob alles schon einmal dagewesen wäre. Immer wieder das gleiche Muster. Immer wieder die gleichen Entschuldigungen. Immer wieder der Blick auf die Uhr, der kurze Gedanke an den eigenen Vorteil, der Film, der mich ablenkt, der Terminkalender und die Zwänge.

Da steht Friederike K. Sie steht übrigens bei fast allen von Ihnen. Sie kennen sie nicht? Natürlich. Nur haben Sie nie nach ihr gefragt. Vor drei, vier Jahren ungefähr. Fast jeden Sonntag, irgendwo hier, da oder dort. Eine der Konfirmandinnen, eher still und wenig auffällig. Keiner, kein Einziger hat sie angesprochen, eingeladen, ermutigt, angelacht, in den Arm genommen. Wahrscheinlich hätte sie gar nicht so viel Zuwendung gebraucht, und es wäre nicht passiert. Aber so war nichts aus unserer Mitte, was sie gehalten hätte. Von vielen sind wir ein paar. Und wenn wir damals anders gehandelt hätten, wäre wenigstens eine Weiche anders gestellt gewesen, als es darauf ankam.

Da steht auch Manfred W. Drei-, viermal hat er Anlauf genommen. Vielleicht auch nur ein-, zweimal. Wissen Sie, ich verdränge ja auch, wie Sie. Und mach' mir meine Vergangenheit zurecht. Drüben hat er gewohnt, im betreuten Wohnen. Doch wer traut sich da ran. Kann ja jedes Wort falsch sein, dann lieber gar keines. Bevor ich was falsch mache. Ist doch so. Man würde sich ja ewig Vorwürfe machen, wenn man was falsch gemacht hat. Ich kenn mich doch nicht aus. Haben Sie das überhaupt damals mitgekriegt, nachts um zwei? Martinshorn, Polizei. Dabei hat er zwei Nächte zuvor noch an jedem zweiten Haus geklingelt. Vielleicht auch an meinem. Aber wir hatten damals die Klingel abgestellt, weil das Nächte so ging.

Da steht Georg. Sie würden sich nicht an das Gesicht erinnern. Eher vielleicht an den Geruch. Oder an Karla, sie hat immer so eigenartig gelacht im Singkreis und furchtbar falsch gesungen. Da steht eine Reihe von Asylantenfamilien. Über Betroffenheit sind wir nicht hinausgekommen. Bis hin zu den wohlgepflegten Feindbildern, alle stehen sie da. Und wir sagen dann: Aber Christus, wir haben an dich geglaubt, dich besungen, für dich geworben, wir haben zu dir gebetet. Und er sagt: Was ihr denen da in der Reihe vor euch getan habt, das habt ihr mir getan. So einfach.

Dagegen haben sich – verständlicherweise – immer wieder viele gewehrt, nicht nur die, die sich bei einem gnädigen Gott ein solches »Schwarz-weiß-Gericht« nicht vorstellen können, die gerne das »Für uns gestorben« als Befreiung verstehen von der Last, sich selbst durch gute Taten retten zu wollen.

Auch die haben sich gewehrt, die selbst schwach sind, sich überfordert vorkommen, sich selbst kaum helfen können und erst recht nicht anderen. Die sagen: Was soll ich denn noch? Wo bleibe ich? Was muss ich denn noch alles tun, wo die schon an mir zerren und der schon mich nicht in Ruhe lässt?

Auch die wehren sich, die sagen: Was können wir schon tun? Wir sind doch zu schwach. Wenn ich eine Wunde pflege, brechen daneben schon zwei neue auf.

Ich weiß nicht, wo Sie sich einordnen. Es gibt ja auch die, die sagen: Ja, das mach' ich eigentlich. Ich helfe, ich besuche, ich teile. So lesen wir es im Ägyptischen Totenbuch. Der Tote rühmt sich beim Betreten des Totenreiches selbstsicher: »Ich habe Gott zufriedengestellt durch das, was er liebt: Ich habe dem Hungrigen Brot gegeben, dem Dürstenden Wasser, dem Nackten Kleider ...«

Nun kommt etwas hinzu, was leicht überlesen wird. Die kräftige und deutliche Sprache der Bibel lenkt unseren Blick auf Versagen und Gelingen, auf Rettung und Strafe. Man überliest leicht die Überraschung aller Beteiligter. Alle hören den Urteilsspruch und sagen: Was haben wir getan? Oder nicht getan?

Es ist also gerade das Gegenteil von dem, was wir nun eigentlich erwarten würden. Das ist genau nicht die einkalkulierte oder geplante Liebe. Genau nicht das berechnete Teilen des Überflusses. Genau nicht der Verzicht in der Hoffnung auf größeren Gewinn. Genau nicht der Pflichtbesuch im Pflegeheim oder im Krankenhaus. Es muss etwas sein, was unbewusst geschieht. So, dass wir es gar nicht merken. Dass wir überrascht wären, wenn uns einer darauf anspricht. Das Gericht Gottes ist unvorhersehbar, ist nicht kalkulierbar. Das macht es so schwierig, mit dem souveränen Richter umzugehen.

Sowohl die Gedankenlosigkeit angesichts der Opfer, der Not und der Schuld in der Welt verbaut uns den Weg zu Gott – aber ebenso auch die Kalkulation, was wir sozusagen an »Einsatz« bringen müssen, damit es reicht. Dieser Text ist deshalb keine Handlungsanweisung: Besuche Kranke, pflege Arme, schütze Obdachlose. Eigentlich ist das kein ethischer Text, sondern ein christologischer. Der Antwort gibt auf die Frage: Lebt Christus, oder ist er nur ein Produkt unserer Phantasie? Und wenn ja, wie kann ich ihm begegnen?

Christen suchen die Nähe Jesu. Christen erkennt man daran, dass sie die Nähe Jesu suchen, dass sie christusförmig werden wollen. Paulus leitet seinen berühmten Philipperhymnus entsprechend ein: Ein jeglicher sei gesinnt, wie es einer Christus-Gemeinde ziemt: Er, Christus, der in göttlicher Gestalt war, hielt es nicht für einen Raub, Gott gleich zu sein, sondern entäußerte sich selbst und nahm Knechtsgestalt an. Er erniedrigte sich selbst.

Jesus, sagt Paulus, hätte seinen Frieden haben können in Gott. Nötig war das nicht. Aber zum Wesen Gottes gehört, dass er aufgibt, was er hat. Jesus klammert sich nicht krampfhaft an seiner Gottheit fest, an dem, was ihn absichert gegen die Menschen, was ihn trennt. Diese Sicherheit, mit der all die anderen olympischen, germanischen und selbstgestrickten politischen Götter thronen, die geht unserem Gott ab. Ich habe eine ganz besonders treffende Übersetzung dieses Philipperverses gefunden: Jesus Christus beutete seine Gottheit nicht aus.

Das möchte ich als einen Schlüssel nehmen für den heutigen Predigttext. Wir beuten unseren Verstand aus, er wird zur Waffe gegen Mensch und Natur. Wir beuten unsere wirtschaftliche Macht aus, sie wird zur Waffe gegen die Armen und von uns Abhängigen. Wir beuten unsere Beziehungen aus, sie werden zur Waffe gegen die, die sie nicht haben. Wir beuten unsere Zeit aus und verlieren die Fähigkeit zu Spiel und Feier und Spontaneität. Wir beuten unsere Gesundheit aus und wundern uns über den Tod der anderen.

Ausbeuten, das ist der Gebrauch ausschließlich im Blick auf mich, zu meinem Vorteil, zu meiner Sicherheit. Aber ich kann nicht lieben und mich damit absichern wollen. Denn wenn ich liebe, denke ich an den anderen. Ich kann kein Mitleid haben und mir damit selbst etwas Gutes tun wollen. Denn entweder habe ich Mitleid, oder ich kalkuliere die Hilfe für das Opfer.

So wie wir über Jahrzehnte unsere Entwicklungshilfe kalkuliert haben. Abgesehen davon, dass die Kalkulation oft nicht aufging, haben wir die Armen damit selten aus ihrer Armut befreit, allenfalls Abhängigkeiten getauscht.

Ich habe bei Johannes Tauler einen überzeugenden Gedanken gefunden, der sich immer wieder durchhält durch alle seine Predigten: Ich selbst muss leer werden, wenn Christus in mir lebendig werden soll. Wenn ich in mir Platz beanspruche für meine Sicherheit, für meine Ansprüche, dann hat er keinen Platz. Wenn ich reden will, sagt Tauler, dann muss Christus eben schweigen.

So ist es auch mit der Liebe zum Nächsten, mit der Gerechtigkeit, mit dem Frieden. Suche ich Jesus Christus, dann frage ich in Bezug auf Liebe, Gerechtigkeit und Frieden nach den anderen. Christen suchen die Nähe Jesu. Suchen den Frieden für die anderen.

Welche Würde bekommt damit ein Asylant! Welche Würde hat damit ein Arbeitsloser! Welche Würde hat damit der Angeklagte und Verurteilte. Welche Würde hat der Mensch, dem das fehlt, was wir wie einen Raub festhalten, ausbeuten und sichern wollen.

Jesus Christus zeigt uns einen Weg, wie wir ihm begegnen können. Wie die vielen, die ihm zeitlebens begegneten: Kranke, Verbrauchte, disqualifizierte Frauen, störende Kinder, klagende Mütter, verzweifelte Väter.

In der Begegnung mit Jesus finden sie ihren Weg, während er immer deutlicher vom Weg abkommt, »unter die Räder kommt«, keinen Platz hat, wo er sein Haupt hinlegen kann, am Ende nicht einmal ein eigenes Grab. Auf dem Weg zu uns wird »der Höchste« erniedrigt, verjagt, verwundet, geschlagen, verurteilt, bricht zusammen, seine »Erhöhung« ist die des Gekreuzigten. Auf dem Weg zu Jesus werden die Menschen, denen er begegnet, aufgerichtet, üben den aufrechten Gang, erst an seiner Hand, dann selbstständig.

Paulus bezeichnet diesen Weg als »Versöhnung«. Der griechische Begriff für Versöhnung verdeutlicht, was geschieht: katallage heißt wörtlich Tausch, Stellenwechsel. Der Mensch findet seinen Weg in der Begegnung mit einem Gott, der »außer sich« ist, der sich entäußert. Ich komme zu mir – auf Gottes Kosten. Und dort, am »Zahltag Gottes« unter dem Kreuz, gehen uns die Augen auf: Wahrlich, dieser ist Gottes Sohn gewesen! Oder, wie es der Pilatus des Johannesevangeliums ebenso treffend ausruft: Siehe, der Mensch! Mein Weg zu Gott führt sprichwörtlich »über ihn«.

Vertreter der Evangelischen Kirche Deutschlands richteten im Jahr 1948 ein Wort an die Christen in Deutschland, veröffentlicht in Eisenach. Ich will es wieder einmal lesen.

»Sehet, welch ein Mensch!
Seht den verhöhnten und gefolterten, den erniedrigten und beleidigten Menschen, dem die Menschenrechte abgesprochen sind!
Seht das überströmte Angesicht des Menschen, der die Dornenkrone trägt!
Seht ihn, der dem Fluch der Unmenschlichkeit und der Gottlosigkeit dieser unserer Welt preisgegeben ist!
Seht ihn, der in der Gottverlassenheit des Kreuzes hängt!
Er heißt Jesus Christus!
In ihm ward Gott Mensch und unser Bruder. Er ist der Herr, er allein der Retter der verlorenen Welt.
Seht den Menschen, um deswillen er sein heiliges teures Blut vergossen hat und den er seinen Bruder nennt!
Seht den Menschen, den Gott richtet und dem Gott vergibt!
Seht den Geringsten seiner Brüder als den Menschen Gottes an, nach Gottes Bild geschaffen und durch Gottes Erbarmen erlöst!
Achtet die zertretene und geschändete Würde des Menschen von Neuem um Gottes willen!
Opfert den Menschen nicht länger den Götzen der Macht und des Geldes!
Lasst um Gottes willen davon ab, den Menschen zum Mittel für eure Zwecke zu erniedrigen! Seht ihn, welcher Rasse oder welchem Volk, welcher Klasse oder Partei er auch angehören mag, zuallererst als Gottes Menschen!
Erbarmt euch über sein Elend, seine Not und seine Schuld! Bestehlt und betrügt ihn nicht! Plündert ihn nicht aus!
Erbarmt euch des Verschleppten, Heimatlosen, Gefangenen, des Entrechteten und Geknechteten in aller Welt! Gebt ihm das Recht, das der Gott der Gerechtigkeit ihm zuspricht!

Gebt ihm die Freiheit, ohne die er nicht Mensch sein kann! Gebt ihm das Brot, das Gottes Güte ihm gönnt! Gebt ihm die Arbeitsmöglichkeit, ohne die er an Leib und Seele verkommt!
Trennt ihn nicht von dem Menschen, zu dem er gehört als Glied seiner Familie, als Glied seines Volkes!
Hört auf mit dem Vergelten und Richten, mit dem Hass und der Rache!
Besudelt eure Hände nicht von neuem mit Menschenblut, mit Bruderblut!
Zertretet den Funken des Krieges, ehe er zum neuen Weltbrand wird!
Rottet jeden Gedanken an den Krieg als euren Retter in euch aus! Sucht vielmehr Frieden miteinander in dem Gott, der ein Gott des Friedens ist!
Seid Menschen, die Gott loben und sich seiner Gnade freuen dürfen!
Seid Menschen, die wieder hoffen dürfen!
Wir bezeugen und verkündigen euch, dass der Mensch noch eine große Zukunft hat, die offenbar werden wird, wenn unser Bruder und Heiland an seinem Tage in seiner Herrlichkeit erscheint!
Um dieser Zukunft willen rufen wir euch alle:
Seht den Menschen!«

(veröffentlicht in Gerhard Engelsberger, Aus Überzeugung evangelisch, Stuttgart 2012, S.56f)

Wenn wir heute, viele Jahre danach, über die Menschen in Syrien, in Afrika oder einfach in den Krisengebieten, die uns die Nachrichten unter die Nase, vor Augen und gelegentlich an die Nieren halten, den Stab brechen und selbst aber die Grenzen bei uns dichter machen wollen, dann reicht allein dies als Beweis, dass wir aus all dem Schlimmen nichts gelernt haben.

Die Ströme werden wachsen. Mit Grenzen und Geld und Macht werden wir sie nicht stoppen können.

Es gibt keine Alternative zur Liebe. Aber wer nimmt uns die Angst? Wir Deutsche suchen nicht die Nähe Jesu, wir fühlen uns am wohlsten unter uns.

Herr, heile unseren Geist, damit wir dich sehen. Nimm uns die Angst, damit wir dir begegnen. Mach uns zu Werkzeugen deiner Gerechtigkeit.

Erntedank

Meditation: »Eine Stunde Flug mit dem Falken« – Erntedank, der (un)heimliche Mittelpunkt des Kirchenjahres

Traut man den Statistiken, dann hat das Erntedankfest seit Jahrzehnten nicht nur Pfingsten den Rang abgelaufen, sondern längst auch Ostern und Karfreitag. Allein der Heilige Abend und hier und dort die Konfirmation locken noch so viele Besucher in unsere Kirchen wie Erntedank. Haben wir uns nicht mehr auf eine »Gottesfinsternis«, sondern doch eher auf eine »Christusfinsternis« einzustellen?

Wenn Christen den Kasus Erntedank nicht nur mit einem »ach Gott, schon wieder«, sondern mit einem dankbaren Staunen über die trotz aller menschlicher Eingriffe doch noch »wunderbare Erde« begehen und gleichzeitig den zweiten Glaubensartikel nicht vergessen wollen, dann wird daraus in heutiger Zeit leicht ein Spagat, weil kaum noch jemand Schöpfung und Christus zusammendenkt, es sei denn, man nähere sich tatsächlich der Vorstellung des so verpönten »kosmischen Christus« und hätte dazu etwas zu sagen!

So ist auch in den Liedern des neuen Evangelischen Gesangbuchs zum Thema Erntedank von allerlei »Fröschlein, Würmlein, Vögelein und Wasserbächen«, auch vom »dunklen Wald« und der »unverdrossnen Bienenschar«, schließlich auch von der »Mutter Erde« die Rede, aber nicht von Jesus Christus. Was kennzeichnet ein christliches Erntedankfest? Wie überwinden wir das »christologische Defizit« an Erntedank? Oder ist es uns nicht so wichtig?

Eine vorsichtige, vielleicht zweifelhafte Brücke: die Reichen, die auf ihrer Habe sitzen, als »Gegen-Person« zu Jesus Christus, der sich selbst an uns »verteilt«.

Für mich wichtiger: Pessach, Passa ist das Fest der Neuschöpfung, des neuen Tempels, der nach unserer christlichen Überzeugung am

Kreuz endgültig errichtet ist. Diese Spur möchte ich in dieser Meditation weiterverfolgen, weil mir Doxologie die einzig mögliche Redeform zu sein scheint, die tatsächlich die aufgezeigte Kluft überwindet.

Wenn Predigt – praedicatio – die Sprachform ist, die »das zu Sagende in seinem Glanz erscheinen lässt« (Martin Heidegger), dann stellt sich an Erntedank sofort die Frage: Wer oder was soll bei diesem Kasus »in seinem Glanz erscheinen«? Ist es die Schönheit der Früchte und »Gaben«, dargestellt in Form der Erntedankgaben auf dem Altar? Ist es der »Schöpfer« oder sein Werkzeug, wenn es denn verantwortlich mit der Schöpfung umgeht? Ist es der ganze Kosmos in seinem Faszinosum und Tremendum, oder ist es Christus??

Schon dass uns an dieser Stelle der Wunsch überkommt, zu »differenzieren«, ist ein Zeichen dafür, wie sehr die Doxologie unter uns verkümmert ist. In der Doxologie werden die Dinge wieder eins: Kosmologie und Christologie, Schöpfer und Geschöpf. Stellvertretend sei hier auf Kolosser 2,15–19 verwiesen.

Doxologie außerhalb des liturgischen Rahmens wird den meisten Hörerinnen und Hörern eher fremd, Dankbarkeit dagegen eher nah sein. Eine Blitzumfrage der Konfirmanden bei den Gottesdienstbesuchern am Sonntag vor Erntedank wird ergeben, dass Dankbarkeit zu den am höchsten gehandelten Werten in der christlichen Gemeinschaft und dort insbesondere in der älteren Generation gehört. Wer »den Krieg noch erlebt hat« – eine Selbstbezeichnung, die offensichtlich die Lebensgefühle einer ganzen Generation zu beschreiben in der Lage ist –, wird unschwer Arnim Juhres »Lied vom Denken und Danken« mitsprechen können:

»Ich hab die Faser nicht gesponnen,
die Stoffe nicht gewebt,
die ich am Leibe trage –
ich habe nicht die Schuhe,
die Schritte nur gemacht.
Wer mich ansieht –
sieht viele andere nicht –
die mich ernährt, gelehrt, gekleidet haben,
die mich geliebt, gepflegt, gefördert haben.
Mit jedem Schritt gehn viele Schritte mit.
Mit jedem Dank gehn viele Gedanken mit.

Ich habe nicht gelernt, zu schlachten –
zu pflügen und zu säen –
und bin doch nicht verhungert.
Ich kann nicht Trauben keltern
und trinke doch den Wein.
Ich habe die Städte nicht entworfen,
die Häuser nicht gebaut –
und habe doch zu wohnen.
Ich kann nicht Ziegel brennen,
und doch schützt mich ein Dach.«

(Aus: Wir stehn auf dünner Erdenhaut. Psalmen und Gedichte. © Arnim Juhre)

Es wäre der Mühe wert, zu den einzelnen Sätzen aus A. Juhres Gedicht biblische Entsprechungen zu suchen, die doxologischen Charakter haben. Zum Beispiel:

Ich hab die Faser nicht gesponnen, die Stoffe nicht gewebt, die ich am Leibe trage.

Ich freue mich im Herrn, und meine Seele ist fröhlich in meinem Gott; denn er hat mir die Kleider des Heils angezogen und mich mit dem Mantel der Gerechtigkeit gekleidet ... Denn gleichwie Gewächs aus der Erde wächst und Same im Garten aufgeht, so lässt Gott der Herr Gerechtigkeit aufgehen und Ruhm vor allen Heidenvölkern.

(Jes 61,10f)

Ich habe nicht die Schuhe, die Schritte nur gemacht.

Ich lobe den Herrn, der mich beraten hat; auch mahnt mich mein Herz des Nachts. Ich habe den Herrn allezeit vor Augen; steht er mir zur Rechten, so werde ich fest bleiben. Darum freut sich mein Herz, und meine Seele ist fröhlich.

(Psalm 16,7ff)

Ich habe die Städte nicht entworfen, die Häuser nicht gebaut – und habe doch zu wohnen.

Preise, Jerusalem, den Herrn; lobe, Zion, deinen Gott! Denn er macht fest die Riegel deiner Tore und segnet deine Kinder in deiner Mitte. Er schafft deinen Grenzen Frieden ...

(Psalm 147,12ff)

Ich habe nicht gelernt, zu schlachten – zu pflügen und zu säen – und bin doch nicht verhungert.

> *Ich will dich erheben, mein Gott, du König, und deinen Namen loben immer und ewiglich. Ich will dich täglich loben und deinen Namen rühmen immer und ewiglich. … Aller Augen warten auf dich, und du gibst ihnen ihre Speise zur rechten Zeit. Du tust deine Hand auf und sättigst alles, was lebt, nach deinem Wohlgefallen.*
> (Psalm 145, 2.15f)

Jesus scheint sich nach den Berichten der Evangelien insbesondere mit der jüdischen Tempelaristokratie auseinandergesetzt zu haben. Die Ankündigung der Zerstörung des Tempels und der Wiederaufrichtung eines neuen Tempels in drei Tagen gehört fest zur Anklage- und Prozesstradition.

Mich fasziniert die Gegenüberstellung des alten und des neuen Tempels mit der vollen Scheune des reichen Kornbauern. Der »alte« Tempel – ein Ort der Händler, der Tempelsteuer, des Tempelschatzes, des religiösen Tourismus, auch des religiösen Besitzdenkens (nicht nur in Auseinandersetzung mit den Christen, längst zuvor mit Samaria und dem Garizim). Natürlich will ich nicht in historischen Reminiszenzen verweilen, zu deutlich ist die Parallele zu unserer »verfassten« Kirche. Wir wünschen das »volle Haus«, auch wenn uns die Minderheit verheißen ist. Und wir tun gut daran. Allerdings sind wir uns selbst oft das größte Hindernis. Die Vorläufigkeit der Kirche ist uns bewusst, nur handeln wir anders. Es ist auch schwierig, sich selbst überflüssig zu machen. Und so hetzen wir durch die Tage, träumen von der Fülle, jammern über die Leere und drehen uns dabei um uns selbst. Nicht die gesegnete Ernte ist das Problem des Kornbauern, auch nicht die Zahl der Kirchenaustritte das eigentliche Problem der Kirche. Wie es überhaupt nicht um Mehr oder Weniger geht, sondern um den tödlichen, jede Menge Energie verbrauchenden Kreislauf des andauernden Messens. Es suggeriert ein letztlich doch erreichbares Ziel, eine machbare Ruhe, eine mögliche Perfektheit. Sie will die Liebe Gottes nicht, sie will nicht angewiesen sein.

Und so begegnet das Wortfeld pleonexia (Habgier, »Übergriff«) und ploutos (reich, wörtl.: »voll gefüllt«) in vielfacher Weise in den neutestamentlichen und frühkirchlichen Mahnungen an die Verantwortlichen der Gemeinden. Offensichtlich sind die Leitenden am meisten anfällig für »Reichtum«, Grenzüberschreitung, »Maß-Nahmen«, falsche Sorge und trügerische Selbsteinschätzung.

Rabbi Jechiel Michal lebte in großer Armut, doch verließ ihn die Freude nicht für eine Stunde. Jemand fragte ihn, wie er jeden Tag beten könne: »Gesegnet, der mir alles, dessen ich bedarf, gewährt«? Er wisse doch, dass ihm alles, wessen ein Mensch bedarf, mangele. »Sicherlich ist, wessen ich bedarf, eben die Armut, und die ist mir ja gewährt«, antwortete der Zaddik. (M. Buber, S. 243)

Man könnte im Laufe eines Gottesdienstes die herrlichen Früchte, das Obst, das Getreide, eben die »Erntedankgaben« auf dem Altar, durch Kinder oder Konfirmanden an die Gemeinde verteilen, bis nichts mehr auf dem Altar verbleibt als Brot und Wein, deutlicher Hinweis auf den Christus, auf das Abendmahl, auf die Fülle der uns geschenkten Gnade in diesen doch eher bescheidenen Elementen: mit vollen Händen verteilen, mit leeren Händen danken. Damit wird einerseits sichtbar, »genießbar«, worauf wir uns verlassen. Andererseits wird deutlich, dass Teilen Spaß macht – und darüber hinaus Zugänge freilegt zum »Herzen Gottes«.

Rabbi Mosche Löb sprach:

»Wie leicht ist es für einen armen Mann, sich auf Gott zu verlassen – worauf sonst könnte er sich verlassen? Und wie schwer ist es für einen reichen Mann, sich auf Gott zu verlassen – alle seine Güter rufen ihm zu: ›Verlass dich auf mich!‹«
(Buber, S. 543)

Die Mystiker überliefern immer wieder die gleichen Gedanken: Wir müssen leer werden, dass Gott in uns einziehen kann.

»Willst du sprechen, so muss Gott schweigen. Gib dem Wort Raum in deiner Seele, leere sie, dass Gott in dir geboren werden kann.«
(Johannes Tauler)

Rainer Maria Rilke schließt sein Gedicht »Herbsttag« mit folgenden Worten:

»Wer jetzt kein Haus hat, baut sich keines mehr.
Wer jetzt allein ist, wird es lange bleiben,
wird wachen, lesen, lange Briefe schreiben
und wird in den Alleen hin und her
unruhig wandern, wenn die Blätter treiben.«

Wer jetzt kein Haus hat, baut sich keines mehr. Wer jetzt allein ist, wird es lange bleiben. Ist es das, was uns zur Sorge treibt, die Scheunen übervoll füllen lässt? Ist es die Sehnsucht, ein Haus, eine Bleibe zu haben über den langen Winter? Ist es die Angst vor dem Alleinsein, vor dem Angewiesensein, vor dem Ausgeliefertsein?

Die Freude über eine gute Ernte, beruflichen Erfolg, einen reichen Erntedankaltar oder die volle Kirche ist berechtigt. Uns soll nicht die Freude genommen werden. Uns soll die Sorge genommen werden.

Lasst uns den übervollen, den reich geschmückten Erntedankaltar abbauen, auflösen, die Gaben verteilen.

Was wir jetzt tun, hat Gott getan. Er hat »von Herzen gegeben«. Der alte Tempel ist abgerissen, der neue Tempel in seiner Schönheit am Kreuz aufgerichtet, damit wir die Sorge um »unser Haus« los sind.

Nicht der, der die Scheune voll und sein Leben abgesichert hat, kann richtig Erntedank feiern. Richtig Erntedank feiert der, der in der Leere Fülle, in seinem Elend Gott gefunden hat, bevor der Winter kommt.

Nun lass es gut sein.

Überlass dich dem Frieden Gottes: Deine Ehe, deinen Beruf, den Brief, an dem du nun schon vier Tage schreibst, deine Vergangenheit, Schuld, die dich als Angst einholt – lass es gut sein. Schau die Vögel am Himmel an, sagt Jesus auf dem Berg, schau sie dir an, sie säen nicht, sie ernten nicht, sie organisieren keine Depots und leben doch. Schau an, wie der Falke hoch oben, noch über den bizarren Oktoberwolken, seine Kreise zieht. Ganz ohne Flügelschlag lässt er sich tragen und hat Freude am Spiel, vergisst die Mäusejagd und macht keine Pläne für morgen. Lass es gut sein. Du hast Haus und Bleibe und Fülle. Du darfst aufatmen und kannst danken. Lass es gut sein.

Die Engel Gottes, Freunde, Weggefährten – die es gut mit uns meinen – lösen mit geschickter Hand die Fessel um unsere Seele und schenken uns eine Stunde Flug mit dem Falken oder Blühen mit der Rose oder Staunen mit dem Kind. Wir sind nicht alleingelassen, wir haben ein Haus, das uns birgt. So kommen wir nicht nur gut über den Winter. Wir werden Hausgenossen Gottes.

(Literatur:
Arnim Juhre, Wir stehn auf dünner Erdenhaut, Psalmen und Gedichte, Hamburg, 1979; Martin Buber, Die Erzählungen der Chassidim, Zürich 1990)

Im Geringsten treu

Psalm 104 in Auswahl

Die folgenden »Gegenstände« werden zum Altar gebracht und dort »aufgestellt«.

Dazu wird ein kurzer biblischer Impuls gelesen und ein kurzes Gebet gesprochen:

Bibel:

»Der Mensch lebt nicht vom Brot allein, sondern von jedem Wort, das aus dem Mund Gottes kommt.«
(5. Mose 8,3)

Wir danken Gott für sein Wort. Wir danken Gott, dass er sein Wort nicht für sich behalten hat. In Jesus können wir Gottes Wort verstehen. Jesus Christus ist Gottes Wort für die Welt.

Osterkerze:

»Christus spricht: Ich bin das Licht der Welt, wer mir nachfolgt, wird das Licht des Lebens haben.«
(Joh 8,12)

Wir danken Gott für das Licht in der Welt. Für Sonne, Mond und Sterne. Wir danken ihm für das Licht des Lebens, das er uns schenkt in seinem Sohn. Wir danken Gott für seine Auferstehung, in der Tod und Finsternis besiegt sind.

Brot:

»Jesus nahm das Brot, dankte und brach's und gab's den Jüngern.«
(Matth 26,26)

Wir danken Gott für unser tägliches Brot, für die Nahrung, die uns gesund erhält. Wir danken für eine gute Ernte und dafür, dass wir von schlimmen Unwettern verschont geblieben sind. Wir danken Gott, dass wir so viel haben, dass es uns möglich ist, mit denen zu teilen, die Hunger leiden.

Krug mit Wasser:

> *Wohlan, die ihr durstig seid, kommt her zum Wasser! Und die ihr kein Geld habt, kommt, kauft und esst! Kommt her und kauft ohne Geld und umsonst Wein und Milch!«*
> (Jes 55,1)

Gott lädt alle ein. Wasser, Wein und Milch umsonst. Noch gibt es reichlich Wasser bei uns. Dafür danken wir Gott. Und bitten ihn um seinen Geist, damit wir mit alledem, was er uns umsonst schenkt, so verantwortlich umgehen, dass auch die Menschen nach uns noch davon leben können.

Wir wollen Gott loben, für alles, was er uns schenkt.

Für das Große und für das Kleine.

Stellvertretend für all das, was wir in diesem Jahr geerntet haben, bringen N.N. und N.N. eine Handvoll Sonnenblumenkerne und eine Sonnenblume.

Es ist ein Wunder, was aus dem kleinen, unscheinbaren Samen wird, wenn Sonne, Erde und Wasser das Ihre dazutun. Jesus Christus sagt: Es reicht, wenn euer Glaube so groß ist wie ein Samenkorn, wie ein Senfkorn. Entscheidend ist, dass man ihn nicht für sich behält. Wer Samen hortet, erhält nie eine Frucht. Wer seinen Glauben nicht mitteilt, wird auch die Wunder nie sehen, die Gott uns im Glauben schenkt.

Lasst uns Gott loben, der Großem und Kleinem in seiner Liebe Leben und Wachstum schenkt. Wir hören die Worte des Erntedankpsalms. Es ist der Schöpfungspsalm 104.

Lesung Psalm 104
(im Wechsel von verschiedenen Mitwirkenden gesprochen)

Glauben, so groß wie ein Senfkorn, genügt, sagt Jesus. Er richtet auch sonst unseren Blick immer wieder auf das Kleine, Unscheinbare: auf die Kinder unter uns, auf den Splitter im eigenen Auge, auf das eine Schaf unter Hunderten, auf die kleine, kaum wertvolle Pfennigmünze, die die Frau verloren hat.

Wir haben um den Altar herum viele Teller mit Samen aufgebaut: Senf, Weizen, Gerste, Roggen, Gurken, Erbsen, Bohnen, ganz verschiedene Blumen, Kürbis, Karotten, Rettich, Radieschen, Paprika – alles Mögliche, vom Allerkleinsten bis zum Kleinen. Manche Samen sind so klein, dass man sie nicht einmal erkennt. Man muss schon viele hundert in einen Teller geben, dass man sie wahrnimmt. Es ist eine richtige kleine Samenausstellung geworden. Schaut sie euch nachher ganz in Ruhe an. Und in so einem kleinen Samenkorn, das man auf zwei Meter schon gar nicht mehr sieht, steckt alles drin, was nachher eine wunderschöne große Blume gibt.

Jesus richtet unseren Blick auch auf das Kleine. Normalerweise überzeugt uns das Große. Der Sternenhimmel bei klarem Wetter. Ein großartiges Erlebnis. Ein großer Wasserfall. Das große Meer. Die hohen Gebirge, 4000 Meter hoch und noch mehr. Der große Sturm und die hohen Wellen. Die Wolkenkratzer und großen Dome. So, dass man fast meinen könnte, Gott sei für das Große, für das Großartige zuständig. Und im Kleinen, im Geringen, im Detail steckt der Teufel.

Wir haben am letzten Sonntag im Kindergottesdienst ganz kleine Bodenproben oder Wasser aus unserem Teich anschauen können. Nicht nur wie im Mikroskop eine Schicht, sondern richtig räumlich, so, wie wenn man auf einem hohen Berg steht und in eine tiefe Schlucht schaut, so sieht ein Häufchen Erde aus. Und Erde ist auch gar nicht braun, sondern vielfarbig bunt, als ob viele Edelsteine da lägen. Und dazwischen Lebewesen, die man mit dem bloßen Auge nie sieht, mit einer wunderbaren Gestalt.

(Körbchen mit Gartenerde zeigen)

In so einem Körbchen mit Gartenerde leben viele Milliarden kleinster Lebewesen und Organismen. In einer Handvoll Erde gibt es mehr Lebewesen, als Menschen auf der ganzen Erde wohnen. Bis wir mit der Giftspritze oder dem Unkrautmittel darübergehen. Dann nicht mehr. Und wie leichtfertig gehen wir alle damit um. Mit diesem milliardenfachen Leben um uns.

Der Volksmund hat tatsächlich Recht, wenn er sagt: Der Teufel steckt im Detail. Es ist viel einfacher, auf die Landwirtschaft zu schimpfen, als im Kleinen selbst auf alle Gifte zu verzichten. Es ist viel einfacher, die Kälte unter uns zu beklagen, als sich konkret um die alleinstehende Nachbarin zu kümmern. Es ist viel einfacher, über Krieg und Frieden zu diskutieren, als den lieb zu haben, der mich hinter meinem Rücken runtermacht bei anderen. Es ist viel einfacher, den Wert der Familie hochzuheben, als mit der eigenen, langsam alt werdenden

Mutter in Ehrfurcht umzugehen. Es ist einfacher, über Altersheime zu schimpfen und den Stumpfsinn, der in ihnen herrsche, als den eigenen Vater zu Hause zu pflegen. Im Detail entscheidet es sich, ob ich ein Mensch des Friedens bin, ein Freund der Schöpfung und ein guter Sohn.

Jesus sagt: Wer im Geringsten treu ist, der ist auch im Großen treu. Unser Glaube entscheidet sich im Detail, im Kleinen. Im Kleinen unserer Gemeinde entscheidet sich, ob der Wurm drin ist oder Gottes Heiliger Geist.

»Ein junger Mann betrat im Traum einen Laden. Hinter der Theke stand ein Engel. Hastig fragte er ihn: ›Was verkaufen Sie, mein Herr?‹ Der Engel antwortete freundlich: ›Alles, was Sie wollen.‹ Der junge Mann begann aufzuzählen: ›Dann hätte ich gern das Ende aller Kriege in der Welt, bessere Bedingungen für die Randgruppen der Gesellschaft, Beseitigung der Elendsviertel in Lateinamerika, Arbeit für die Arbeitslosen, mehr Gemeinschaft und Liebe in der Kirche und ... und ...‹
Da fiel ihm der Engel ins Wort: ›Entschuldigen Sie, junger Mann, Sie haben mich falsch verstanden. Wir verkaufen keine Früchte, wir verkaufen nur den Samen.‹«
(Willi Hoffsümmer, 255 Kurzgeschichten, Mainz 1983, Umschlag)

Kraft aus der Ruhe – Erntedankansprache im Altenheim

1. Mose 1,1–2,4a

Gott heiligt den siebten Tag. Gott ruht am siebten Tag. Und aus dieser Ruhe entsteht Segen für Tier und Pflanze, für Mensch und Erde.

Je älter wir werden, umso wichtiger wird uns das.

Sie haben ja zum Teil Tage, Wochen oder gar Jahre erlebt, in denen nicht die Spur von Ruhe möglich war. Kriegsnähe und Tage der Verfolgung, Aufbauzeit und Familiendurcheinander, Krankheit und Trennung.

Es ist ein eigenartiger, aber ganz verständlicher Gedanke, dass alles zur Ruhe kommen muss, damit Kraft und Energie entsteht für neues Leben. Selbst Gott kommt zur Ruhe. Selbst Gott legt die Schöpferhände in den Schoß und lässt es für heute gut sein. Geborgen in diesem Segen kann ich mich wirklich ausstrecken, kann Atem schöpfen. Nichts, was mich bedroht. Nichts, was etwas fordert. Nichts, was mir einen Gedanken, eine Sorge abverlangt.

Das ist unvorstellbar, nicht wahr? Ist es nicht so, dass wir das Sorgen überhaupt nicht lassen können? Selbst das Denken können wir nicht lassen. Dies und das beschäftigt uns. Wir tragen uns durch die Tage, es begleitet uns durch schlaflose Nächte oder begegnet uns wieder in unseren Träumen. Als ob wir nie zur Ruhe kämen.

Aber kann einer, der nie zur Ruhe kommt, wirklich »danke« sagen? Muss er nicht das »Danke« einschränken und sagen: Ja, für dies danke ich, aber das andere ist noch offen.

Für meine Gesundheit danke ich, aber meine Familie ist nicht so, wie sie sein sollte.

Ja, für die Familie danke ich, aber da ist so ein Stechen in der Magengegend, ein Druck im Herzen.

Ja, für die Ernte danke ich, aber kann ich weiter mit meinen vielen Schulden leben?

Ja, für meine Liebe danke ich, aber geht sie nicht auch einmal zu Ende?

Ja, für diesen Tag danke ich, aber was ist morgen, Gott?

Sind nicht alle unsere Sätze, in denen wir »danke« sagen, nicht gleichzeitig doch »Ja, aber«-Sätze?

So verstehe ich das. Es ist eine Zeit, in der kein »aber« folgt nach dem »Ja«.

Wem sage ich das: Nach einem Leben, und sei es noch so erfüllt und an Jahren gesegnet, folgt ein »aber«.

Es gibt drei Tage, von denen die Bibel erzählt, an denen es ein solches Aber nicht mehr gegeben hat oder gibt. Das ist der siebte Schöpfungstag, an dem selbst Gott ruht und alles gut ist. Das ist der Ostermorgen, an dem der Tod ausgelacht und besiegt ist, und es ist der Tag, an dem ein neuer Himmel und eine neue Erde ein vollkommen neues Buch unseres Lebens öffnen, in dem von Not und Tränen und Trennung und Angst nicht mehr, nie mehr die Rede sein wird.

Aus solcher Ruhe kommt unsere Lebenskraft.

Aus solcher Ruhe wird es uns schon heute leicht, wenn wir wenigstens ein wenig das Sorgen und Denken und Tun lassen können.

Es ist ein Segen, wenn das schon im Leben gelingt. Gott hat uns dafür den Sonntag geschenkt, den Tag, an dem wir uns an die Auferstehung Jesu und an die Güte der Schöpfung erinnern und unser Sorgen lassen können. Es ist der größte Dank, zu dem ein Mensch fähig ist im Angesicht seines Schöpfers, wenn er das Sorgen lässt und es gut sein lässt. Am vergangenen Sonntag haben wir die Woche mit dem Wochenspruch aus dem 1. Petrusbrief begonnen: Alle eure Sorge werfet auf ihn, denn er sorgt für euch.

Ich wünsche Ihnen, dass Sie dies mehr und mehr lernen, es gut sein lassen können, dass Sie weglegen, Gott sorgen lassen können, zur Ruhe kommen und aus dieser Ruhe Kraft schöpfen für den neuen Tag.

Alles in der Scheune? – Erntedankansprache im Altenheim

Lukas 12,13–21

Wie ist das mit Ihnen? Haben Sie alles in der Scheune?

Menschen brauchen Vergewisserung. Ein Zuhause für die »aufgeschreckten Seelen«; einen Platz, der nicht schon wieder umstritten ist und erkämpft werden muss. Was gestern noch als richtig galt, muss sich heute neu rechtfertigen und ist morgen verpönt. Kurz ist die Atempause zwischen »Hosianna« und »Kreuzige ihn«, zwischen Golfkrieg und Fußballweltmeisterschaft, zwischen Säen und Ernten. Als Fortschritt gilt heute die Verkürzung der Flugzeit zwischen Frankfurt und London. Einen Wimpernschlag zurück lud man gegenseitig Bomben ab und tausendfachen Massentod, zwei Wimpernschläge zuvor verbrannte man gegenseitig zur See die Schiffe um Seide, Gewürz und die rechte Religion.

Die Zweifler sagen: Zu viel Vertrauen wird bestraft. Gegen den Tod ist kein Kraut gewachsen. Kriege wird es immer geben. Mit der Bergpredigt kann man die Welt nicht regieren. Zurückgekommen ist noch keiner. Das Leben erweist sich am Ende als ein großes, leeres Versprechen. Nach dem Versiegen der Quellen haben sich die resignierten Menschen auf einen langen Karsamstag, auf das Schweigen, auf das Hin- und Hergeschobenwerden eingestellt. Was bleibt?

Was bleibt? Was gilt? Was trägt? »Nun von dir selbst in Jesus Christ die Mitte selbst gewiesen ist, führ uns dem Ziel entgegen«, schreibt Jochen Klepper, Opfer des Zeitenflugs.

Ich kann es gut verstehen, dass die Generation meiner Eltern und Großeltern bei all dem, was sie kommen und gehen sehen hat, ich kann es gut verstehen, wenn sie sparen, vielleicht sogar anhäufen. Wenn ihnen Werte wie Sicherheit und Schutz und Eigentum wichtig sind.

Das geht ja lebenslang eigentlich so, wie es der Volksmund sagt: Man möchte sein Schäfchen im Trockenen haben. Die Lebensversicherung, das eigene Haus, damit ich unabhängig bin. Man möchte die Kinder in einem guten Beruf untergebracht wissen. Möchte sie glücklich wissen in ihrer Familie. Macht dann oft noch den Fehler, dass man sich zu viel kümmert, zu viel Korn in deren eigene Scheune sammeln will. Aber man will sie eben gut versorgt wissen. Sie sollen es einmal besser haben.

Und so geht es eigentlich das ganze Leben durch. Nach dem Motto: »Was man hat, hat man« versucht man sich und die Familie zu versorgen, abzusichern, die Scheune zu füllen.

Zwei Gedichte von Rainer Maria Rilke liebe ich besonders. Ich will sie Ihnen heute beide lesen. Das erste heißt »Herbsttag«.

Herr: es ist Zeit. Der Sommer war sehr groß.
Leg deinen Schatten auf die Sonnenuhren,
und auf den Fluren lass die Winde los.

Befiehl den letzten Früchten voll zu sein;
gib ihnen noch zwei südlichere Tage,
dränge sie zur Vollendung hin und jage
die letzte Süße in den schweren Wein.

Wer jetzt kein Haus hat, baut sich keines mehr.
Wer jetzt allein ist, wird es lange bleiben,
wird wachen, lesen, lange Briefe schreiben
und wird in den Alleen hin und her
unruhig wandern, wenn die Blätter treiben.

Herbsttag (Rainer Maria Rilke, Die Gedichte, Frankfurt 1987, S. 344)

Ist es das? Wer jetzt kein Haus hat, baut sich keines mehr. Wer jetzt allein ist, wird es lange bleiben.

Ist es das, was uns zur Sorge treibt, die Scheunen übervoll füllen lässt mit Eigentum? Ist es die Sehnsucht, ein Haus, eine Bleibe zu haben über den langen Winter? Ist es die Angst vor dem Alleinsein, vor dem Angewiesensein, vor dem Ausgeliefertsein?

Ich habe viele Besuche gemacht. Bedrückende Besuche, auch bei alten Menschen. Eine Frau, knapp 80, sagte mir – ob nun schon etwas verwirrt oder nicht, wer weiß das so genau? –, sie sagte: Das dürfte doch nicht erlaubt sein, was man mit uns macht. Die machen mit uns, was sie wollen. Wir haben nichts mehr zu sagen. Wir sind entmündigt.

Ist es diese Angst, eines Tages, vor allem dann im Herbst und Winter des Lebens, nicht mehr gestalten zu können, nur noch Abhängigkeit und Warten?

Ich will den reichen Kornbauern nicht zum bösen Kapitalisten machen, so redet Jesus nicht von ihm. Der reiche Kornbauer ist einer, den wir betrauern sollten. Er ist arm dran. Er ist eigentlich ein verzweifelter Mensch, ein armer Tropf. Er hat das Geschenk des Lebens nicht ausgepackt. Schauen Sie, so wie ich dieses kleine Paket zugebunden habe, eingewickelt, eingepackt, damit ja nichts herausfällt und passiert, so hat er sein Leben eingepackt. Er hat es vor lauter Angst gar nicht gelebt. »Wer jetzt kein Haus hat ...« Das ist das eine Gedicht. Das andere heißt »Herbst«.

Die Blätter fallen, fallen wie von weit,
als welkten in den Himmeln ferne Gärten;
sie fallen mit verneinender Gebärde.

Und in den Nächten fällt die schwere Erde
aus allen Sternen in die Einsamkeit.

Wir alle fallen. Diese Hand da fällt.
Und sieh dir andre an: es ist in allen.

Und doch ist Einer, welcher dieses Fallen
unendlich sanft in seinen Händen hält.

Herbst (Rainer Maria Rilke, Die Gedichte, Frankfurt 1987, S. 346)

Das ist ein etwas anderer Herbst. Da ist auch Fallen. Selbst Einsamkeit wird nicht geleugnet. Es ist ein sehr offenes Eingeständnis: Der Herbst des Lebens ist geprägt vom Fallen. Und doch beschreibt der Dichter das Fallen ohne Angst, ohne Hast. Er versucht nicht, mit letzter Gewalt und großem Aufwand ein Netz zu spannen unter das fallende Blatt, versucht nicht, den Herbst aufzuhalten aus Angst vor dem Winter. Er sagt auch, warum:

»Und doch ist Einer, welcher dieses Fallen unendlich sanft in seinen Händen hält.«

Das ist wahrscheinlich die Weisheit und die Kraft des Herbstes, das Loslassen-Können. Die Gelassenheit. Die fehlt dem reichen Kornbauern – und uns armen Tröpfen fehlt sie oft auch.

Die Sicherheiten um unser Leben abbauen, das Geschenk öffnen, zulassen, dass es auch fällt, weil »einer dieses Fallen sanft in seinen Händen hält«. In Sicherheiten »verwickelt«, nach allen Seiten angebunden und festgezurrt, abgesichert und gehalten – wie soll man da leben?

Es kommt nicht darauf an, alles in der Scheune zu haben. Es kommt darauf an, die Hand zu entdecken, die mich hält. »Reich sein bei Gott«, sagt Jesus.

In einem meiner Gedichte habe ich versucht, das in meine Worte zu fassen, so wie ich mir wünschte, dass ich glauben könnte. So wünsche ich es Ihnen auch. Im Herbst des Lebens, angesichts fallender Blätter, sollten Sie die Sorge um den Vorrat in Ihrer Scheune sein lassen und Ihr Leben ganz Gott anvertrauen.

Woher ich auch komme,
dein Licht war mein Weg.
Wohin ich auch gehe,
deine Hand ist mein Steg.

Und wer ich auch war,
am Anfang warst du.
Wer immer ich werde,
du kommst auf mich zu.

Was war und was sein wird,
was bleibt und was hält:
Du lebst, und das zählt, Herr,
in unserer Welt.

Du lebst, ich kann hoffen,
du schenkst mir den Sinn,
so bleibe ich offen,
wer immer ich bin.

(Gerhard Engelsberger, Des Hutmachers Traum.
Singgeschichten durch das Kirchenjahr, Gütersloh 2012, S. 33)

Nicht der, der die Scheune voll und sein Leben abgesichert hat, kann richtig Erntedank feiern. Richtig Erntedank feiert der, der Gott gefunden hat, bevor der Winter kommt.

Luft und Leben

Wie bekommt ein Mensch die »Luft« mit?
Dann, wenn sie bewegt ist.
Als Wind, als Sturm.
Ich blase einen Drachen an.
Dann sieht man die Luft.
Dann tut sich was.
Bäume biegen sich.
Blätter wirbeln auf.
Am Meer treibt es dir den Sand in die Augen,
in der Wüste nicht anders.

Die Menschen der Bibel denken erst einmal ganz einfach.

Und das ist gut so.

Sie haben noch keine Landkarten. Sie rechnen noch nicht in Millibar, Tiefdruck und Hochdruck. Sie kennen noch keine Wetterkarten und Strömungsfilme.

Sie sagen:

Der Wind ist stark. Ich muss mein Zelt festzurren.

Der Sturm ist stärker. Ich muss meine Tiere zusammenbringen und mein Zelt noch besser befestigen. Und wer weiß, wann der Sturm aufhört: Ich muss noch Wasser haben für ein paar Tage.

So etwa denken die Menschen der alten Bibel.

Und sie sagen:

Gegen den Wind helfen ein paar Planen.

Gegen den Sturm helfen feste Zelte oder gar Häuser.

Gegen einen heftigen Sturm hilft nichts.

Das erleben in unseren Tagen die Menschen in Indonesien oder Samoa oder New York. Dort, wo der Taifun wütet oder ein Hurrikan zerstört. Die Menschen der Bibel erleben den Wind und den Sturm als Macht.

Und sie spüren: Manchmal kann dir ein Sturm den Atem rauben.

Manchmal bist du vollkommen ausgeliefert.

Und sie sagen auch: Der Wind, die Luft, der Atem – das ist etwas, was uns Gott schenkt. Auch etwas, mit dem uns Gott in die Schranken weist.

Spüren wir ein wenig gemeinsam dem nach, was die Luft kann und mit uns macht.

Gespräch mit Erwachsenen und Kindern

Lied: EG 432,1–3 (Gott gab uns Atem)

Das also meinten die Menschen der Bibel, wenn sie von »Luft« gesprochen haben.

Luft, das ist die Kraft, die etwas in Bewegung bringt.

Die »ruach«, der Atem Gottes, der Wind, der Odem, der Sturm, die bewegte und bewegende Luft.

Fehlt sie, wird die »ruach« entzogen, endet das Leben.

So weht die Luft über den Wassern, so beben die Bäume, so ist »ruach des Tages« die frische, belebende Brise, in der man sich nach der Mittagshitze in Palästina gern ergeht. Im 2. Mosebuch bringt der Ostwind Heuschrecken herbei; und es treibt sie ein kräftiger Seewind ins Schilfmeer; in 2. Mose 1 legt ein starker Ostwind das Schilfmeer trocken; im 4. Mosebuch führt der Wind Wachteln herbei. Immer ist dabei die ruach – der Wind, der Atem Gottes, der Sturm, die Luft – ein Werkzeug Gottes.

»ruach« – der Wind, der Sturm, die Luft, der Atem Gottes – das steht in der Bibel im Gegensatz zu allem, was fest ist. Der Fels, der Berg, das »Fleisch«. Das vergeht. Der Körper vergeht. Der Apfel wird faul. Die Kartoffel schrumpelt und der Mensch zerfällt.

Wenn er seinen letzten Atemzug getan hat.

Der »Wind« des Menschen ist sein Atem.

Wenn ihr einatmet, und wenn ihr einatmet bis zum Bauch, dann richtet sich der Mensch auf. Er weitet sich. Er wird groß. Er wächst, er wird mächtig. Er lebt.

Auch diesen »Wind«, auch diesen »Atem« – Martin Luther übersetzt mit einem großen Gespür für das Besondere den »Odem« als die Lebenskraft des Menschen –, den Odem gibt Gott. Und mit dem Odem das Leben.

Im Inneren der hölzernen oder steinernen Götzen gibt es keinerlei »ruach«, das heißt keinen Atem und damit keine Lebenskraft. Erst wenn Gott in die mit Sehnen, Fleisch und Haut überzogenen Beine die »ruach« als den Atem gibt, werden die Leiber lebendig.

Geht seine »ruach« heraus, sein Atem, die letzte Luft, kehrt der Mensch in seine Ackererde zurück.

Wir haben es vorhin gebetet:

Du sendest deine »ruach« aus,

so werden sie erschaffen.

Nimmst du weg ihre »ruach«, so vergehen sie und werden wieder Staub.

Wie das welke Blatt, wie die verdorrte Blume, wie die verbrannte Erde.

An der »ruach«, an Gottes Atem, an Wind und Luft und Bewegung, hängen Leben und Tod.

Wenn Gott dem Menschen am Anfang den Atem einhaucht, dann schenkt er dem Menschen Macht. Lebenskraft. Die Fähigkeit, zu bewegen, zu verändern, Neues zu schaffen.

Nimmt Gott am Ende dem Menschen den Atem, dann kehrt er zurück in ein Häuflein Elend. Angewiesen darauf, dass Gott neu ins Leben ruft. Wie bei Jesus.

Komm! Lebe! Wirke! Gestalte!

Und da wird uns am Ende deutlich, was es bedeutet, wenn uns jemand oder etwas die Luft abschneidet.

Abgase, Gestank, CO_2 …

Ich verstehe davon nicht viel.

Ich weiß nur, was es heißt, wenn dir jemand die Luft zum Atmen nimmt.

Es wäre schön, wie fänden zurück zum Staunen. Zur Dankbarkeit.

Gott gab uns Atem, damit wir leben.

Nicht nur das.

Gott gab uns Atem, damit wir in seinem Sinn die Welt gestalten.

Erntedank mit Tieren: Franziskus predigt den Vögeln

Thomas von Celeno, ein Vertrauter des Franziskus von Assisi, erzählt:

Auf seinem Wege durchs Spoleto-Tal – es war zur Zeit, als schon viele sich den Brüdern angeschlossen hatten – kam Vater Franz zu einem kleinen Ort in der Nähe von Bevagna. Da hatte sich eine große Schar von Vögeln verschiedenster Art versammelt: Tauben, kleine Krähen, Dohlen.
Als Franz sie erblickte, ließ er seine Gefährten zurück und lief zu den Vögeln hin. Hatte er doch ein überschäumendes Herz voller Liebe selbst zu den niederen und vernunftlosen Geschöpfen. Als er schon recht nahe bei ihnen war und es so aussah, als wenn sie ihn erwarteten, rief er ihnen seinen gewohnten Gruß zu, nämlich: »Friede sei mit euch!« Aber wie staunte er, dass sie nicht auf und davon flogen. Er war außer sich vor Freude und bat sie demütig, Gottes Wort anzuhören.
Und er sagte ihnen unter anderem: »Meine Brüder Vögel, wie müsst ihr euren Schöpfer loben und lieben, der euch Federn als Gewand, Fittiche zum Fliegen und alles gegeben hat, was ihr braucht. Und wie hat er euch unter all seinen Geschöpfen erhöht und in der reinen Luft euch den Lebensbereich geschaffen! Weder sät noch erntet ihr, und doch schützt er euch und lenkt er euch, ohne dass ihr euch um etwas zu kümmern braucht.«
Da fingen die Vögel zu jubeln an.
Er und die anderen Brüder haben es selbst erzählt: Sie streckten die Hälse, breiteten die Flügel aus und blickten zu ihm hin. Und er ging mitten unter ihnen auf und ab, wobei seine Kutte ihnen Kopf und Flügel streifte. Zum Schluss segnete er sie noch, machte das Zeichen des Kreuzes über sie und erlaubte ihnen, weiterzufliegen. Er selbst aber zog mit seinen Gefährten voller Freude weiter und dankte Gott, den alle Geschöpfe demütig lobpreisend verehren. Und da er damals schon einfältig war – nicht von Natur aus, sondern durch Gottes Gnade –, fing er an, es sich als Nachlässigkeit vorzuwerfen, weil er nicht schon früher den Vögeln gepredigt habe, da sie doch jetzt so ehrfürchtig Gottes Wort angehört hatten.

Und so kam es, dass er von jenem Tage an alle Lebewesen – Vögel, kriechende Tiere, ja selbst unbeseelte Geschöpfe – immer wieder voll Eifer ermahnte, nur ja den Schöpfer zu loben und zu lieben.

(Thomas von Celano, Erste Lebensbeschreibung, aus: Th. u. G. Sartory [Hg.], Franz von Assisi, Geliebte Armut, Reihe: Texte zum Nachdenken, Bd. 630, Freiburg 1977)

Kurzpredigt Römer 8,19f

Das ängstliche Harren der Kreatur wartet darauf, dass die Kinder Gottes offenbar werden. Die Schöpfung ist ja unterworfen der Vergänglichkeit – ohne ihren Willen, sondern durch den, der sie unterworfen hat –, doch auf Hoffnung; denn auch die Schöpfung wird frei werden von der Knechtschaft der Vergänglichkeit zu der herrlichen Freiheit der Kinder Gottes. Denn wir wissen, dass die ganze Schöpfung bis zu diesem Augenblick mit uns seufzt und sich ängstet. Nicht allein aber sie, sondern auch wir selbst, die wir den Geist als Erstlingsgabe haben, seufzen in uns selbst und sehnen uns nach der Kindschaft, der Erlösung unseres Leibes. Denn wir sind zwar gerettet, doch auf Hoffnung.

Der heilige Fürst Juda Hanassi hatte ein Zahnleiden, das sechs Jahre währte; erst im siebenten Jahre, als er sich des Wassertrinkens enthielt, wurde er geheilt. Der Grund aber, dass die Krankheit über ihn gekommen war, war folgender. Er ging eines Tages durch den Markt und sah einen Fleischhauer, der im Begriff war, ein Kalb zu schlachten. Das Tier entwand sich ihm aber, lief auf Juda Hanassi zu und blieb an ihm hängen, denn es dachte, dieser werde es vom Schlachten retten. Allein der Fürst nahm sich des Kalbes nicht an, sondern hielt es fest und führte es dem Metzger wieder zu. Er sprach: Schlachte das Tier, dazu ist es erschaffen worden! Man erzählt nunmehr, dass Juda zur Strafe dafür, dass er sich des Geschöpfes nicht erbarmt hatte, von dem Zahnleiden betroffen wurde.
Nachdem er viele Jahre von diesen Schmerzen geplagt worden war, fegte einst seine Magd die Wohnung. Da kam aus einem Loch ein Maulwurf, und die Magd holte mit dem Besen aus, um ihn zu töten. Aber der Fürst sprach zu der Magd: Lass das Tier leben, denn so hat David, Friede sei mit ihm, gesprochen: »Seine Barmherzigkeit gilt allen Geschöpfen.« Wie nun Juda mit dem Tiere Mitleid empfand, so erbarmte sich auch der Herr seiner und befreite ihn von seinen Schmerzen.

(E. bin Gorion, Der Born Judas, S. 238)

Liebe Kinder, liebe Erwachsene, das ist uns nicht unbedingt so ganz eingängig, dass der Apostel Paulus uns da in einem Atemzug nennt mit den Tieren, gar mit den Pflanzen. Wir fühlen uns eben doch schon wie die Herren der Schöpfung.

Ich bleibe bei dem, was ich gesagt habe: »in einem Atemzug«. Atem, Seele, Leben, das ist in der Bibel eines. Tiere atmen keine andere Luft. Ihr Leben ist nicht zu unterscheiden von unserem. Wenn ihnen die Luft ausgeht, geht auch uns die Luft aus. Wir leben von einem Atem. Wir leben von einer Liebe Gottes. Wir sind angewiesen darauf, dass Gott uns nicht fallen lässt. Der einzige Unterschied ist: Die Tiere sind noch ein Stück angewiesener. Gott hat sie uns anvertraut. Die Kreatur wartet, dass wir uns als Kinder Gottes erweisen. Darauf setzt die Kreatur ihre Hoffnung, dass wir uns als Kinder Gottes erweisen und nicht als Kinder irgendwelcher selbstgemachter Götzen.

Es fällt uns schwer, wie Franziskus in den Tieren Geschwister zu sehen. Ich mag das auch nicht, dieses oberflächliche, modische Gerede vom Miteinander. Aber man darf an einem solchen Tag, an dem die Gänse in der Kirche schnattern und die Hasen dem bunten Treiben vor ihren Käfigen zuschauen, draußen Schafe und Pferde grasen, hier drinnen die Hühner gackern, man darf an diesem Tag nicht vergessen, dass Gott eine Schicksalsgemeinschaft, eine Lebensgemeinschaft zwischen Mensch und Tier herstellt. Unser Frieden ist nicht möglich auf dem Rücken anderer Geschöpfe. Wie nun das jeder Einzelne für sich übersetzt, kann und will ich nicht vorschreiben. Jeder ist – beim Essen, beim Autofahren, beim Tierezüchten, bei der Kleidung, beim Umgang mit der Luft – hineingenommen in diese Lebensgemeinschaft. Jeder weiß im Grunde selbst, wo er unseren Mitgeschöpfen den Atem raubt.

Wenn die Bibel Gott überschwänglich lobt, von seinem Friedensreich redet, da spielen dann Löwen mit kleinen Kindern, klatschen Berge in die Hände und Bäume tanzen.

Gott sei Dank, dass er uns in unserem manchmal so gnadenlosen Alltag solche Atempausen schenkt. Geben wir sie weiter. Sie gelten nicht nur uns.

Schuld und Vergebung

Meditation: Rechtfertigung

Ein Polstersessel und ein Stuhl standen schon lange nebeneinander. Immer wieder wählten die Menschen den Sessel, und der einfache Holzstuhl ging leer aus, dabei fühlte er sich kernig und gesund und hätte gern etwas getan. »Wie kommt es eigentlich, dass man dich so bevorzugt?«, fragte er eines Tages den Sessel. »Ich gebe nach«, sagte verbindlich der Sessel und lächelte. »Ich gebe nach, du bleibst hart.«

Es ist in diesen Jahren immer wieder die Rede von der »Kuschelkirche«. Schon der Begriff ist Schelte.

Bei Umfragen erwartet die Mehrzahl der Befragten von der Kirche diakonische und soziale Hilfen – und eben auch jenes Plätzchen, wo sich die »wunde Seele« ausruhen kann und neu »Atem holt« für den »aufrechten Gang«. Zuerst vielleicht nicht einmal für sich selbst, sondern für die »Verwundeten«.

Offensichtlich braucht die Seele einen geschützten Raum, in den sie sich zurückziehen und wo sie sich erholen kann. Braucht die »Gegenwelt« zur Leistungsgesellschaft.

Wenn christliche Kirche zum »Atemholen« in die »Gegenwelt« einlädt, dann hat sie dafür Gründe. Sie will Menschen schlicht helfen. Sie sollen einmal »in Ruhe gelassen werden« (Modell »Wehrkirche« zur Zeit des 30-jährigen Krieges).

Im übertragenen wie wörtlichen Sinn gefällt mir das Modell »Asyl« noch besser. Kirchen als ein von allen Gruppen akzeptierter, selbst dem Zugriff des »Gesetzes« quasi entzogener »Freiraum«. Hybris?

Kirche hat aber einen über Hilfe hinausreichenden Grund, »Gegenwelt« zu sein. Er wird seit Martin Luther mit dem etwas missverständlichen Begriff »Rechtfertigung« wiedergegeben. Im 1. Kapitel seiner Römerbriefvorlesung von 1515/1516 schreibt Luther programmatisch: »... vor Gott verhält es sich nicht so, dass einer dadurch gerecht wird, dass er recht handelt, sondern erst muss einer gerecht sein, dann handelt er recht ...«

»Luft holen angesichts von hohen Erwartungen an mich« ...

Luft, Atem, Seele – die hebräische Sprache gebraucht dafür denselben Begriff. Ich darf als Christ diesen »Freiraum« in Anspruch nehmen, den Erwartungen nicht gewachsen zu sein. Das gilt meines Erachtens auch für Erwartungen Gottes, erst recht für Erwartungen der Kirche.

Martin Luther meint, die »Summe dieses Briefes (sc. Röm) ist: zu zerstören, auszurotten und zu vernichten alle Gerechtigkeit des Fleisches (mag sie in den Augen der Menschen, auch bei uns selbst, noch so groß sein), wie sehr sie auch von Herzen und aufrichtigen Sinnes geübt werden mag, und einzupflanzen, aufzurichten und großzumachen die Sünde (sowenig sie auch vorhanden und sosehr man auch solches von ihr glauben möchte).«

Die »Sünde großmachen« ist – für Luther – das Gegenteil von »den Menschen kleinmachen«.

Die guten Werke klein zu machen ist – für Luther – das Gegenteil von »die guten Werke sein lassen«.

Zu unserer Seele zurück, die eine Gegenwelt sucht:

Die Rechtfertigung des Sünders allein aus göttlicher Liebe, nicht durch eigenes Tun oder Lassen, ist der tiefe Grund, warum die Kirche die Schuldigkeit hat, »Gegenwelt« zu sein.

Ich versuche zu »übersetzen«:

Erst wenn meine Seele die Hände in den Schoß legen kann, weil sie eine letzte und gültige Zuflucht hat, werde ich stark, Gutes zu tun.

Will ich jedoch Gutes tun, um dann meiner Seele zu sagen: Jetzt kannst du die Hände in den Schoß legen, bleibe ich Knecht meines eigenen »Größenwahns«; tue das Gute »mir zuliebe« und bleibe hängen in den Klauen der »Welt«, in der Leistung zählt.

Ich habe meine Eltern als Menschen einer Generation erfahren, in der galt: »Schulden macht man nicht.« Eines Tages ging die Tuchfirma, bei der mein Vater als Schneidermeister seine Stoffe bezog, in Konkurs. Stoff etwa im Wert von 10.000 Mark lagerte bei meinem Vater. Gläubiger forderten das Geld, nicht den Stoff. Mein Vater musste einen Kredit aufnehmen, den er bis zu seinem Lebensende abbezahlt hat. Drei oder vier Monate später gab er seine Schneiderei auf und ging als Hilfsarbeiter in einen Betrieb, der Werkzeuge herstellte.

Ob er falsch kalkuliert hat, ich weiß es nicht. Ob er Fehler gemacht hat, ich weiß es nicht. Ich weiß nur, dass er Tag und Nacht gearbeitet und seine Gesundheit ruiniert hat. »Schulden macht man nicht.«

Die faszinierende Entdeckung Luthers war folgende: Er ging auf die Bank, weil ihn der bloße Hunger dahin trieb. Vielleicht schickte er auch – wie ich – seine Frau. Es war klar: Das Konto ist überzogen, die »Beziehungen« sind verbraucht. Denkbar ist allenfalls ein neuer Kredit. Aber ich bin ein Kunde, dessen Konto in den letzten Jahren nie auf Plus stand. Peinlich das Ganze.

Ich stehe vor dem Geldschalter. »200 Euro bitte – wenn's geht.« Er schaut auf den Bildschirm, schweigt, er kennt dich, du bist ein »bekannter Kunde«. Er schaut immer noch auf den Bildschirm, runzelt die Stirn, dann schaut er mich an – hinter dir stehen vier, fünf andere –, schaut mich an und sagt: »Herr Engelsberger, kommen Sie doch bitte einmal nach nebenan.«

Ich möchte in den Boden versinken. Schweiß auf der Stirn, eiskalte Hände. All die Fehler meines Lebens, die eine CD, die andere Flasche Wein, der Konzertbesuch, die Hose für die Tochter, der letzte Urlaub ...

Er schließt die Tür und sagt: »Nehmen Sie doch bitte Platz.«

Ich sage: »Ich kann alles erklären: Die Waschmaschine ist kaputt gegangen und Magdalen hat einen neuen Schulranzen gebraucht und ich habe wieder Bücher bestellt und es kommt bald auch Geld von der Beihilfe ...«

Er unterbricht mich: »Herr Engelsberger«, sagt er, »Sie verstehen mich ganz falsch. Sie haben 38.000 Euro plus auf Ihrem Konto stehen, und ich wollte Sie fragen, ob Sie davon nicht etwas anlegen möchten.«

Du sagst: »Das muss ein Irrtum sein. Wir haben doch über 15.000 Euro Schulden. Das muss ein Fehler sein.«

»Nein«, sagt er, »das ist kein Fehler. Es gibt hier eine Überweisung von 55.000 Euro.«

»Von wem denn so was? Sie irren sich!«

»Nein, ist alles bezahlt. Sie stehen mit fast 40.000 Euro im Plus. Nur: Der Überweiser will nicht genannt werden. Tut mir leid, Bankgeheimnis.«

Es ist eine »Gegenwelt«. »Pecca fortiter«, soll Luther gesagt haben, »sündige tapfer«. Sie ahnen oder kennen die Abgründe, die sich auftun. Die vielen kleinen und großen Karos. Wir sollten sie zusammentragen. Hinter den Karos, würde Martin Luther wohl sagen, steckt immer noch die »Weisheit und Gerechtigkeit des Fleisches«, die ihre Rechnungen partout selbst bezahlen will und Geschenke ablehnt. Und schon gar nicht will, dass ein anderer für sie »blutet«.

In der Stille – gelungen oder misslungen – habe ich erfahren, dass man Ruhe nicht machen kann, nur zulassen. So wie man Liebe nicht machen kann, nur zulassen. Noch immer behaupte ich, es sei nicht schwierig zu lieben. Viel schwieriger sei es, sich lieben zu lassen.

Meine Mutter würde vielleicht sagen: »Dann müsste ich ja was von mir hergeben.« Exakt dies meint Martin Luther: Gib deine Schuld her, lege die offenen Hände in den Schoß und traue deinem lieben Gott über den Weg.

Zurück zu hartem Stuhl und bequemem Sessel:

Der Sessel ist der bequemere Weg: Dir wird gesagt, was zu tun und zu lassen ist. Und in einer Art Thermometer oder Kontostand kannst du ablesen, wie es mit dir aussieht.

Der harte Stuhl bedeutet, allein darauf zu vertrauen, dass ein »Unbekannter« deine Schulden bezahlt.

Würden Sie nicht auch sagen, auf diesem Stuhl wartet es sich sehr unbequem?

Du kennst mich – Gott sei Dank!

Psalm 139

Als Eva und Adam ihre Nacktheit entdeckten, im Garten Eden, da flochten sie – der weisen alten Legende nach – Feigenblätter zusammen und machten sich Schurze. Verbargen ihre Nacktheit. Bedeckten ihre Scham. Versteckten sich vor Gott unter den Bäumen.

Das ist der erste Bericht der Bibel davon, dass Menschen etwas zu verbergen haben. Bis heute folgen ungezählte menschliche Versuche, etwas zu verstecken, was keiner sehen soll; zu verbergen, was mich belasten könnte; zu bedecken, was mich entblößt.

Und seit dieser Zeit wird eine Menge darüber geredet, geschrieben, Geld damit verdient: Das Verborgene interessiert, das Bedeckte reizt, das Versteckte erhöht die Spannung. Bücher, Filme, die Mode – alle leben sie von diesem Stoff.

Menschen, die in der Lage sind, damit so zu spielen, dass sie nur das von sich preisgeben, was ihnen nützt, gelten als erfolgreich. Von denen sagen wir, sie seien clever. Andere, die ungeschickt mit den Türen und Fenstern zu ihrer Seele, zu ihrem Körper, zu ihrem Innersten umgehen, die nennen wir verklemmt oder krank oder unanständig, je nachdem, ob sie beim Verbergen oder beim Entblößen die Norm überschreiten.

Und auch diese Normen haben sich verändert mit der Zeit. Was sich heute schickt, war früher anstößig. Was früher Sitte war, wird heute belächelt.

Eines hat sich im Auf und Ab der Entdeckungs- und Versteckungsgeschichte nicht geändert: Ein einigermaßen gesunder Mensch trägt sein Innerstes nicht auf den Markt. Was ihm an die Nieren geht, wird er nur denen anvertrauen, denen er vertraut. Er baut sozusagen mit Menschen seines Vertrauens eine Umfriedung um seine Blöße.

Das sind – bei gelingender Ehe – die Ehepartner, in gelingenden Familien die Familienangehörigen, verlässliche Freunde. Unter den Fremden sind es Ärzte, Pfarrer, Seelsorger, Anwälte, deren Schweigepflicht sogar gesetzlich geschützt ist.

Menschen, denen man die Umfriedung um ihre Blöße raubt, deren Geheimnis man öffentlich breittritt, werden krank. Der Mensch braucht Schutz, braucht eine Zuflucht, braucht den bergenden Raum um sein Innerstes.

Die Psalmen der Bibel sagen es häufig und deutlich: Es gibt Feinde, die mich in die Tiefe ziehen; Feinde, die mein Innerstes auf den Markt zerren, mich falsch beschuldigen. Und wenn ich mich wehre, winken sie höhnisch ab und sagen: »Getroffene Hunde bellen.«

Oft genug hat der Gotteszweifel der Psalmbeter genau da seinen Anhalt: Denen geht es auch noch gut! Die machen mich fertig, und denen geht es auch noch gut dabei. Die richten kaltlächelnd unbescholtene Menschen zugrunde, und du, Gott, scheinst mit deinem Segen ihr ruchloses Tun noch zu bestätigen. Wann endlich kommt deine Gerechtigkeit durch, Gott? Wann endlich räumst du diese Menschen aus meinem Weg? Ich kann nicht mehr. Und du weißt doch, sie lügen, sie sind falsch, sie rufen dich, Gott, zum Zeugen und scheren sich einen Dreck um die Wahrheit.

> *Ach Gott, wolltest du doch die Gottlosen töten! Dass doch die Blutgierigen von mir wichen! Denn sie reden von dir lästerlich, und deine Feinde erheben sich mit frechem Mut. Sollte ich nicht hassen, Herr, die dich hassen, und verabscheuen, die sich gegen dich erheben? Ich hasse sie mit ganzem Ernst; sie sind mir zu Feinden geworden.*
> (Psalm 139,19–22)

Die Blutmenschen sind an mir. Schüttle du sie ab, Gott.

Das geht an die Nieren, wenn Blutmenschen an dir sind.

Das geht an die Nieren, wenn dann auch noch Macht und Justiz und Kirche auf ihrer Seite sind. Von diesen Teufeln kannst nur du selbst befreien, Gott.

Sie verkehren dein Recht, missbrauchen deinen Namen.

Sie schlagen mich und meinen dich, Gott.

Oder hast du Zweifel an mir?

Büße ich für eigene Schuld, für die Schuld meiner Familie, meiner Vorfahren?

Verdränge ich? Habe ich vergessen? Rede ich mich besser und schöner, als ich wirklich bin? Kennst du eine dunkle Stelle?

Dann prüfe mich. Prüfe mich hier vor allen öffentlich. Durchleuchte meine Vergangenheit. Prüfe mich auf Herz und Nieren!

Aber was rede ich.

Du kennst mich doch. Als ob es eine Zeit gäbe, zu der du nicht warst; einen Ort, an dem du nicht bist; ein Geschöpf, das du nicht kennst.

Was quäle ich mich. Du kennst mich doch.

Herr, du erforschest mich und kennest mich. Ich sitze oder stehe auf, so weißt du es; du verstehst meine Gedanken von ferne. Ich gehe oder liege, so bist du um mich und siehst alle meine Wege. Denn siehe, es ist kein Wort auf meiner Zunge, das du, Herr, nicht schon wüsstest. Von allen Seiten umgibst du mich und hältst deine Hand über mir.
(Psalm 139,1–5)

Du bist der, der mich birgt, der mich segnet, der mich kennt.

Du kannst Gedanken lesen.

Ach, was sage ich: Du weißt, was ich denke, bevor ich es überhaupt denke.

Du weißt, was ich sage, bevor ich die Wörter bilde.

Wie soll ich mich ausdrücken?

Wie soll ich mich verständlich machen?

Aber das ist es ja: Du weißt ja längst, was ich sagen will.

Diese Erkenntnis ist mir zu wunderbar und zu hoch, ich kann sie nicht begreifen. Wohin soll ich gehen vor deinem Geist, und wohin soll ich fliehen vor deinem Angesicht? Führe ich gen Himmel, so bist du da; bettete ich mich bei den Toten, siehe, so bist du auch da. Nähme ich Flügel der Morgenröte und bliebe am äußersten Meer, so würde auch dort deine Hand mich führen und deine Rechte mich halten. Spräche ich: Finsternis möge mich decken und Nacht statt Licht um mich sein –, so wäre auch Finsternis nicht finster bei dir, und die Nacht leuchtete wie der Tag. Finsternis ist wie das Licht.
(Psalm 139,7–12)

Sprachlos bin ich über diese Weite.

Ich ermesse die Höhe nicht und die Tiefe, ich kann dir nicht folgen. Wo immer ich hinkomme, längst bist du da. Was immer ich sehe, du hast es geschaffen,

Mit aller Wucht trifft mich deine Allmacht.

Und doch: Das macht mir keine Angst.

Deine Macht erschlägt mich nicht.

Deine Größe drückt mich nicht an die Wand.

Dein Wissen stellt mich nicht bloß.
Ich selbst bin ja auch ein Ort Gottes.
Du redest in mir. Du liebst in mir. Du betest in mir. Du atmest in mir.
Du warst in mir und um mich, bevor ich überhaupt war.
Vor meinem ersten Atemzug, vor meinem ersten ängstlichen Schrei nach der Geburt – da warst du schon. Du. In mir. Bei mir.

Denn du hast meine Nieren bereitet und hast mich gebildet im Mutterleibe. Ich danke dir dafür, dass ich wunderbar gemacht bin; wunderbar sind deine Werke; das erkennt meine Seele. Es war dir mein Gebein nicht verborgen, als ich im Verborgenen gemacht wurde, als ich gebildet wurde unten in der Erde. Deine Augen sahen mich, als ich noch nicht bereitet war, und alle Tage waren in dein Buch geschrieben, die noch werden sollten und von denen keiner da war.
(Psalm 139,14–16)

Wie kann ich in Worte fassen, was mich selbst umfasst?
Wie soll ich in Bilder fassen den, der mich gebildet hat?
Ich möchte davon erzählen, möchte dich zum Zeugen laden gegen die, die mich bedrängen. Zu dir habe ich mich geflüchtet, weil sie mir den Atem raubten.
Und nun habe ich mich in deiner Weite verloren.
Möchte erzählen davon, wie glücklich ich bin, wie groß du bist.

Aber wie schwer sind für mich, Gott, deine Gedanken! Wie ist ihre Stimme so groß! Wollte ich sie zählen, so wären sie mehr als der Sand: Am Ende bin ich noch immer bei dir.
(Psalm 139,17.18)

Erforsche mich, Gott, und erkenne mein Herz; prüfe mich und erkenne, wie ich's meine. Und sieh, ob ich auf bösem Wege bin, und leite mich auf ewigem Wege.
(Psalm 139,23.24)

Da war eine »aufgeschreckte Seele« (Dietrich Bonhoeffer).
Da war ein Mensch am Ende.
Ein zu Unrecht Beschuldigter hat vor der höchsten Instanz geklagt.

Eine wunde Seele hat Hilfe gesucht und Gott gefunden.

Adam und Eva haben sich versteckt. Kain hat gelogen. Mose wollte sich drücken. Jona hat sich davongemacht. Die eigene Geschichte kann zur Last werden, der Freund zum Feind und Gott zu einem Rätsel.

Wohin soll ich gehen?

Später werden das die Jünger fragen, als Jesus Abschied nimmt und ihre Welt zusammenbricht: Wohin sollen wir gehen?

Das ist im tiefsten Sinn nicht die Frage nach der Himmelsrichtung. Es ist nicht die Frage, ob ich in Dresden, in München oder auf einer Nordseeinsel eine Bleibe habe. Das ist im Tiefsten die Frage, ob ich ein Produkt des Zufalls, sinnlos und lächerlich verlassen bin, ob ich »ausgesetzt« – oder ob ich geliebt bin.

Wer mich liebt, darf mich ganz und gar kennen.

Wer mich liebt, kann mit meinen Wunden umgehen.

Wer mich liebt, darf mich entblößen, wird mich nicht neu verwunden.

Wer mich liebt, wird meinen Weg richten.

Das ist die Wahrheit, wenn auch unbegreiflich, unbeschreiblich, unermesslich: Ich bin ein Kind der Liebe. Vor mir war Liebe. Nach mir bleibt Liebe.

Ich glaube, im Tiefsten haben wir unsere Heimat in der Liebe Gottes.

Da kommen wir her, da gehen wir hin.

Du musst dein Leben ändern

Offenbarung 3,14–22

Mich hat ein Satz hautnah erreicht.

So richtig durch Mark und Bein ging er mir.

»Du hast immer erst dann Zeit, wenn es zu spät ist.«

»Du hast immer erst dann Zeit, wenn es zu spät ist.

Wenn die Kinder aus dem Haus sind.

Wenn die Ehe an die Wand gefahren ist.

Wenn die Gesundheit nicht mehr zu reparieren ist.

Wenn die Entschuldigung auf keinen mehr trifft, der hört.

Wenn Spenden nicht mehr ankommen.

Wenn das Klima kollabiert.

Du hast immer erst dann Zeit, wenn es zu spät ist.

Vor über drei Jahrzehnten schon habe ich in mein damaliges Tagebuch notiert – ein kleines Gebet:

»Sag,
nimmst du uns noch ernst?
Hast du noch Geduld?
Müssen wir jetzt schon anfangen,
uns zu ändern?
Oder vergibst du uns auch
morgen noch unsere Schuld?«

Du hast immer erst dann Zeit, wenn es zu spät ist.

Bis dahin sagst du in der dir von Gott geschenkten Überfülle an Zeit – du siehst ja das einzelne Sandkorn im Stundenglas nicht angesichts der Fülle , bis dahin sagst du: Mach' ich dann schon. Keine Sorge. Das krieg' ich auf die Reihe.

Du hast immer erst dann Zeit, wenn es zu spät ist.

2009 ist ein Buch erschienen. Gut 700 Seiten stark. Es stammt von dem neben Hans Jonas derzeit bekanntesten deutschsprachigen Philosophen Peter Sloterdijk. Das Buch trägt den Titel »Du musst dein Leben ändern«. Schwierig zu lesen. Eben ein Philosoph. Gedankliche Schwerstarbeit.

»Du musst dein Leben ändern.«

Der Titel des Buches stammt nicht von ihm.

Er stammt aus dem Ende eines Gedichtes von Rainer Maria Rilke. Vor gut hundert Jahren hat er es geschrieben. 1907. Und am Ende des Jahrhunderts, erst recht am Beginn des neuen Jahrtausends, geht uns der Anspruch in einer Dringlichkeit auf, die nicht zu überbieten ist.

»So geht es nicht weiter. Du musst dein Leben ändern.«

Rilke ist in Paris. Besucht tagelang den Louvre, das große Museum, und ist gebannt von einem Torso, von einem Körperrest. Eine griechische Statue, 480 vor Christus, 470 vor Christus, aus Milet.

Armlos, kopflos, geschlechtslos, fast ohne Beine. Ein Torso des griechischen Gottes Apoll.

Und der Anblick dieses Torsos – wer blickt hier wen an? – trifft Rilke mit einer solchen Wucht, wie Paulus vor Damaskus mit einer Wucht getroffen wird, die nur göttlichen Ursprungs sein kann.

Unbedingt.

Da gibt es keine Ausflucht.

Keine Ausreden mehr.

Da schaust du nicht ein Bild an.

Da schaut dich ein Bild an.

Da redest nicht du mit Gott.

Da redet Gott mit dir.

Mit einer Wucht, die dich stellt.

Rilke schreibt zwei Vierzeiler und zwei Dreizeiler.

Sie müssen nicht alles sofort verstehen.

Die beiden letzten Zeilen haben sich fast vom Gedicht gelöst und sind einen weiten Weg gegangen.

Rilke schreibt:

Wir kannten nicht sein unerhörtes Haupt,
darin die Augenäpfel reiften. Aber
sein Torso glüht noch wie ein Kandelaber,
– (ein Kerzenleuchter im letzten Glühen des Dochtes)
in dem sein Schauen, nur zurückgeschraubt,

sich hält und glänzt. Sonst könnte nicht der Bug
der Brust dich blenden, und im leisen Drehen
der Lenden könnte nicht ein Lächeln gehen
zu jener Mitte, die die Zeugung trug.

Sonst stünde dieser Stein entstellt und kurz
unter der Schultern durchsichtigem Sturz
und flimmerte nicht so wie Raubtierfelle;

und bräche nicht aus allen seinen Rändern
aus wie ein Stern: denn da ist keine Stelle,
die dich nicht sieht. Du musst dein Leben ändern.
(Rainer Maria Rilke, Neue Gedichte, 1907)

Du musst dein Leben ändern.

Wir sagen: Ich könnte mein Leben ändern, wenn …

Ich will mein Leben ändern.

Nach all den Katastrophen des letzten Jahrhunderts, von denen Rilke 1907 noch nichts wissen konnte.

Nach Hunger, Tod, Verfolgung, Schuld, Zerstörung im Großen; nach der und jener Krankheit, nach dem und jenem persönlichen Umweg sagen wir: Wir können uns noch Zeit lassen mit dem Ernstnehmen. Es ist doch immer noch gut gegangen.

Da steht der Weinbergbesitzer und sagt: Hau ihn ab. Alles fruchtlos. Nutzlos. Vertane Zeit.

Unser Planet, unser Miteinander nimmt mehr und mehr die Form des alten griechischen Torsos im Louvre an.

Doch hinter den verseuchten Meeren, den abgeholzten Wäldern, den wunden Seelen, den an die Wand gefahrenen Biografien glänzt eine Macht, die so alt ist wie die Welt selbst, älter. Der Schöpfer, der Geist, der Erlöser.

Gott geht auf die Knie.

Er wird Mensch.

Er lernt die Sprache der Menschen.

Er geht den Weg, den jeder geht.

Noch weiter.

Er geht ans Kreuz.

Noch im Sterben hat er uns im Blick.

Noch in der Ohnmacht trifft uns seine Wucht.

In der Auferstehung sein Glanz.

»… denn da ist keine Stelle,
die dich nicht sieht. Du musst dein Leben ändern.«

Das hören wir am Buß- und Bettag.

Damit wir uns Zeit nehmen, nicht erst, wenn es zu spät ist.

Damit wir umkehren von unseren verkehrten Wegen.
Damit wir die Not des Nachbarn spüren.
Damit wir dem Nachbarn unsere Not beichten.
Dass keiner für sich bleibt. Dass jeder einen hat, der ihn liebt.
Dass wir uns nicht nur Zeit nehmen, wenn ein Prominenter wie Robert Enke am Ende ist.

Laodizea. Kennen Sie Laodizea? Es ist nicht attraktiv heute. Laodizea ist heute ein Schutthaufen, eine tote Stadt. Steine, Trümmer, Schweigen, sengende Sonne. Diese tote Stadt liegt im Südwesten der Türkei. Nur wenige Kilometer östlich von Laodizea, im früheren Hierapolis, strömen auch heute noch aus dem geborstenen Gestein heiße Quellen. Heilwasser.

Transportiert man das heiße Wasser nach Laodizea, ob nun in Aquädukten oder in Kanistern, dann ist es bis dorthin weder kalt noch heiß. Heiß könnte heilen, kalt könnte erfrischen. Die Laodizäer lebten am Rande des Heilwassers. Das Wasser, das in ihre Stadt floss, war lauwarm.

Und doch war Laodizea eine reiche Stadt. Augensalbe wurde dort hergestellt. Eine medizinische Fakultät gab es. Eine blühende Textilindustrie, bekannt vor allem für Überkleider aus schwarzer Wolle. Eine reiche Stadt. Als sie im Jahr 60 nach Christus von einem Erdbeben heimgesucht wurde, verweigerte sie stolz die Annahme von Hilfsgütern. Der römische Geschichtsschreiber Tacitus überliefert den Ausspruch: »Ich bin reich, mir geht es gut, ich brauche nichts.« – »Es ist noch immer gutgegangen.« Das war Laodizea. Heute eine tote Stadt.

Wenn Ihr Reiseführer im Südwesten der Türkei sich in der Bibel auskennt, dann macht vielleicht Ihr Bus einen Umweg und hält dort. Aber es gibt nicht viel zu sehen. Wenn er sich in der Bibel auskennt, dann wird er Ihnen vor den Trümmern und den ausgetrockneten Wasserläufen einen Brief vorlesen. Er steht in der Bibel. Ein Brief nach Laodizea. Geschrieben gegen Ende des 1. Jahrhunderts vom Seher Johannes. Der Brief steht im Buch der Offenbarung. Ist geschrieben an die paar Christen in Laodizea, das Sie nun ein wenig besser kennen. Und er wird – so ungefähr – Folgendes lesen:

Und dem Engel der Gemeinde in Laodizea schreibe:
Ich kenne deine Werke, dass du weder kalt noch warm bist. Ach, dass du kalt oder warm wärest!
Weil du aber lau bist und weder warm noch kalt, werde ich dich ausspeien aus meinem Munde.
Du sprichst: Ich bin reich und habe genug und brauche nichts! und weißt nicht, dass du elend und jämmerlich bist, arm, blind und bloß.
Ich rate dir, dass du Gold von mir kaufst, das im Feuer geläutert ist, damit du reich werdest, und weiße Kleider, damit du sie anziehst und die Schande deiner Blöße nicht offenbar werde, und Augensalbe, deine Augen zu salben, damit du sehen mögest.
Welche ich lieb habe, die weise ich zurecht und züchtige ich. So sei nun eifrig und tue Buße!
Siehe, ich stehe vor der Tür und klopfe an. Wenn jemand meine Stimme hören wird und die Tür auftun, zu dem werde ich hineingehen und das Abendmahl mit ihm halten und er mit mir.

Soweit der Brief. Aus der Offenbarung des Johannes.

Jesus Christus steht vor der Tür, klopft an, und wir sagen:

Anderes ist jetzt wichtiger.

Geht schon, sagen wir.

Wir sind durchs Tal, sagen wir.

Was uns fehlt, ist das Wachstum.

Du musst dich ändern, sagt Gott.

Wenn ich die tiefe Liebe Gottes zu den Menschen recht verstehe, dann äußert sie sich darin, dass Gott das aushält. Dass Gott – bei den Menschen sein will. Ganz nah.

Jesus Christus sucht meine Gegenwart. Setzt sich mit mir an einen Tisch, feiert mit uns Abendmahl. Hält einen Platz für mich frei. Er verlangt keine Bekenntnisse, keine Beitritte, keine Vereinstracht und auch kein Geld.

Es ist doch nicht so, dass Gott meine Selbstachtung brechen will. Es ist doch so, dass Gott mich leiden sieht hinter meiner Fassade und anklopft, mich anfleht: Mach doch auf!

Er sieht, da ist in Wahrheit ein unsicheres, zitterndes, in Ablenkungen flüchtendes Wesen.

Es ist doch gerade so, dass Gott mir die Achtung zurückgeben möchte und sagt: Freund, du musst dich ändern! Freunde, ihr müsst euch ändern.

Und du, Kirche, beginne, die Menschen zu lieben, und höre auf, sie zu zählen. Erzähle von deinem Herrn so, dass die Menschen eingeladen sind, den Mantel auszuziehen. Dass sie spüren, ein Gottesdienst will heilen.

Dietrich Bonhoeffer schreibt 1944 im Gefängnis: Buße, das ist letzte Redlichkeit.

Wenn wir dann beim Nachdenken sind, uns Zeit nehmen zum Besinnen; wenn wir gegenseitig in ehrlicher Geduld einer die Nähe des anderen suchen, dann erzählen wir uns gegenseitig nicht nur von dem, was uns versagt blieb, und dem, wo wir versagt haben. Dann findet auch anderes Gehör. Dann singen wir auch Lieder in Dur. Dann erzählt einer, meinetwegen unter Tränen und in missverständlichen Sätzen, von seinem Glauben. Und keiner, der ihn korrigiert. Keiner, der es besser weiß.

Jeder hat einen, der bei ihm bleibt. Im Zweifel ist das der auferstandene Jesus Christus selbst. Es ist noch nicht zu spät zur letzten Redlichkeit.

Wir haben verstanden. Gott will uns nicht im Staub. Er möchte uns neben sich.

Verwundete Seelen

Jesaja 1,10–17

Es ist ein Jammer, wie viele verwundete Seelen uns tagtäglich begegnen. Wunde Seelen mit bloßen Stellen, die schmerzen, wenn man sie berührt.

Es ist eigenartig, an welchen Punkten der eine oder andere unter uns empfindlich reagiert. Aus heiterem Himmel ist jemand betroffen, beleidigt, gekränkt, krank.

Ich habe an diesem Buß- und Bettag weder das Bedürfnis noch die Kraft – und auch nicht die Pflicht –, uns wunde Seelen noch mehr zu kränken.

Buß- und Bettage – der erste evangelische Bußtag wurde 1532 in Straßburg veranstaltet: Der Kaiser hatte ihn als Bettag im Krieg gegen die Türken angeordnet – Buß- und Bettage waren früher eine hervorragende Gelegenheit, den Menschen ins Gewissen zu reden, von der Kanzel zu wettern. Vielleicht gäbe es dazu heute auch Grund. Sie kennen selbst die Themen: unsere Götzendienste in Wirtschaft und Politik, die Schändung der Natur bei strahlender Werbepose, die Lügenwelt in den Familien, unser schwacher Glaube, unsere verkümmerte Liebe, unsere ausgelaugte Hoffnung – so vieles.

Eine wunde Seele, in die Enge getrieben, flieht. Sie wird nicht nach einem Heiland suchen. Sie wird sich verstecken, in der Regel hinter neuen Fehlern, und sucht ihre Ruhe. Sie will, dass man sie in Ruhe lässt, nicht, weil sie sich nicht ändern will, sondern weil sie sich nicht ändern kann.

Elia ist so ein Fall. Er wollte es Gott und seinem Volk eigentlich immer recht machen. Bis er sich wiederfindet vor einem Scherbenhaufen. Vielleicht war es der gottgewollte Scherbenhaufen, aber er ist eben jetzt am Ende. Er flieht. Ich bin auch nicht besser als meine Väter, sagt er. Setzt sich in der Wüste unter einen Wacholder und will sterben. Doch dann holt ihn ein Engel. Einer, der kommt und ihn aufpäppelt, ihn füttert, und dann sagt: Komm, du musst noch weite Wege gehen.

Ich weiß nicht, wie viele Elias unter Ihnen sind, die warten, bis ein Engel kommt und bleibt und Sie wegholt unter Ihrem Wacholder, Sie von Ihrer Trauer befreit und sagt: Du, komm, du musst noch weite Wege gehen, sagt Gott.

Uns sind so viele verwundete Menschen begegnet in diesem nun langsam zu Ende gehenden Jahr. Aufgeschreckte Seelen. Dietrich Bonhoeffer betet:

Von guten Mächten treu und still umgeben
behütet und getröstet wunderbar –
so will ich diese Tage mit euch leben
und mit euch gehen in ein neues Jahr;

noch will das alte unsre Herzen quälen
noch drückt uns böser Tage schwere Last,
Ach Herr, gib unsern aufgeschreckten Seelen
das Heil, für das Du uns bereitet hast.

(Dietrich Bonhoeffer, aus: Dietrich Bonhoeffer Werke, Bd. 8: Widerstand und Ergebung. Briefe und Aufzeichnungen aus der Haft. © 1998 by Gütersloher Verlagshaus, Gütersloh, in der Verlagsgruppe Random House GmbH, München)

Bonhoeffer sagt: unsere aufgeschreckten Seelen. Seelen, die immer wieder aufgeschreckt, aufgescheucht werden, die immer wieder Schläge bekommen und Druck ausgesetzt sind, solch wunden Seelen Umkehr abverlangen, das macht Angst. Wieder einer, der an mir zerrt und mich anders haben will. Wieder einer, der mich unter Druck setzt.

Wunde Seelen brauchen Freiräume, um umkehren zu können. In die Enge gedrängt, kann keiner umkehren.

Wer in einer Ehekrise den anderen in die Enge drängt, wird ihm den Atem rauben, den er braucht, um lieben zu können.

Wer ein Kind schlägt, bringt ihm bei, wie man sich duckt, wie man Schlägen ausweicht und wie man selbst schlägt, aber nicht, wie man sich ändert.

Wunde Seelen brauchen Freiräume, damit sie umkehren können. Ist der Gottesdienst so ein Freiraum? Sind wir untereinander solche Engel, die sich gegenseitig wegholen unter dem Wacholder des Versagens und dann sagen: Komm, Gott sagt: Du musst noch weite Wege gehen? Päppeln wir uns hier gegenseitig auf? Sind Gottesdienste Orte, an denen Heilung geschieht?

Die Schriften der Bibel bezeichnen die Armen und Elenden als diejenigen, denen das Evangelium verkündet wird. Es sind die Waisen, die Witwen, die Beraubten, Entrechteten, die Ungeliebten, die Unfreien, die Ausländer. Oder mit anderen Worten, es sind die »Ohne-Menschen«: ohne Hoffnung, ohne Mittel, ohne Arbeit, ohne Gesundheit, ohne Perspektive, ohne Glauben, ohne Liebe. Den Gott-Losen, den Mittel-Losen, den Hilf-Losen, den Heimat-Losen, den Harm-Losen ist eine gute Nachricht bestimmt.

Die Gott-Losen, das sind die von Gott Getrennten. Eine Mauer aus Schuld steht zwischen Gott und seinen Geschöpfen. Die »Gottlosen« sind im »Elend«. Von der Heimat bei ihrem Schöpfer sind sie ausgewiesen ins Ausland. Sünde nennt die Bibel das Getrenntsein von Gott.

Das ist erst einmal keine moralische Angelegenheit, sondern die menschliche Urkatastrophe: von Gott getrennt zu sein, von Gott los zu sein und damit gottlos zu werden.

Zu Sündern kommt Jesus. Zu Menschen mit einem Mangel, mit einem Defizit, zu Ohne-Menschen, zu Armen und Elenden, zu den Vereinsamten ohne Heimat.

Gott ist ins Gericht gegangen mit den Menschen, der Himmel ist verschlossen, die Menschen sind in die Fremde verstoßen. Dort irren sie von einem Umweg zum anderen, stolpern von einer Schuld in die nächste, suchen nach Heimkehrmöglichkeiten und bleiben immer auf der Strecke. Die Entfremdeten schlagen sich gegenseitig tot und verkehren die guten Gaben ins Gegenteil.

Das Evangelium ist die gute Nachricht vom wieder offenen Himmel. Die klagende Bitte: »Ach, dass du den Himmel zerrissest und führest herab« ist erhört. Gott selbst kommt, das ist das »Neue«, in der Gestalt des Jesus aus Nazareth den Menschen entgegen.

Gott selbst geht in Jesus »ins Ausland«, wird sich selbst fremd, wird elend, stirbt verlassen am Kreuz. Jesus ist der Gott im Elend, der elende Gott. Jesus Christus ist die Blöße des dreieinigen Gottes. Jesus Christus ist die Wunde Gottes – für uns.

Lesung Jesaja 1,10–17

Gottes Geduld hat auch ein Ende. Ja.

Wie groß ist Gottes Geduld? Wenn einer sagt, Papier sei geduldig, dann meint er: Papier wehrt sich nicht. Alles kannst du darauf schreiben, kannst es zerreißen, in den Papierkorb werfen, bemalen, bekritzeln, wer weiß noch, ... – Papier ist geduldig.

So ähnlich hört sich das ja auch an, wenn wir von der Liebe Gottes reden. Und haben dafür einen guten Zeugen:

> *»Die Liebe ist langmütig und freundlich. Sie rechnet niemandem Böses an. Sie trauert über das Unrecht und freut sich über die Wahrheit. Sie trägt alles, sie glaubt alles. Sie hofft alles. Sie duldet alles ...«*
> (1. Kor 13)

Unter jedes Gerichtswort, auch unter die so harten Worte aus dem Jesajabuch, ist ein Netz gespannt, geflochten mit unendlicher Geduld, mit göttlicher Liebe.

Gerade dann, wenn wir diesem Netz trauen, haben wir die Hände frei, Gutes zu tun.

Wir haben die Hände frei, Freiräume zu schaffen, in denen Menschen, denen die Luft ausgeht, aufatmen können.

Wir haben die Hände frei zum Stützen, damit Gebeugte Mut bekommen zum aufrechten Gang.

Gutes tun. Das sollen wir lernen. Nicht auf morgen verschieben. Heute beginnen.

Wenn wir uns gegenseitig mehr Freiräume schenken würden, täte das mancher wunden Seele gut. Ganz besonders denen, die meinen, es dürfe niemand wissen, dass sie die ganze Zeit von ihrer Substanz leben und eigentlich längst nicht mehr können.

Wir können unter uns natürlich auch weiter das schauspielerische Talent fördern. Wir können Gottesdienste und Gemeindeaktivitäten zu einer Werkstatt für Maskenbildner machen, Fassadenmaler. Wir können Nebelkerzen zünden und uns selbst feiern. Dann trifft uns das Prophetenwort hart: Was soll die Schau? Ich habe dieses Getue satt. Ihr habt die Finger in krummen Geschäften. Ich bin's müde.

Lasst uns darüber nachdenken, was wir tun können und was wir lassen müssen, damit in unseren Gottesdienste die geduldige Liebe spürbar wird, die einladende Liebe Gottes, die allein Wunden heilt.

Die aufgescheuchten Seelen kommen – zum Teil – noch in unsere Gottesdienste und Kreise. Doch oft finden die wunden Seelen in der Kirche eben keinen Freiraum, wenig Liebe. Lasst uns darüber intensiv nachdenken. Und lasst uns einander deutlicher zeigen, dass wir uns gegenseitig lieb haben. Damit nicht mehr so viel Energie für die Fassade verbraucht wird.

Jesaja sagt seinen Leuten, die er damals mitten im Gottesdienst mit dieser Rede aufschreckt: Das ist ein Lernprozess. Das dauert. Das braucht Geduld. Gutes tun und Recht tun für wunde Seelen.

Liebe ist nötig, viel mehr Liebe unter uns. Und Offenheit. Und Ihr Gebet für mich und mein Gebet für dich und dein Gebet für sie.

Der, für den ich eben gebetet habe, dem werde ich nachher nicht die Seele verwunden. Auf dessen Wunden werde ich nachher nicht Schlittschuh laufen.

Mehr Liebe, mehr Gebet – einer zum anderen, einer für den anderen.

Und dann lasst uns nachdenken über Gottesdienste und Kreise, in denen wunde Seelen lernen sollen und lernen können, Gutes zu tun. Gottesdienste, in denen wir Heil erfahren und in denen Heilung möglich ist.

Noch will das alte unsre Herzen quälen
noch drückt uns böser Tage schwere Last,
Ach Herr, gib unsern aufgeschreckten Seelen
das Heil, für das Du uns bereitet hast.

(Dietrich Bonhoeffer, aus: Dietrich Bonhoeffer Werke, Bd. 8: Widerstand und Ergebung. Briefe und Aufzeichnungen aus der Haft. © 1998 by Gütersloher Verlagshaus, Gütersloh, in der Verlagsgruppe Random House GmbH, München)

Ergebnisse sehen

Lukas 13,6-9

Wir kennen die Männer mit den Aktenkoffern, die am Ende des Monats kommen und kassieren wollen. Sie wollen Ergebnisse sehen.

Wir kennen die lautstarken Proteste aus der Westkurve nach vier Niederlagen in Folge.

Wir kennen die Verwaltungsräte, die des Bilanzenlesens kundig sind: Sie wollen Gewinne sehen.

Auch in unserer Kirche ist das gefordert bei schwindender Mitgliederzahl und geringeren Einnahmen. Marktwirtschaftlich sollen wir denken. Die Kirchenleitung will Ergebnisse sehen.

Lehrerinnen und Lehrer wollen Ergebnisse sehen.

Rektoren wollen Ergebnisse sehen.

Direktoren und Vorgesetzte wollen Ergebnisse sehen. Und nun reißt auch Gott der Geduldsfaden. Gott will Ergebnisse sehen.

Ich lese aus dem 13. Kapitel beim Evangelisten Lukas:

Lesung Lukas 13,6-9

Kommt er jetzt, nachdem wir so softe Töne gewohnt sind über verlorene Groschen und Schafe, gefallene Mädchen und betrügerische Zöllner, kommt er jetzt und rückt raus mit der Wahrheit? Kommt jetzt das Kleingedruckte? Ist Gott, ist Jesus Christus also doch nicht der große Versöhner, die Übermutter, die Schutzmantelmadonna und der, der alles verzeiht?

Doch noch eine andere Frage zuvor:

Was erwartest du eigentlich von einem Menschen, der Geduld mit dir haben soll?

Gibt es da ein Maß, nach dem die Geduld ein Ende haben darf?

Siebenmal fehlen in der Schule, 70-mal siebenmal fehlen in der Schule? Siebenmal lügen, 70-mal siebenmal lügen?

Siebenmal das Versprochene vergessen, oder 70-mal siebenmal das Versprochene vergessen?

Bis zu welchem Betrag lässt es dein Gewissen zu, an der Steuer vorbei Geld zu verdienen? Und wo ist dein Maß für Treue, für Untreue? Einmal ist keinmal. Ist siebenmal immer noch keinmal? Oder ist schon das erste Mal einmal zu viel?

Auf eine entsprechende Frage antwortet Jesus einmal, 70-mal siebenmal möge man vergeben. Das ist göttliches Maß.

Meine Geduld hat engere Grenzen. 70-mal würde ich mich nicht bestehlen lassen und das damit entschuldigen, dass der Dieb eben eine schlechte Kindheit hatte und noch kein Schuldbewusstsein hat.

70-mal würde ich den Menschen nicht wieder laufen lassen, der Drogen verkauft, ein Kind missbraucht oder sich alkoholisiert ans Steuer gesetzt hat.

Geduld hat eine Grenze. Wenn Geduld keine Grenze hat, verkommt sie zum Desinteresse. Zurück bleiben Opfer.

Ich weiß, dass man so von Gott nicht reden kann, aber wie anders soll man als Mensch von Gott reden? Die Frage ist, wie groß ist Gottes Geduld?

Wenn einer sagt, Papier ist geduldig, dann meint er: Papier wehrt sich nicht. Alles kannst du draufschreiben, kannst es zerreißen, in den Papierkorb werfen, bemalen, bekritzeln, wer weiß noch, ... – Papier ist geduldig.

So ähnlich hört sich das ja auch an, wenn der Apostel Paulus von der Liebe Gottes erzählt.

Er sagt: Die Liebe ist langmütig und freundlich. Sie rechnet niemandem Böses an. Sie trauert über das Unrecht und freut sich über die Wahrheit. Sie trägt alles, sie glaubt und hofft alles. Sie beugt sich den Lasten und bleibt geduldig gebeugt. Unvergänglich ist die Liebe.

So übersetzt Jörg Zink aus dem 1. Korintherbrief.

Hier im Lukasevangelium klingt das dann doch etwas anders:

Da holt einer mit der Axt aus und sagt: Jetzt ist Schluss!

Da steht einer mit der Axt in der Hand und sagt: Jetzt ist Schluss. Du hast lange genug meine Geduld strapaziert. Schluss jetzt!

Und da kommt ein anderer, hat einfach einen Spaten in der Hand. Er greift dem mit der Axt in den Arm und sagt: Lass noch. Lass mich noch mal den Boden umgraben und düngen. Lass mich noch mal die Steine herauslesen und das Unkraut jäten. Lass mich ihn noch einmal pflegen. Ein Jahr, vom Frühling bis in den Winter.

Wie viele von uns wären froh über dieses eine zusätzlich geschenkte Jahr eines Lebens? Noch ein ganzes Jahr. Fast ein Leben.

Lass es mich, bevor du mit der Axt kommst, mit dem Spaten versuchen. Vielleicht, dass er dann ein, zwei Blüten trägt, die nicht erfrieren, an Zweigen, die der Sturm nicht knickt, mit Früchten, die nicht faulen.

So einen bräuchte ich dann, so einen Gott, der sich schützend vor mich stellt, der mich zu Atem kommen lässt. So einen bräuchten wir, der Geduld mit uns hat. Der weiß, dass es nicht einfach ist, dass es wahrscheinlich nie einfach war, sich in dieser Welt einigermaßen zurechtzufinden, ohne zu treten und getreten zu werden. Einen, der Schuld tragen hilft.

So einen bräuchte die Welt: einen, der nicht zu allem Ja und Amen sagt, der aber Zeit lässt, umzukehren, umzudenken. Die Generation meiner Eltern hat diese Zeit nicht gehabt. Einige davon vielleicht. Aber die Mehrheit musste schauen, dass sie in Trümmern und nach der Währungsreform einigermaßen über die Runden kam. Und meine eigene Generation nimmt sich die Zeit nicht. Und wird am Ende mit Psalm 90 sagen:

Wir haben ein Haus gebaut, sieben Autos gefahren, haben den Strand von Rimini, die Fjorde Norwegens und das Matterhorn gesehen. Besitzen unzählige Dias, Bilder, Videos aus unserem Leben. Und doch: Unser Leben fährt schnell dahin, als flögen wir davon. Unsere Jahre bringen wir zu wie ein Geschwätz. Geräuschkulisse. Vergiss es.

Einen Gärtner bräuchten wir, der Leben wachsen und gedeihen lässt im Garten des Menschlichen. Einen geduldigen Gärtner.

Jesus, der Gärtner, fällt Gott, seinem Vater, in den Arm und sagt: »Du hast Recht. Da ist nicht viel zu holen bei denen. Die Häuser der Fremden brennen, die Renten der Witwen reichen nicht, die Waisen steckt man in Heime, die Reichen knausern, die Liebe geht lahm und einer neidet dem anderen den Segen.

Ja, du hast sie gepflanzt, du hast ihnen mehr als anderen deine Liebe geschenkt. Sie hatten sie auch nötig nach all dem, was geschehen war. Aber nun müsste man nach so vielen Jahren schon was sehen, Erfolge, Früchte. Der Hunger müsste verschwinden, die Kriege seltener, die Urteile schonender, die Hoffnung größer, die Liebe ehrlicher, die Grenzen offener, die Lieder fröhlicher, die Politiker näher bei den Menschen, die Kirchen müssten einladender sein.

Du hast Recht, sagt Jesus zu seinem Vater, eigentlich müsste man längst Freude an den Früchten haben. Aber ein Jahr. Und vielleicht bricht doch aus dem Stein ihrer Herzen Wasser, vielleicht blüht der Mandelzweig, und die Bäume trauen sich, einer nach dem anderen, ihre Frucht zu zeigen.

Es ist ja gar nicht so, dass wir nichts tragen. Es gibt so viel Gutes, Mutiges, Ehrliches, so viel Liebe. Wir sind nur so halbherzig. Wir drehen unserer Frucht den Saft ab mitten im Wachsen. Und dann fällt sie ab. Wir haben Angst vor der Courage. Elementare Angst vor Bekenntnissituationen.

Und dann kommt der Nazarener und sagt: Mein Freund. Ich will mich noch mehr kümmern um dich als bisher, aber trau dir doch mal zu, zu wachsen.

Da steckt so viel Gutes in dir, so viel Phantasie, so viel Schöpferisches, so viel Freundlichkeit und Wärme, so viel Fähigkeit, zu lieben, zu vergeben, zu lachen. So viel Mitleid und Eindeutigkeit. Ich schütze dein Wachstum. Ich habe Geduld mit dir. Ich weiß doch. Du lebst. Ich habe dir doch dein Leben geschenkt. Hab doch Vertrauen in mich.

Nun steig doch aus. Stell dich mal einen Augenblick neben dich – wenn du das überhaupt aushältst – und schau dir ins Gesicht.

Ist die Fassade, die dir entgegenlacht, echt?

Möchtest du gerne ein anderer sein?

Wo kommen die eigenartigen Falten her, mein Freund?

Woher der unruhige Blick?

Woher die Verkniffenheit?

Wer bist du, dass du dich so, ja, so vorführen, so kaufen und verkaufen lässt von den Händlern?

Wolltest du nicht einmal »frei« sein?

Wo kein Vertrauen ist, kann nie etwas wachsen. Mein Vertrauen ist die Voraussetzung für die gute Frucht meiner Mitmenschen. Jesus Christus hat, nicht grenzenloses – er ist da sehr realistisch –, aber sehr großes Vertrauen in uns, er traut uns gute Frucht zu, keinen Ramsch, gute Frucht.

In dieser Spannung zwischen dem Gott mit der Axt und dem Gott mit dem Spaten leben wir. Ich will die Axt nicht wegreden, das geht auch gar nicht. Wir spüren sie so oft.

Ich will nur Mut machen, trotz alledem die geschenkte Zeit zu nützen zum eigenen Wachsen. Nicht allein. Zusammen wachsen. So wie in einem Wald die Wurzeln zusammenwachsen und selbst an steilen Abhängen einen sicheren Halt bieten. Einer deckt die Wetterseite des anderen.

Warum sind es gerade auch Christen, die so viel Angst haben? Ist Christus nicht gekommen, um uns jede Angst zu nehmen? Vor Jahren habe ich ihn nicht verstanden, aber jetzt verstehe ich ihn, als Pastor Niemöller vor zweieinhalb Jahrzehnten zu mir und einigen Freunden sagte: »Ein Christ hat keine Angst.«

Warum? Ein Christ steht unter dem besonderen Schutz Gottes. Gott gräbt, düngt, schützt, er bewässert, er hegt und pflegt, er sorgt sich und wacht. Er arbeitet – und wir dürfen wachsen.

Das – wenn wir täten …?

Wenn wir täten, was wir könnten?

Wenn wir wären, was wir sein könnten?

Als Gott – so wird in der jüdischen Schriftauslegung erzählt – seine Schöpfung vorbedachte und sie vor sich auf einen Stein hinritzte, wie ein Baumeister sich den Grundriss zeichnete, sah er, dass die Welt so keinen Bestand haben würde. Da schuf er die Umkehr: Nun hatte die Welt Bestand.

Ja, Gott will auch Ergebnisse sehen. Aber er betrachtet sie mit dem Herzen, nicht mit Messlatte und Waage. Gott misst mit dem Maß der Vogelmutter und des Vogelvaters, die Tag und Nacht unterwegs sind auf Nahrungssuche und bleiben wegen der Nestwärme.

Die aber auch irgendwann am Ende ihrer Kraft sind, wenn die Kinder übers Jahr bei aller Liebe und Fürsorge einfach nicht erwachsen werden wollen.

Krise der Mündigkeit

Matthäus 12,33–37

Die Biologin Ilse Schwidetzky nennt den Menschen »den Affen, der spricht«.

Erich Fried, deutscher, nach England emigrierter Schriftsteller, sagt: »Ein Hund, der stirbt, und der weiß, dass er stirbt wie ein Hund, und der sagen kann, dass er weiß, dass er stirbt wie ein Hund, ist ein Mensch.«

Es scheint der charakteristische Unterschied zwischen Mensch und Tier der, dass der Mensch spricht, dass er sagen kann, was er denkt und fühlt. Dass er sich sehr differenziert äußern kann. Dass er Ja und Nein sagen kann. Dass er sich »äußern« kann. Dass er sein Inneres für jeden anderen hörbar, verstehbar, äußern kann. So erhält auch der Mensch im Anschluss an Gottes Schöpfung einen wichtigen und bezeichnenden Schöpfungsauftrag: Er soll alle Mitgeschöpfe benennen. Er soll ihnen mit seinen Worten einen Namen geben.

Es ist im Gegensatz zu vielen heute wieder modern werdenden Religionen und religiösen Erscheinungen nicht das subjektive Gefühl, das Empfinden, das den biblischen Gott mit dem Menschen verbindet, nicht mein frommes Gefühl oder meine meditative Versenkung bindet mich an Gott, sondern das Wort.

Gott spricht, und ich antworte.

Der Mensch der Bibel hört mit dem Herzen, wie Gott sich offenbart. »Höre, Israel« – so beginnt das zentrale Gebet jedes Juden. Höre, Israel, was ich dir sage.

Gott spricht sein Wort, und die Erde wird geschaffen. Gott spricht sein Wort, und das Gericht kommt über ein Volk. Gott spricht ein Wort, und einer wird gesund.

Die Reformation hat dies wieder ganz neu ins Bewusstsein gerückt. Das Wort Gottes ist die Mitte. Und meine Antwort, die mir keiner abnehmen kann, ist von Gott erfragt.

Nehme ich das Gespräch auf wie Hiob? Schweige ich wie die Jünger beim Prozess Jesu? Druckse ich herum wie der junge Jeremia, bekenne ich wie Paulus, verleugne ich wie Petrus, verrate ich wie Judas, bekenne ich wie Stephanus?

Unlöslich sind das Innere und Äußere des Menschen miteinander verbunden. Der Mensch ist ein Ganzes, eine Einheit. Was immer wir an Theater unternehmen, das merken die Menschen schon, auch wenn sie es uns nicht zeigen. Sie merken, wie es in uns aussieht. Das, was den Menschen innerlich erfüllt, das lässt sich äußerlich nicht kaschieren.

Mit seinen Worten geht es also um den ganzen Menschen. »Aus deinen Worten wirst du gerechtfertigt werden, und aus deinen Worten wirst du verdammt werden.« Worte sind der äußere Ausdruck dafür, wie es im ganzen Menschen aussieht.

Da hilft also kein Rhetorikkurs. Wenn mein »Herz«, die Mitte meiner Existenz, böse ist, dann hilft da kein Ruck, den ich mir selbst oder andere mir geben, da hilft kein Ausbessern.

Wie viele gibt es, die auf diesem oder jenem Weg probiert haben, von etwas loszukommen, was sie bindet oder knechtet. Vom Alkohol, vom Jähzorn, vom sexuellen Doppelleben, vom betrügerischen Wirtschaften, von seelischen Krankheiten, Depressionen, Ängsten. Von fehlendem Durchsetzungsvermögen, vom Perfektionismus, von der Sucht, es allen recht machen zu wollen, von der Angst, nicht geliebt zu werden.

Sie alle wissen, dass dir ganz und gar nicht geholfen ist, wenn einer sagt: Da musst du durch. Da musst du dir einen Ruck geben. Das bleibt an der Oberfläche. Das trifft nicht ins Herz des Problems.

»Wie könnt ihr Gutes reden, die ihr böse seid? Wes das Herz voll ist, des geht der Mund über. Ein guter Mensch bringt Gutes hervor aus dem guten Schatz seines Herzens; und ein böser Mensch bringt Böses hervor aus seinem bösen Schatz.«

Dem Buß- und Bettag ist die Spitze genommen worden. Früher legte er sich quer in die Woche wie ein großer Stolperstein. Heute ist er glatt gebügelt. Am Abend fällt uns der Buß- und Bettag ein, wenn überhaupt. Bringt nicht mehr unseren Alltag durcheinander. Bringt uns nicht mehr ins Straucheln.

Es macht Sinn, wenn uns ein solcher Stolperstein in den Weg gelegt wird. Wenn du ins Stolpern kommst, dann bist du plötzlich hellwach – Füße, Hände, Kopf, der ganze Kerl, hellwach.

Du schaust auf den Boden, ganz automatisch. Du streckst die Hände vor, automatisch. Dein Puls rast.

Das Stolpern macht Sinn, weil du dich dann wieder neu sortierst.

Will ich eigentlich dahin?

Ist das wirklich mein Weg?

Ist das mein Leben?

Kann ich drei Felder zurück – und noch einmal ...

Oder ist es schon zu spät?

Da ist der ganze Mensch gefragt.

Luther sagt: Da hilft nicht »stückliche Buße«, wenn das Herz böse ist, da hilft nicht »stückliche Buße«, da hilft kein Verbessern des Menschen an dieser und jener Stelle, da hilft nur ein neues Herz. Da kann ich nur Gott inständig bitten: »Um Christi willen gib mir ein neues Herz, mach aus mir einen ganz neuen Menschen.«

Vielleicht verstehen Sie die Tiefe biblischer oder reformatorischer Gedanken, wenn Sie sagen: Gott, töte mich! Versuch's nicht noch einmal mit dem alten Kerl! Töte mich und schaffe mich neu nach deinem Bild!

Das ist das, was bei der Taufe eigentlich passiert und was wir alle zu einer Karikatur, zu einem Familienfestchen haben verkommen lassen. So wie wir ja auch nicht mehr den ganzen Menschen untertauchen ins Wasser, sondern mit ein paar Tropfen lauwarmem Wasser den Säugling möglichst nicht aus dem Schlaf wecken wollen.

Aber ein so Gescholtener will auch wissen, was eigentlich seine Schuld ist. Wenn es nicht die kleinen Vergehen, das kurze Versagen, die üblichen Umwege eines Menschenlebens sind, was ist dann meine Schuld?

Bonhoeffer sagt: Es ist die »Schuld an Christus. Nicht Verfehlung oder Verirrung hier und dort«, schreibt er in seiner Ethik. »Nicht Verfehlung oder Verirrung hier und dort, Übertretungen eines abstrakten Gesetzes, sondern der Abfall von Christus ... muss als Schuld erkannt werden.« (Dietrich Bonhoeffer, Ethik, München 1992, S. 125)

Ist Christus nicht ganz in uns, haben wir anderen Herren, Mächten und Freuden Plätze reserviert in unserem Herzen, ja dann kann auch aus den Worten nichts werden. Dann regiert das Kalkül: Jetzt gilt Christus, und dann bin ich Kaufmann. Morgen bete ich das Vaterunser und übermorgen gebrauche ich meine Ellbogen. Alle, keiner ausgenommen, haben wir anderen Herren, Mächten und Freuden Plätze reserviert in unserem Herzen.

Da diskutieren wir über die Kirchensteuer, über Leitungsstrukturen, über drei Sätze mehr hüh oder hott in unserer Gottesdienstliturgie, jammern über fehlendes Geld und reden uns immer mehr in die geschlossene Gesellschaft. Und wundern uns, dass kaum einen dieser kirchliche Schrott noch interessiert. Kein Wunder, dass wir die Herzen der Menschen nicht oft treffen, weil wir selbst im Herzen selten getroffen sind.

Geht uns das Evangelium zu Herzen? Geht uns Jesus Christus zu Herzen? Und wenn ja, warum spürt man dann so wenig? Warum sagen und zeigen wir es einander nicht?

Die Schuld der Kirche ist die, dass sie das Christusbekenntnis den Menschen von heute schuldig bleibt. Und wenn ich das schuldig bleibe, dann weiß bald keiner mehr drinnen oder draußen, was wir Christen überhaupt noch sollen. Die Folgen sind verheerend:

> *»Ich sage euch aber, dass die Menschen Rechenschaft geben müssen am Tage des Gerichts von jedem nichtsnutzigen Wort, das sie geredet haben. Aus deinen Worten wirst du gerechtfertigt werden, und aus deinen Worten wirst du verdammt werden.«*

Jesus ist radikal in seiner Ausschließlichkeit. Es ist hilfreich, das zu wissen. Dass wir uns nicht ganz verrennen. Es geht nicht um eine Reform des Äußeren, um eine einladendere oder schmucke Kirche, es geht darum, ob aus der Kirche wieder eine Gemeinschaft derer wird, die Christus vor dieser Welt als den einzigen Herrn bekennt.

Wir bleiben der Welt das Wichtigste schuldig. Was können wir angesichts dieser Schuld tun?

Wenn es eine Krankheit des Herzens, eine Krankheit des ganzen Menschen, eine Krankheit der ganzen Kirche ist, dann hilft nur noch beten. Dann hilft nur noch das Vertrauen in Gott, dass er uns den Heiligen Geist schenkt, der uns neu macht, der uns vom Kopf auf die Füße stellt, der unsere Herzen umkehrt, der – wie wir es im Adventslied singen – einzieht in unser Herz, ganz Wohnung nimmt in seiner Kirche und selbst die anderen Herren zum Teufel jagt.

Es ist eine Illusion, herzkranke Menschen könnten mit kerngesunden konkurrieren. Sie übernehmen sich. Es ist eine Illusion, aus bösen Menschen könnten durch Training gute werden. Es ist eine Illusion, aus einer im Herzen kranken Kirche könne durch Selbstheilung Gutes werden. Umkehr, wie sie Altes und Neues Testament meinen, Umkehr, wie sie die Reformation meinte, ist etwas anderes. Gott bezahlt die Rechnung unserer Schuld. Jesu Tod ist das »Lösegeld«, das fremde Gute, uns zugute. Umkehren als Christ und als Kirche heißt, dass wir uns das gefallen lassen. Nichts anderes heißt Umkehr und Glauben, als dass wir es uns gefallen lassen, dass Gott uns liebt, dass Gott uns aufrichtet. So einfach und doch so schwierig: Sich Gottes Liebe gefallen lassen.

Im Heidelberger Katechismus, dem Bekenntnis der reformierten Kurpfalz aus dem Jahr 1563, heißt es auf die Frage 52:

> *»Was tröstet dich die Wiederkunft Christi, zu richten die Lebendigen und die Toten? Antwort: Dass ich in aller Trübsal und Verfolgung mit aufgerichtetem Haupt eben des Richters, der sich zuvor dem Gericht Gottes für mich dargestellt und alle Vermaledeiung von mir hingenommen hat, aus dem Himmel gewärtig bin, dass er alle seine und meine Feinde in die ewige Verdammnis werfe, mich aber samt allen Auserwählten zu ihm in die himmlische Freud und Herrlichkeit nehme.«*

»Mit aufgerichtetem Haupt«!

Das ist evangelischer Glauben.

Besinn dich.

Wo Christus nicht das Herz regiert, taugen auch Hände und Füße nicht.

Es wäre eine gute Nachricht, es wäre Evangelium für die Welt, wenn wir Christen Christus trauen würden.

Sprich nur ein Wort – Buß- und Bettag im Altenheim

Lukas 7,1–10

Sprich ein Wort, dann wird mein Knecht gesund!
Ein Wort ...

Ein Wort nur kann das Fass zum Überlaufen bringen.
Ein Wort nur, und du bist vollkommen am Boden.
Ein Wort zu viel.
Reden ist Silber, meint der Volksmund. Schweigen sei Gold.

Ein Wort nur kann auch retten.
Ein Wort kann heilen und versöhnen und trösten.
Wie wohl tut ein Wort zur rechten Zeit, heißt es in den Sprüchen Salomos.

»Sprich nur ein Wort, so wird meine Seele gesund.«

Kaum ein anderer Teil der katholischen Messliturgie beeindruckt mich so wie dieser Satz, den ich auch als evangelischer Pfarrer mit größter Aufmerksamkeit und Beteiligung mitspreche. »Sprich nur ein Wort, so wird meine Seele gesund.«

Sprich nur ein Wort. Sag' etwas. Sag', was du denkst. Sag' doch endlich etwas und sitze nicht immer nur so schweigend da ... Sag' doch, was dir fehlt; sag', wo dich der Schuh drückt; rede über deine Krankheit, deine Zweifel. Die Gesunden werden es ertragen, wenn du zu reden beginnst.

An der Tür begrüßt mich die Frau und sagt: »Sie wissen ja, er liegt schwer da. Aber er weiß nicht, wie schlecht es ihm geht.« Und später am Bett des Kranken, vor dem Abschied, sagt dieser: »Aber bitte, Herr Pfarrer, Sie wissen ja jetzt, wie es um mich steht. Sagen Sie meiner Frau nichts davon. Sie ahnt nichts. Das würde Sie umbringen. Lassen Sie sich nichts anmerken.« Über vierzig Jahre Ehe, und einer schont den anderen, keiner sagt aus Sorge um den anderen das befreiende Wort.

Sprich ein Wort, Gott,
sprich nur ein Wort, Kranker,
sprich ein Wort, Arzt,
sprich ein Wort, Mensch, den ich liebe, den ich brauche,
und es löst sich der Krampf, es legt sich die Angst.

Wir reden.

Und wenn ich reden kann, dann ist die Tür schon weit aufgestoßen ins Leben, dann kommt in Fluss, was sich festgefressen hat in meiner Seele, was mir wie ein Brocken so schwer im Magen liegt.

Sprich ein Wort, und meine Seele richtet sich auf an diesem Wort, und mit ihr der ganze Mensch.

Es sind diese Tage, vor allem die Abende, die frühen Abende, wahrscheinlich auch hier im Haus die schwierigsten im ganzen Jahr. Die Zeit, in der angeschlagene Menschen am meisten angewiesen sind auf ein gutes Wort. Die Zeit, in der viele alte Menschen sich zurückziehen, früh zurückziehen.

Sich auch in ihre Erinnerung zurückziehen. Sich auch in ihre Verbitterung zurückziehen. Viele haben richtiggehend Angst vor diesen Tagen Mitte November bis Mitte Dezember. Dann, mitten im Advent, leuchten doch schon wieder die ersten Lichter. Aber es dauert noch lange, bis die Jahreszeit dieser guten Nachricht vom Licht folgt, die Tage wieder länger werden und wir uns mit der Natur aufrichten. Es ist die schwierigste Jahreszeit, die jetzt begonnen hat.

Kranke spüren das am meisten – und schweigen. Sie wissen, sie sind das schwächste Glied. Wollen anderen nicht zur Last fallen und sagen schon vorsorglich: Ich weiß, du hast wenig Zeit jetzt.

Jetzt müsste ich sagen, dass ich sie liebe. Jetzt müsste ich sagen, dass ich Hoffnung für ihn habe. Jetzt müsste ich sagen: Komm, lass uns die Hände falten und ein Gebet sprechen. Jetzt müsste ich sagen: Ich weiß, was war. Lass uns nicht mehr darüber reden. Es ist geschehen. Es war so. Ich bin dir nicht mehr böse. Lass uns unsere Kraft zusammennehmen für das, was vor uns liegt.

Und dann klopft Gottes Engel doch an meine Tür, dann tritt Gottes Engel doch an mein Krankenbett. Dann erreicht mich das Lachen eines Menschen doch. Dann lese oder höre ich das gute Wort, das ich so nötig habe.

»Sprich nur ein Wort, dann wird mein Knecht gesund.«

»Sprich nur ein Wort, dann wird meine Seele gesund.«

Sie ist ja auch wie ein Knecht, gefangen in ihrer Angst.
Sprich nur ein Wort ...

Der Buß- und Bettag ist wie ein Stolperstein. Wenn ich stolpere, dann gehen meine Augen schnell auf den Weg. Damit ich nicht schlimm falle, schaue ich auf den Weg.

Manchmal bringt uns Gott durch ein Wort zum Stolpern. Pass auf, du verrennst dich. Pass auf, du bist auf keinem guten Weg. Pass auf, sonst fällst du hin.

Und dann haben Menschen bei diesem Gott die Chance, noch einmal ihr Leben zu überdenken. Zu prüfen, ob sie auf dem richtigen Weg sind. Und Gott um Hilfe zu bitten für einen guten Weg. Dazu gehört die Einsicht, dass ich dabei bin, mich zu verlaufen. Das kann jungen Menschen geschehen, das kann auch lebenserfahrenen alten Menschen geschehen.

Deshalb auch heute unsere Bitte an Gott: Vergib uns unsere Schuld. Stelle uns auf. Richte uns neu aus.

Und unser Gott spricht dieses Wort. Er sagt: Ja, in Jesus Christus ist der falsche Weg vergeben. In Jesus Christus ist der neue Weg deutlich.

Nun geh diesen Weg. Er wird dir guttun. Andere gehen mit. Es ist ein heilender Weg, der Weg mit Gott.

Und wenn das Wort dann gesprochen ist, wenn meine angeschlagene Seele sich aufrichtet, wenn ich nun weiß, dass jetzt vieles in Fluss kommt, anderes sich beruhigt, dann kann ich »Amen« sagen. Das ist auf einen Begriff gebracht, was uns zu sagen bleibt angesichts der Worte, die Gott spricht oder sein Engel: Amen.

Gott will nicht, dass wir uns in unser Schicksal fügen. Gott möchte, dass wir ihm trauen.

»Amen« bedeutet dann: Ich verstehe vieles nicht. Für mich sind noch viele Fragen offen. Ich habe den Sinn noch nicht gefunden. Aber nun bringe ich alles zu dir, höre dein Wort und lasse es in mir wirken.

»Amen« heißt: Ich bin bereit, auf deinen Ruf hin mich zu bewegen. Ich bin bereit, mich heilen zu lassen auf deine Weise, nicht nach meinen Vorstellungen.

Ich bin bereit, deine Worte zu hören wie Heilkräfte, wie Arznei. Ich will deinen Worten Raum geben, dass sie mich ausrichten.

»Amen« ist nicht Abschluss und Ende, sondern Gegenwart und

Neuanfang. Ist der erste Schritt weg von einer gefährlichen Kreuzung, auf der es mich innerlich schier zerreißt und äußerlich bedroht. Nun gehe ich wieder einen Schritt weiter. Entdecke meine Fröhlichkeit, meine Kraft, denn »du bist bei mir, dein Stecken und Stab – dein Wort – trösten mich«.

Mitten in all den Worten, die mich erreichen, habe ich dein Wort gehört. Und nun will ich mich darauf verlassen.

Dein Wort ist meines Fußes Leuchte und ein Licht auf meinem Weg.

Tod und Ewigkeit

Meditation: Ewiges Leben – Wie hätte ich's denn gerne?

So, dass ich nach meinem Tod, nach all dem Zerbrechen der Hoffnungen, der Nichtigkeit der Pläne, wieder bei meinen Lieben bin.

Bei meiner Frau, später jedenfalls, nach deren erfülltem Leben, und bei unseren Kindern, bei den Lieben von jetzt und den Lieben, die waren.

Nicht auf Dauer und permanent, aber doch nah, irgendwie spürbar nah.

Es gibt auch manche, auf deren Nähe ich dann gerne verzichte.

Aber was mache ich mit denen allen, ewig?

Und was machen die mit mir, eine Ewigkeit lang?

Was machen wir miteinander – eine Ewigkeit lang? Selbst wenn wir »Mensch ärgere dich nicht« spielten – eine Ewigkeit lang –, es gäbe Verlierer.

Nach den ersten paar Sätzen spürt jeder: So nicht. Auch wenn es wehtut. Nicht die gelingende Fortsetzung des hier durch den Tod Unterbrochenen, meist viel zu früh Unterbrochenen. So nicht.

Der Tod ist keine Unterbrechung.

Der Tod ist das Ende der Träume.

Wie hätte ich's denn gerne?

Wenn, dann ewige Heiterkeit, ewiger Frieden, ewiges Glück, ewige Klarheit.

Farben, grüner als die Frühlingswiesen, blauer als der Sommerhimmel, goldener als die Herbstblätter.

Klänge, gegen die Bachs h-Moll-Messe das Anfangswerk eines Amateurs wäre.

Weite, die die Hochtäler Tibets, ja noch mehr, die den Blick der Astronauten auf den so verletzlichen blauen Planeten, noch mehr: den

Blick der großen Weltraumteleskope in die Tiefen des Kosmos zum Blick eines Blinden degradiert.

Bilder, vor denen das Leuchten von Vincents Sonnenblumen, Da Vincis Visionen und Michelangelos Gestaltkraft wie Löschpapierspuren aus meinen Volksschulschreibheften erscheinen.

Aber was ist in diesen unerhörten Klängen, in dieser unvorstellbaren Weite, in diesen Bildern, aus denen nur noch Antworten sprechen – was ist mit dem Kind, das ich nach fünf Monaten im Mutterleib – zu frühem Tod geboren – getauft habe, bevor die Ärzte die Apparate abschalteten?

Was ist mit dem elend an Krebs gestorbenen 33-jährigen, der die Geburt seines ersten eigenen Kindes nicht mehr miterleben durfte?

Was ist mit all den um ihr Leben betrogenen Aids-Kindern, den Millionen Vergaster, Erschossener, Verhungerter?

Auch nach diesen ersten paar Sätzen spürt jeder: So nicht. Auch wenn es wehtut. Das ewige Leben kann nicht das Unrecht, die Gewalt, den Krieg, den von Menschen verursachten zu frühen Tod und das elende Schicksal von Milliarden Menschen mit schönen Farben und herrlichen Bildern übertünchen.

Da reicht die Tünche nicht.

Der Tod hebt nicht auf.

Der Tod ist nicht die Wiedergutmachung aller irdischen Ungerechtigkeiten.

Der Tod ist das Ende der Träume.

Wie hätte ich's denn gerne?

Einige Pfarrer durfte ich in meinem Dienst beerdigen. Mir ist bis heute der Satz einer müden alten Pfarrfrau in Erinnerung, deren Mann längst gestorben war und die sagte: »Ich bin froh, wenn ich gestorben bin. Ich möchte beim Helml sein.« Beim Wilhelm. Bei ihrem Mann.

Sie sagte nicht: Ich will bei Gott sein. Sondern: Ich will beim Helml sein.

Viele von uns tragen die Sehnsucht in sich, nach Irrwegen kämen klare Wege; nach Unglück Glück; nach Elend Heimat; nach Auseinander Miteinander. Und das bindend, auf Dauer, gültig, eben »ewig«. Wo doch der Tod alles durcheinanderbringt, muss Gott doch zueinander bringen. Wo der Tod das Gelungene auslöscht, muss Gott das Gelungene ins rechte Licht bringen.

Der postmortale Ausgleich.

Wer verstünde nicht den Wunsch.

Ich greife ein Stichwort auf: Vertrauen.

Menschen glauben – so setze ich voraus –, dass die Kabel richtig verlegt sind, die die Ampel steuern.

Menschen vertrauen darauf, dass die Autobahn, die sie mit 150 km/h befahren, keine schlimmen Schäden aufweist.

Menschen vertrauen darauf, dass das Wasser aus dem Wasserhahn nicht durch Terroristen mit einem tödlichen Virus infiziert und das Geflügel, das sie essen, nicht an der Vogelgrippe verendet ist.

Menschen vertrauen darauf, dass die Nachrichtensprecher die Wahrheit sagen, jedenfalls nichts verschweigen, was die gezeigten Bilder und die gesprochenen Worte Lügen strafen würde.

Menschen trauen dem Bankgeheimnis und dem Schweigen des Pfarrers nach der Beichte.

Menschen verlassen sich auf Sätze wie:

Ich habe den Mann erkannt.

Dieses Buch können Sie Ihrer Tochter gerne zum Lesen geben.

Sie haben Anschluss nach Hamburg um 20.47 Uhr auf Gleis 8.

Ich liebe dich.

Wir haben Metastasen im Knochenmark gefunden.

Menschen sind angewiesen auf Glauben, auf Vertrauen.

Ohne Glauben, ohne Vertrauen würden Menschen jede Orientierung verlieren, würden im wahrsten Sinn des Wortes »verrückt«.

Menschen staunen; Menschen transzendieren, wenn sie staunen.

Menschen sind Wesen, die über sich hinaus denken können.

Ich kann einen Garten gestalten, anlegen nach meinen Plänen, mich freuen an dem, was die Natur aus meinen Vorstellungen an Wunderbarem hervorbringt. Und doch hat der Garten Grenzen. Der Garten ist nur der Traum vom Paradies, nicht das Paradies selbst.

Diese wunderbare Erde, sie hat einen Horizont.

Dieses wunderbare Leben, es hat eine Grenze.

Aber ich kann mir – wenn ich am Meer stehe – die Inseln, letztlich das Land vorstellen hinter dem Horizont.

Ich kann mir vorstellen, was es bedeutet, dass sie 2016 in Rio die Olympischen Spiele feiern, auch wenn ich sie nicht mehr erlebe.

Ich kann mir die Kriege nach mir vorstellen. Auch die eine oder andere Erfindung, das Fortschreiten der Erderwärmung, das Ansteigen der Meere. Ich kann weit über mich hinaus denken. Dazu nehme ich meine Erfahrung und spinne sie weiter. Das ist ganz einfach.

Das ist ja die Tragik und damit eine ganz wesentliche Aufgabe des Lebens, dass wir über unseren Tod hinaus denken können.

Goethe und Schelling haben eine schöne Definition gefunden für den Menschen, der über sich hinaus denken kann. Sie haben erklärt: Der Mensch ist Natur, aber im Menschen schlägt die Natur ihre Augen auf und bemerkt, dass sie da ist.

Im Menschen entdeckt die Natur, dass sie da ist. Und wenn sie das entdeckt, entdeckt sie gleichzeitig, dass sie eines Tages nicht mehr da ist.

Ich formuliere es positiv. Der Mensch ist das Wesen, das staunt.

Angesichts eigener Grenzen, die dem Menschen ja nur deshalb bewusst werden, weil er über sich hinaus denken kann, im Fachwort »transzendieren« kann, angesichts eigener Grenzen staunt der Mensch. Die Bibel ist ein »Staun-Buch«.

Der Mensch, sage ich, ist das Wesen, das die Augen aufschlägt, die eigenen Grenzen erkennt und staunt über die Fülle.

Und so lebt der Mensch in seinen Grenzen, durchaus in Freude und Genuss, in Erfüllung und Schöpferkraft, aber auch in Angst vor Verlust, Bangen um die Zukunft, Angst vor dem Ende.

Er lebt in der Sehnsucht, teilhaben zu können an dem, was über ihn hinausragt, und in der Angst, verloren zu sein angesichts von dem, was über ihn hinausragt.

Der Mensch gibt dem, was seine Grenzen überschreitet, den Namen »Gott«.

Und wenn die Menschen von »Gott« reden, dann meinen sie nicht nur »Etwas« oder »Einen«, der nach der ihnen gegebenen Zeit noch »Dasein« hat, sondern auch »Etwas« oder »Einen«, der vor ihrer Zeit »Dasein« hatte. Und wenn sie es weit denken, dann sagen sie: nicht nur vor meiner Zeit und nach meiner Zeit, sondern vor aller Zeit und nach aller Zeit.

Und da man das nicht mehr denken, nicht mehr messen, nicht begreifen kann, ist spätestens hier jeder Spekulation Tür und Tor geöffnet.

Aber die Menschen spekulieren ja nicht um des Spekulierens willen, sondern weil sie Verlässlichkeit suchen, oder sagen wir Heimat, oder sagen wir Quelle. Jedenfalls suchen sie einen Ort oder einen Zustand, an dem nichts mehr infrage gestellt wird. Wo doch hier, in dieser Form der Existenz, alles infrage gestellt ist. Nicht nur durch eigene Fehler oder den bösen Willen anderer, sondern durch den Tod.

Es gibt keine Menschheitsfrage, die nur annähernd so Frage aller Menschen ist wie die Frage nach einer Antwort auf den Tod.

Ich will die meines Erachtens zwei sinnvollen Antworten nennen, die eine sehr kurz, die andere ausführlicher.

»Leben ist Leiden«, sagt der Buddhismus.

Dann wäre das Ziel aller Sehnsucht die Ruhe, die vollkommene Abwesenheit von Leiden, und damit auch die vollkommene Abwesenheit von Leben. Damit das Ende allen Lebens die absolute Ruhe, das Nichts. Das ist nur konsequent.

Und so mühen sich Buddhisten, diesem Nichts immer näher zu kommen, wollen nicht mehr neu ins Leben, wollen Ruhe haben vor dem Leben, weil Leben »Geschichte« ist. Und weil Geschichte Leiden und Misslingen und Schmerz bedeutet. Das Ziel aller Träume: der endgültige Ausstieg aus dem Sein, das ewige Nichts, unendliche Ruhe.

Insofern ist der Buddhismus auch keine Religion, sondern die Lehre eines Weges zu einem immer abgeklärteren Leben, bis es in die Klarheit des endgültigen Nichts eingeht.

Wollen wir uns nicht auf diesen – durchaus logischen – Weg einlassen, dann müssen wir bei den Religionen anklopfen, die aus der jüdischen hervorgegangen sind.

Olam – die Lutherbibel übersetzt es mal mit »Ewigkeit«, mal mit »Welt«, mal mit »Zeitalter«; oder Sie kennen die Ausdrücke »für und für« oder »Vorzeit« oder »vorig« oder »von alters her« (z. B. Joel 2,2). An all diesen Stellen steht im Hebräischen das Wort olam, als Hauptwort oder als Eigenschaftswort. Sie erkennen die Bedeutungsvielfalt.

Ich greife willkürlich eine Bibelstelle heraus, Sprüche 22,28, und schaue, wie olam jeweils übersetzt wird.

Die Lutherbibel von 1984 übersetzt: Verrücke nicht die uralten Grenzen, die deine Väter gemacht haben.

Otto Plöger, ein neuerer Bibel-Kommentar, übersetzt: Verschiebe nicht die althergebrachte Grenze, die deine Väter aufgerichtet haben.

Zink: Verrücke nicht die uralte Grenze, die deine Väter gesetzt haben.

Einheitsübersetzung: Verrücke nicht die alte Grenze ...

Elberfelder: Verrücke nicht die alten Grenzen ...

Die Lutherbibel vor 1984 übersetzt: Verrücke nicht die vorigen Grenzen ...

In einer Bibel, der Miniaturbibel, finde ich die Übersetzung: Verrücke nicht die ewigen Grenzen ...

Überall steht im Urtext »olam«. Sie spüren: Das ist nicht unser Verständnis von »Ewigkeit«. Da ist nicht an eine grenzenlose Zeit, an Unendlichkeit, an Endlosigkeit gedacht. Da ist Anfang und Ende mitgedacht. Auch wenn es sich um einen langen Zeitraum handelt.

Wir denken ja so, dass »Zeit« und »Ewigkeit« zwei unterschiedliche Dinge sind. Ewigkeit, so denken wir, hat keinen Anfang und kein Ende, Zeit ist messbar, hat ein Ende. Wir sagen ja auch, jemand sei »von der Zeit in die Ewigkeit hinübergegangen«. So lesen wir es manchmal in Todesanzeigen.

»Ewigkeit« ist nicht das, was wir darunter verstehen, nicht »Endlosigkeit«.

Ein sicherer Beleg dafür ist, dass die Bibel eine Mehrzahl von »Ewigkeiten« kennt. So heißt es häufig: von Ewigkeit zu Ewigkeit.

Gott ist vor den Ewigkeiten Gott, und nach den Ewigkeiten ist noch kein Ende. Mehrmals heißt es »olam wa-ed«, sozusagen immer und ewig, oder besser: ewig und weiterhin ...

Der Begriff »ewig« – olam – taucht erst im 3. Kapitel des 1. Mosebuches auf. Am Anfang heißt es: Gott schuf ... Da war nichts außer Gott. Auch keine Zeit, auch keine Ewigkeit. Im Garten Eden ist dann vom Baum des Lebens und vom Baum der Erkenntnis des Guten und Bösen die Rede. Adam und Eva essen Früchte vom Baum der Erkenntnis. Bevor sie Früchte vom Baum des Lebens essen, schickt Gott sie weg aus dem Garten Eden.

> *»Und Gott der Herr sprach: Siehe, der Mensch ist geworden wie unsereiner und weiß, was gut und böse ist. Nun aber, dass er nur nicht ausstrecke seine Hand und breche auch von dem Baum des Lebens und esse und lebe ewig!«*
> (1. Mose 3,22)

Aber auch dies ist keine Formulierung, die auf ein Leben ohne Ende hinweist.

Im Neuen Testament gibt es den Gedanken, dass Gott durch sein Wort oder durch seinen Sohn »die Äonen« schafft, »die Ewigkeiten« bzw. »die Welt«. So auch der Apostel Paulus:

»Er hat uns selig gemacht ... nach der Gnade, die uns gegeben ist in Jesus Christus – wörtlich – ›vor der Äonen Zeiten‹, vor den Ewigkeiten, vor der Zeit der Welt.«
(2. Tim 1,9)

Nun gibt es aber Stellen in der Bibel, die »Gott« und »Ewigkeit« ganz nahe zusammenrücken. In 1. Mose 21,33 ist vom »ewigen Gott« die Rede.

Oder denken Sie an den »Ewig-Vater, Friedefürst« aus Jes 9,5.

Oder, was uns allen geläufig ist, der Anfang des 90. Psalms: Ehe denn die Berge wurden und die Erde und die Welt geschaffen wurden, bist du, Gott (me-olam we-ad olam) – von Ewigkeit zu Ewigkeit.

So heißt es ja auch, vor Gott seien tausend unserer Jahre wie der gestern vergangene Tag (Psalm 90,4) oder: »Du aber bleibst, wie du bist, und deine Jahre nehmen kein Ende.« (Psalm 102)

Die Bibel hat also durchaus Bilder, mit denen sie deutlich macht, dass es für Gott keinen Anfang und kein Ende gibt.

Gott steht außerhalb der Zeit. Wie ein Töpfer und sein Gefäß. Gott schafft die Zeit, Gott schenkt und nimmt Zeit. Gott schafft Ewigkeiten. Dort also, wo in der Bibel »ewig« steht, ist nicht eine endlose Zeit gemeint. Sondern eher eine für den Menschen kaum überschaubare, lange, erstaunlich lange Zeit.

Martin Luther gebraucht dazu das Bild eines Wollknäuels: Wenn ich ein Wollknäuel auflöse, es ist vielleicht 200 oder 300 Meter lang, dann kann ich sehen, was in ihm steckt. Ich sehe einen Anfang, ein Ende, ich kann den Weg als Linie abschreiten. Wie unser Leben. Ein längerer oder kürzerer Wollfaden. Wie die Geschichte der Menschheit. Ich kann nicht überall gleichzeitig sein. Für Gott ist das ganz anders. Gott sieht alles auf einmal. Für Gott gibt es nicht Anfang und Ende. Gott sieht die Ewigkeit als Ganzes.

Aber wir wollten ja wissen, was es mit dem uns Menschen im Glaubensbekenntnis in Aussicht gestellten »ewigen Leben« auf sich hat.

Eine 18-Jährige sagt mir: »Das Leben ist viel zu kurz.« Auf meine Rückfrage erklärt sie, dass sie spüre, sie sei zu sehr gebunden, jetzt durch die Schule, später durch Arbeit, und noch später durch die Gesundheit – sei sie gebunden und könne nicht alles erleben, was möglich wäre und was sie sich eigentlich wünscht. Es ist so viel des Guten, dass ein Leben gar nicht reicht. »Das Leben ist einfach viel zu kurz.«

120 Jahre, so meint die Bibel am Anfang, seien dem Menschen be-

stimmt. Es gibt biologische Theorien, die sagen, Menschen bräuchten eigentlich nicht vor diesem Alter zu sterben, wenn bestimmte hygienische Bedingungen und Ernährungsweisen berücksichtigt würden. Aber das ist nicht gemeint. Die hebräische Sprache kennt abstrakte Begriffe wie Vergangenheit, Gegenwart oder Zukunft nicht. Für uns ist das kaum zu verstehen: Zeit ist nichts Theoretisches, keine Ansammlung von Jahren, sondern etwas zum Anfassen, gute Zeit oder schlechte Zeit, nicht einfach Jahr und Tag. Chronos ist nicht wichtig. Kairos ist wichtig.

Vielleicht erklärt sich auch daraus, dass der Begriff Zukunft in der Bibel nicht vorkommt. Es gibt das Substantiv Zukunft nicht.

Vielleicht kann man es so sagen: Während wir von Vergangenheit, Gegenwart und Zukunft sprechen, spricht die hebräische Sprache von Wirklichkeit und von Möglichkeit. Deshalb ist auch immer gegenwärtig, was einmal war. Deshalb ist im Kern schon jetzt da, was möglich ist. Zeit ist also keine Linie, auf der ich bestimmte Abschnitte abhake – zu kurz oder zu lang. Zeit ist vor allem eines: meine, deine, gute, schlechte – Gottes Zeit. Was »wirklich« war, »wirkt« auch jetzt. Deshalb ist im Kern schon jetzt da, was möglich ist.

»Es ist eine hebräische Tradition, dass man von seinen Vorvätern als ›wir‹ und nicht als ›sie‹ spricht. ›Als wir aus Ägypten errettet wurden ...‹ Dies fördert ein Gefühl der Verbundenheit mit der Vergangenheit, ... es hebt die Zeit auf. Die Juden sind immer gerade dabei, Ägypten zu verlassen. Es ist eine gute Methode, richtiges Verhalten (sc. Ethik) zu lehren ... es geht nicht nur um dieses eine Leben.« (Anne Michaels, Fluchtstücke, Berlin Verlag 1996, S. 195)

Wenn ich auf der Autobahn fahre, dann bestimmt der Unfall oder der Fehler, der möglich ist, mein Fahren jetzt. Was möglich ist, wirkt schon. Und was war, wirkt auch. Selbst das, was mir erzählt wurde, wirkt.

Zeit ist biblisch also keine Linie, auf der ich bestimmte Abschnitte abhake, 70 Jahre, 90 Jahre oder 120 Jahre. Sondern Zeit ist gefüllte Zeit oder vertane Zeit.

Ein jegliches hat seine Zeit, geboren werden hat seine Zeit, sterben hat seine Zeit; pflanzen hat seine Zeit, ausreißen, was gepflanzt ist, hat seine Zeit, lieben hat seine Zeit, hassen hat seine Zeit; Streit hat seine Zeit, Friede hat seine Zeit.

(Pred 3,1–3)

Zeit ist nichts Abstraktes, des Menschen Zeit ist gefüllte Zeit, qualifizierte Zeit.

Sie erinnern sich an den ersten Schöpfungsbericht. An sieben Tagen erschafft Gott den Kosmos. Sieben Tage, Zeit. Nicht einfach zu denken als sieben Kalendertage oder so ähnlich. Es ist qualifizierte Zeit. Einmal wird dies geschaffen, einmal das andere. Und am Ende heißt es immer: Siehe, es ist gut.

Reden wir von »ewigem Leben«, dann bedeutet das nicht die nicht endende Zeit, sondern die nicht endende Treue Gottes, Leben in der verlässlichen Gegenwart Gottes. Im neuen »Äon«, im neuen »Zeitalter«, in der neuen »Welt« ist nicht die Unendlichkeit der Zeit das Entscheidende, sondern die durch nichts mehr infrage gestellte und verborgene Gegenwart Gottes: Er wohnt bei ihnen, sie sind bei ihm, sie sind sein Volk in dieser neuen Welt.

Deshalb – wenn es um das uns im Glauben zugesprochene ewige Leben geht – werden andere Bilder wichtig als die, die Zeit messen oder beschreiben. Es sind Bilder der Beziehung, der Nähe, der Liebe, der Gnade, des Vertrauens und der Beständigkeit, der Angstfreiheit, der Vergebung. Das ist nicht endloses Leben in einem neuen »Äon«, auch dieser Äon mag sein Ende finden, das allein weiß Gott. Aber es ist ein vollkommen neu qualifiziertes, gültiges, nicht entfremdetes Leben. Eine neue Schöpfung, in die hinein wir als Auferstandene gerufen werden. Ewiges Leben heißt: in Gott sein. Alles in allem. Die Kreatur, der »Helml«, ich, du, der Sohn – alles »in Gott«. Eben auch ich. Mit meiner ganzen Geschichte. Nun angekommen, zu Hause. Ich darf teilhaben an der Schöpferkraft Gottes – ohne Angst vor den Folgen. Jetzt erst eigentlich »lebe« ich.

Ewigkeit ist also nicht grenzenlose Zukunft.

Ewigkeit ist heilende Gegenwart Gottes ohne »aber«.

Am Psalm 90 entlang entwickelt Jochen Klepper 1938, um was es eigentlich geht, wenn wir Christen vom »ewigen Leben« reden. Um Gottes ohne »aber« erfahrbare unendliche und gnädige Zuwendung zu seiner Schöpfung, die uns durch Kreuz und Auferstehung Jesu verheißen ist.

Lesung und/oder Singen von EG 64, Der du die Zeit in Händen hast

De profundis – Gott erinnert sich

Psalm 130

Ich habe einen Menschen erlebt, nach außen strotzend vor Kraft, in der Beichte aber bettelnd um eine harte Strafe, damit er seiner Vergebung gewiss werde.

Das gibt es bei uns Evangelischen nicht. Pfarrer verhängen keine Buße. Pfarrer sprechen die Vergebung dessen zu, der allein vergeben kann.

Ich habe eine alte Frau erlebt, zitternd, über 90 Jahre alt. Sie hatte – aus geringem Anlass – Angst um das Heil ihrer Seele.

Ich habe Freunde erlebt, die lachten, als ich »Seele« sagte.

Ich habe Menschen erlebt, die zeitlebens die Schuld für eigene Umwege bei den anderen suchten und sich noch mit einem Fluch auf den Lippen zum Sterben anschickten.

Ich habe Helfer erlebt, die erschraken über ihre eigenen Worte, weil sie nicht gedeckt waren durch Erfahrung.

Ich kenne einen Arzt, der führt genau Buch über alle verstorbenen Patienten. Ich kenne Betriebsleiter, die weinen. Kenne Lehrer, die an den Noten zweifeln. Kenne Mütter und Väter, die in der Nacht wach liegen. Ich kenne mich selbst. Und viele kenne ich, die müde sind. Viele, die krank sind, gekränkt, gedrückt, erniedrigt. Viele kenne ich, die beichten möchten – und es reicht eine Stunde nicht.

Viele kenne ich, die nachts schlaflos auf und ab gehen, und es tröstet kein Fernsehprogramm, kein Medikament, kein Schnaps. Viele kenne ich auf der Flucht. Sie fliehen vor der Wahrheit, fliehen vor dem, was möglich gewesen wäre, fliehen vor den eigenen Träumen und fliehen vor leeren Versprechen, und sie fliehen vor Licht.

Ich weiß nicht, wie groß der Zug wäre, würde ich jetzt einladen, aus der Kirche wegzugehen. Wohin auch immer. Aber dorthin, wo allein der oder die sitzt, an dem du und ich schuldig geworden sind. Vielleicht ist er, ist sie sogar hier.

Der Psalm, der diesen Gottesdienst prägt, macht keinen Umweg.

Aus der Tiefe rufe ich, Herr, zu dir.

Noch ist die Erde im Weltbild der Bibel eine Scheibe, umgeben von einer Kristallkugel, die den himmlischen Ozean von unserer Lebenswelt trennt. Öffnen sich die Schleusen dieser Kristallkugel, an die die Fixsterne geheftet sind, dann regnet es.

Bei Überschwemmungen kommt von unten her das Wasser, die Flüsse und Meere treten über die Ufer.

Alles umgeben von Gott und in der Mitte der Mensch.

Alles dreht sich um dich, um mich.

Der Mensch hat noch nicht die Milliarden anderer Milchstraßen entdeckt.

Der Mensch hat noch nicht seine wahre Größe – seine Nichtigkeit – entdeckt.

Der Mensch spürt nur, dass er Fehler macht.

Dass er schuldig wird. Dass er wehtut, ohne wehtun zu wollen.

Dass er Tiere erschlägt, um Fleisch zu essen.

Dass du lebst, um zu töten.

Dass du tötest, um zu leben.

Dass dein Leben den Tod des anderen Lebens kostet.

Mach dir auch als Vegetarier nichts vor. Spätestens im Sommer an der Windschutzscheibe oder am Kühlergrill – hundertfach der Tod der Insekten, die eben noch fröhlich im Sonnenlicht tanzten.

Nein, beruhige dich nicht.

Du sagst: Das wollte ich nicht.

Du sagst: Es geht nicht anders.

Früher sprachen sie von Erbsünde und meinten, der Mensch scheitere an seiner Freiheit und reiße die Schöpfung mit in die Tiefe.

Aus der Tiefe rufe ich, Herr, zu dir.
Herr, höre meine Stimme!
Lass deine Ohren merken auf die Stimme meines Flehens!
Wenn du, Herr, Sünden anrechnen willst – Herr, wer wird bestehen?
Denn bei dir ist die Vergebung, dass man dich fürchte.

Wann immer ein Mensch versteht, wird er sich fürchten.

Nur törichte Menschen haben keine Furcht.

Aus der Tiefe rufe ich, Herr, zu dir.

Die Menschen des Alten und Neuen Testaments dachten sich die Tiefe tatsächlich da unten, unterhalb der Erde. In der Unterwelt. Dort, wo die Erde auf Säulen steht. Dort, wo die Ungeheuer der Tiefe ihr Unwesen treiben. Dort, wo man die Toten begräbt. Dort, wo die Quellen entspringen.

Eigenartig, dass dort, wo man die Toten begräbt, auch die Quellen entspringen.

Aber vielleicht hilft uns dieses Bild zu einer tieferen Einsicht.

Klage und Lob Gottes, Bitte und Dank sind keine oberflächlichen Äußerungen. Tiefe gibt beidem die eigentliche Qualität.

Wir Christen taufen mit Wasser. Schon die Konfirmanden wissen, es geht dabei nicht um das oberflächliche Abwaschen von Schmutzstellen. Es geht in der Tiefe um die Beseitigung aller Hindernisse, die dafür verantwortlich sind, dass Mensch und Gott, dass Mensch und Mitmensch nicht mehr zueinander passen wollen. Das Puzzleteil hat sich verbogen, hat sich in der Tiefe verändert. Also muss in der Tiefe etwas geschehen.

Wenn in einer Zisterne ein leichter Ölfilm auf dem Wasser schwimmt, dann kann ich den beseitigen. Wenn das Wasser vom Grund her verdorben ist, dann taugt es nicht mehr zum Trinken.

Aus der Tiefe rufe ich, Herr, zu dir.
Herr, höre meine Stimme.

Scheol, das Totenreich, das ist für den Menschen des Alten Testamentes die weitestmögliche Entfernung von Gott.

Einige Beispiele aus anderen Psalmen:

Wenn ich rufe zu dir, Herr, mein Fels, so schweige doch nicht, dass ich nicht, wenn du schweigst, gleich werde denen, die in die Grube fahren.
(Psalm 28,1)

Was nützt dir mein Blut, wenn ich zur Grube fahre? Wird dir auch der Staub danken und deine Treue verkündigen?
(Psalm 30,10)

Du hast mich hinunter in die Grube gelegt, in die Finsternis und in die Tiefe. Dein Grimm drückt mich nieder, du bedrängst mich mit allen deinen Fluten.
Meine Freunde hast du mir entfremdet, du hast mich ihnen zum Abscheu gemacht. Ich liege gefangen und kann nicht heraus.
Mein Auge sehnt sich aus dem Elend. Herr, ich rufe zu dir täglich; ich breite meine Hände aus zu dir.
Wirst du an den Toten Wunder tun, oder werden die Verstorbenen aufstehen und dir danken?
Wird man im Grabe erzählen deine Güte und deine Treue bei den Toten?
Werden denn deine Wunder in der Finsternis erkannt oder deine Gerechtigkeit im Lande des Vergessens?
(Psalm 88,7–13)

Er zog mich aus der grausigen Grube, aus lauter Schmutz und Schlamm, und stellte meine Füße auf einen Fels, dass ich sicher treten kann; er hat mir ein neues Lied in meinen Mund gegeben, zu loben unsern Gott. Das werden viele sehen und sich fürchten und auf den Herrn hoffen.
(Psalm 40,3.4)

Aus der Tiefe, aus der weitestmöglichen Distanz zu Gott, aus dem Totenreich kommt die Klage.

Aus den großen Requien der Kirchenmusik kennen wir den Psalm »Aus der Tiefe rufe ich«: »De profundis«.

Aus der Tiefe, aus der weitestmöglichen Distanz zu Gott, aus dem Totenreich kommt die Klage.

Gott hört dennoch die Klage. Und daraus entspringt eine unscheinbare, vorsichtige Quelle der Hoffnung. Grund für neues Vertrauen.

(Instrumentalmusik; Choralmusik)

Die Seele ist eine weite Reise gegangen.

Eine tiefe Reise.

Die Seele war dort, wo nach jedem menschlichen Empfinden kein Mund mehr lobt, kein Ohr mehr hört.

Gott erinnert sich.

Erinnere dich, Gott, an deine frühere Barmherzigkeit.

Erinnere dich, dass du dein Volk befreit hast aus der Knechtschaft.

Erinnere dich, dass du einen Bund des Lebens geschlossen hast mit Abraham und Noah.

Erinnere dich, dass du uns deine Weisung geschenkt hast am Sinai.

Erinnere dich, dass du den Menschen geschaffen hast aus toter Materie und ihm deinen Atem, deinen Geist eingehaucht hast, damit er lebt.

Erinnere dich.

Gedenke, Herr, an deine Barmherzigkeit und an deine Güte, die von Ewigkeit her gewesen sind.
Gedenke nicht der Sünden meiner Jugend und meiner Übertretungen, gedenke aber meiner nach deiner Barmherzigkeit, Herr, um deiner Güte willen!
Der Herr ist gut und gerecht; darum weist er Sündern den Weg.
Er leitet die Elenden recht und lehrt die Elenden seinen Weg.
Die Wege des Herrn sind lauter Güte und Treue für alle, die seinen Bund und seine Gebote halten.
Um deines Namens willen, Herr, vergib mir meine Schuld, die so groß ist!
(Psalm 25,6–11)

Die Seele ist eine weite Reise gegangen.

Gott erinnert sich.

Gott macht unsere Tiefe zu seinem Innern.

Wir sind nicht in der Tiefe gottlos.

Wir sind in der Tiefe in Gott.

So weit umschließt Gott die Menschen, die Welt, den Kosmos, dass er sein Innerstes nach außen kehrt, Jesus Christus, und das Äußerste, uns, in seine Mitte holt.

Die Seele ist einen weiten Weg gegangen.

Wege der Trauer, Wege der Schuld, Wege der Hilflosigkeit, müde Wege, Wege in die Tiefe.

Nun kommt die Seele nach langem Weg zur Ruhe, zu sich selbst, zu Gott, zur Weite, ja auch zur Höhe.

Denn Gott hat sich erniedrigt, damit wir erhöht werden. Die Seele ist bei Gott, und dorthin gehört sie auch. Da ist ihre Quelle, ihr Heil und ihr Frieden.

Mit dem Sterben leben

Psalm 90

Kann man mit dem Sterben leben? Kann man mit dem Tod leben? Kann man das Loslassen, das Hergeben üben, sodass die Wunden heilen? Und was ist einmal – oder jetzt schon – mit meinem Leben?

Ist das Lebenskunst, sich seiner Grenzen bewusst zu sein und innerhalb dieser Grenzen – Geburt und Tod – weise zu leben und lebenserfüllt zu sterben?

Nicht erst die Massengräber des Zweiten Weltkriegs oder die Erfahrungen in Strahlenbunkern heute lehren uns eine andere Sicht des Sterbens. Jesu Mitleid mit der Witwe, die ihren Sohn zu Grabe trägt, seine Hinwendung zum verstorbenen Lazarus wie auch sein eigenes Zittern vor dem Tod, seine eigene Gottverlassenheit, die er nach dem Bericht der Evangelien hinausschreit, zeigen ein anderes Bild, sind Protest gegen den Tod, zumindest gegen bestimmte Formen des Todes. Der alte Christoph Blumhardt sagt einmal als Erkennungszeichen der Christen: Christen sind Protestleute gegen den Tod.

Wie immer, die Menschen erwarten von den Religionen, damit auch vom christlichen Glauben, zuallererst und im tiefsten Ernst eine Antwort auf den Tod. Der Tod ist keine Antwort, darf nicht die Antwort sein, sagen die Menschen, denken die Menschen. Sie suchen eine Antwort auf den Tod. Und diese Frage geht alle an. Vom ganz behutsamen Umgehen mit solchen Fragen angesichts von Kindern über die Erfahrung, dass man eine Stecknadel fallen hören kann, wenn man vor Jugendlichen und mit ihnen über den Tod spricht, bis zum großen Schweigen und oft genug Verdrängen bei Erwachsenen – es gibt keine Menschheitsfrage, die nur annähernd so Frage aller Menschen ist wie die Frage nach einer Antwort auf den Tod.

Ich möchte mit Ihnen den Psalm 90, jedenfalls die ersten zwölf Verse, auf die ich mich beschränke, durchgehen, um ein wenig das Bild zurechtzurücken, das wir von diesen fast schon geflügelten Worten des Psalms 90 haben. Ich verwende dazu eine Übersetzung des Alttestamentlers Hans-Joachim Kraus, nicht, weil ich die Luther-Übersetzung nicht mag, sondern einfach deshalb, weil sie aus Ehrfurcht vor dem geflügelten Wort Luthers unpräzise und missverständlich ist.

Herr, eine Zuflucht bist du uns gewesen für und für.
Ehe noch Berge geboren wurden – und Erde und Festland in Wehen lagen – von Ewigkeit zu Ewigkeit bist du, Gott!
Du führst den Menschen zurück zum Staub und sprichst: Kommt zurück, Menschenkinder!
Denn tausend Jahre sind vor dir wie der gestrige Tag, wenn er verging, gleich einer Wache in der Nacht.
Du säst sie Jahr um Jahr; sie sind wie das Gras, das nachwächst.
Am Morgen sprießt es und wächst, am Abend welkt es und verdorrt.
Fürwahr – wir schwinden dahin durch deinen Zorn, und durch deinen Grimm werden wir erschreckt.
Du stellst unsere Sünden dir vor Augen, unsere verborgenen Fehler vor deines Antlitzes Licht.
Ja, unsere Tage vergehen vor deinem Grimm, unsere Jahre schwinden wie ein Seufzer.
Die Zahl unserer Jahre ist siebzig Jahre, und wenn es hochkommt, achtzig Jahre. Und ihr Gepränge ist Mühsal und Trug! Ja, eilends ist es dahin, im Flug vergangen.
Wer erkennt die Gewalt deines Zorns, und wer nimmt wahr die Wucht deines Grimms?
Unsere Tage zu zählen – das lehre uns, damit wir einbringen ein weises Herz. Herr, eine Zuflucht bist du uns gewesen für und für.

Eine Zufluchtsstätte ist Gott zeitlebens den Menschen gewesen. Das hebräische Wort, das hier gebraucht wird, ist das Wort für den Unterschlupf, den Tiere finden. Bei dir, Gott, hat man immer Unterschlupf gefunden, wie in der Höhle, wie bei der Mutter.

Ehe noch Berge geboren wurden – und Erde und Festland in Wehen lagen – von Ewigkeit zu Ewigkeit bist du, Gott!

Ganz alte, archaische Bilder tauchen auf, älter noch als die biblischen Schöpfungsmythen. Es ist die »Mutter Erde«, aus deren Schoß das Wasser, die Pflanzen, die Tiere hervorgehen, ein Wunder nach dem anderen. Aber was ist das ganze Spektakel der Schöpfung, heute würden wir sagen, was ist das ganze Spektakel der Evolution gegenüber dir, Gott, denn du warst lange zuvor. Gott war, bevor die Erde wurde, und Gott wird sein, wenn die Erde längst nicht mehr ist. Du bist von Ewigkeit zu Ewigkeit. Du bist grenzenlos gegenwärtig, Gott, zeitlos nah.

Diese Machtfülle, diese Ewigkeit erfährt der Mensch am eigenen Leib. Gott holt ihn zurück, schrumpft ihn zusammen auf das, was er eigentlich ist: Staub; angesichts des ewigen Gottes ist der Mensch Staub. Wörtlich steht hier im Hebräischen »Zermalmtes«. Das ist Staub. Das ist der Mensch. Ein winziges Stäubchen. Ein Wort Gottes genügt, und er wird zurückgerufen zum Staub, er stirbt. Dem Menschen, der das so sieht, geht etwas auf von der Ewigkeit Gottes, von seiner Macht.

Du führst den Menschen zurück zum Staub und sprichst: Kommt zurück, Menschenkinder!
Denn tausend Jahre sind vor dir wie der gestrige Tag, wenn er verging, gleich einer Wache in der Nacht.

Das ist das, was den Menschen offensichtlich noch viel mehr beeindruckt als die Machtfülle. Es ist die Zeitfülle. Tausend Jahre sind wie ein schnell verstrichener Tag. Tausend Jahre. Karl der Große, Kreuzzüge, Hochmittelalter, Päpste, Reformation, 30-jähriger Krieg, Galilei, Kopernikus, Darwin, Französische Revolution, Marx, Kaiserreich, Aufklärung, Demokratie, Atomzeitalter, Weltkriege, Wiedervereinigung, internationaler Terror und Umweltvernichtung – wie ein schnell verstrichener Tag. Wie eine Nachtwache, die damals kürzeste Zeiteinheit, es gab ja keine Uhr. Tausend Jahre – eine dem Menschen fast unvorstellbare Zeitfülle. Was sind da erst die 17, 70 oder 80 Jahre eines einzelnen Lebens? Ewigkeit, das ist unaussprechlich, undenkbar einem Wesen, das in einem Augenblick ist und nicht mehr ist.

Es gibt eine Weltzeituhr, auf der – auf 24 Stunden berechnet – das ganze Werden unseres blauen Planeten aufgezeichnet ist. Auf dieser Weltzeituhr gibt es erst eine Sekunde vor 24 Uhr menschliches Leben. 86.399 Sekunden sind vergangen, bis der Mensch sich aus dem Tierreich erhebt, aufrecht geht, sich von den Tieren unterscheidet. 86.399 Sekunden Leben ohne den Menschen, eine Sekunde mit dem Menschen. Das ist die Weltzeituhr. Und Gott misst noch in ganz anderen Maßen.

Gott ist einer, der die Menschen auf die Erde sät. Und sie wachsen, Ein-Tages-Gras, welken, verdorren am Abend. Das ist nicht trauriger Pessimismus. Im Gegenteil, das ist gläubiger Realismus. Der Dichter des Psalms sieht die Dinge, wie sie sind. Von Gott her gesehen. (Weiser, ATD 15, Psalmen 61–150, S. 407) Ständig sät Gott, ständig wächst neues Gras nach, von ebenso kurzer Lebensdauer. Eine Fülle von Menschen und Völkern sieht er kommen und gehen, kommen und gehen, kommen und gehen. Große Reiche schrumpfen auf ihr Maß, große Ideen auf ihren wirklichen Gehalt, der Mensch auf seine wahre Größe. Was allein zum Staunen übrig bleibt: Gott, der Sämann, der Schöpfer. Luther kommentiert: »... was wir nach der Zeit ansehen und messen als ein seer lange ausgezogene messschnur, das sihet er alles auff einem klewel (knewel?) zusammen gewunden, Und also beide, den letzten und ersten Menschen, Tod und leben jm nicht mehr denn ein Augenblick ist.« (WA 22, 402, zit. nach Kraus, Psalmen 60–150, S. 798) Ein Wollknäuel. Ein wunderbares Bild. An dem uns vieles klar wird. Das, was sich da bewegt, auf langen Wegstrecken sich windet und lebt, kommt und geht, Milliarden Jahre, Kommen und Gehen von Sonnensystemen und Milchstraßen, Kommen und Gehen von Leben und Nichts, alles auf einen Augenblick. So sieht Gott. Und wir?

Fürwahr – wir schwinden dahin durch deinen Zorn, und durch deinen Grimm werden wir erschreckt.
Du stellst unsere Sünden dir vor Augen, unsere verborgenen Fehler vor deines Antlitzes Licht.
Ja, unsere Tage vergehen vor deinem Grimm, unsere Jahre schwinden wie ein Seufzer.

Nicht wie ein »Geschwätz«, das ist so abwertend. Das ist das Leben nicht, das Arbeiten und Lieben, das Gestalten und Träumen, das Verwirklichen und Versagen, das ist nicht ein Geschwätz. Nur bei wenigen vielleicht, manchmal. Es ist – kurz und intensiv, ein Seufzer. Ein Atembogen. Es kommt und schwindet wie ein Seufzen, das Leben. Warum? Warum kann der Atem nicht bleiben? Warum verklingt ein Ton? Warum stirbt der Mensch?

Der Mensch erhebt sich, überhebt sich. Wir fühlen uns erinnert an den Sündenfall, der Mensch erhebt sich, überhebt sich, will in seiner Hybris Gott spielen. Und bevor er nur einen Zipfel, eine Ahnung von Gottes Ewigkeit ergreift, holt ihn der Zorn Gottes zurück auf den Boden, in den Staub. Mit dem Tod stutzt Gott den Menschen auf das ihm gebührende Maß zurück: ein Stäubchen. Während sich Gott erhebt und sagt: Ich bin der Herr, dein Gott. Der Mensch steht erschüttert vor der Wirklichkeit seines Lebens im Angesicht Gottes.

Die Zahl unserer Jahre ist siebzig Jahre, und wenn es hochkommt, achtzig Jahre. Und ihr Gepränge ist Mühsal und Trug! Ja, eilends ist es dahin, im Flug vergangen.
Wer erkennt die Gewalt deines Zorns, und wer nimmt wahr die Wucht deines Grimms?

Enttäuscht ist der Mensch. Ent-täuscht. Ohne Selbsttäuschung, ohne Selbstbetrug sieht er sein Leben, wie es ist. 70, wenn's hoch kommt, 80 Jahre. Und das ganze Gepränge, der ganze Prunk und Schmuck, die ganze Show fällt in sich zusammen. Abmühen und sich etwas vormachen. Im Angesicht Gottes bricht die Fassade zusammen, und wir spüren, wer wir sind: ein Gedanke Gottes, ein Saatkorn Gottes, ein Gras, dem er Leben schenkt auf Zeit.

Aber wer öffnet seine Augen vor dieser Wahrheit? Wer erkennt? Wer schaut hinter Kulissen und Fassaden? Wer fasst die Gewalt und die Wucht Gottes? Wer erschrickt, wenn er anfängt, zu denken? Wer lebt in Gottesfurcht?

Es scheinen wenige zu sein, wenn er so fragt. Zu viele, die im Wahn leben. Der Mensch sucht seinen Willen, seine Lust, seine Größe. Und Nietzsche hat schon Recht: Alle Lust will – Ewigkeit. Und so will der Mensch Ewigkeit. So will der Mensch Gott sein. Weil er es nicht erträgt, dass seiner Lust und seinem Willen und seiner Größe Grenzen gesetzt sind. Aber wer glaubt das? Wer lebt so? Wer kann so weise vor Gott treten? Und so endet der Beter des Psalms in einer Bitte, weil er spürt: Das kann der Mensch nicht aus sich selbst. Das muss ihm Gott geben.

Unsere Tage zu zählen – das lehre uns, damit wir einbringen ein weises Herz.

Ja, da hat Luther sehr missverständlich übersetzt, interpretiert. Lehre uns bedenken, dass wir sterben müssen. Sterben. Müssen.

Im Hebräischen ist das viel positiver. Bring uns das Zählen bei, Gott. Damit wir die Relation erkennen.

Du und wir.

Damit wir das Geschenkte füllen. Lass uns uns nicht ausstrecken nach Ewigkeit, sondern leben in Grenzen.

Lass uns mit Sterben und Tod *leben*.

Und so endet er, wie er begonnen hat, mit dem Lob Gottes. Mit dem, der Zuflucht ist seit Menschengedenken. Mit dem, der Unterschlupf bietet dem Flüchtigen und ein Zuhause dem Unsteten. Er endet bei dem, der war, der ist und der bleibt. Und der so wenig von uns Vorübergehenden in Anspruch genommen wird.

Die Feststellung, dass Gott Gott ist und der Mensch Mensch, endet nicht bedrohlich, sondern einladend. Der auf Gottes Ewigkeit zurückgeworfene, vergängliche Mensch erfährt Gott im Glauben als Zuflucht.

Er ist nur ein Seufzer, aber er ist ein Seufzer Gottes. Er ist ein Stäubchen, aber er bringt Frucht, wächst und lebt. Er ist nur ein Augenblick, aber er ist im Blick der Augen Gottes.

Er ist enttäuscht, aber nun erkennt er Gott. Sein Sterben, seine Grenzen, sein Tod sind ihm eine Lehre. Er ist einen Schritt weiter. Er weiß, dass Gott die Welt regiert. Dass Gottes Wille herrscht. Und in diesem Willen kommt er zur Ruhe. Denn tief drinnen weiß er: Er meint es gut.

An der äußersten Grenze des menschlichen Lebens, da, wo sonst Schweigen Antwort ist auf die Betroffenheit, wo die Heilsgeschichte an ein Ende kommt, wo das Gute nur noch Erinnerung ist, wendet sich ein Mensch doch noch an Gott und stößt eine neue Tür auf. Sehr verhalten. Sehr sensibel. Sehr ehrlich.

Claus Westermann meint, dieser Psalm sei »eines der Worte am Rande des Alten Testaments, das nach einem ganz Neuen ruft« (Der Psalter, S. 102). Und nach diesem Psalm folgt in seinem Psalmenbuch das Kapitel: Die Psalmen und Christus. Das letzte Kapitel. So, als ob einer im Alten Testament die Tür aufstößt und sagt: Gott, ich weiß, da ist noch mehr, was du als Antwort hast auf den Tod. Lass mich in dieses Haus. Lass mich in deine Zuflucht. Und erzähl mir das letzte Kapitel. Erzähl mir von Jesus Christus.

Jesus Christus ist das letzte Kapitel der Antwort Gottes auf den Tod. Dieses Kapitel zu entfalten ist uns aufgetragen. Aber man muss wahrscheinlich doch erst die anderen Kapitel vorher gründlich studiert haben, um diese Tür als Öffnung, als Gnade, als Befreiung, als Heimat zu begreifen. Oder mit Johannes gesagt: als Weg, als Wahrheit und als Leben.

Herr Jesus Christus, schenke uns diesen Glauben, nimm uns die Angst, öffne uns die Tür, lass uns deine Liebe spüren in unseren Grenzen, sei du unser guter Herr im Leben und im Tod.

Eine neue Sicht

Offenbarung 21,1–7

Es gibt für Christen keine größere Herausforderung als den Tod.

Diese Herausforderung reicht von allem, was tötet oder Tod fördert hier im Leben, bis über Tod und Sterben hinaus und fragt über den Tod hinaus nach dem, was sein wird mit den Verstorbenen.

Unser Leben als Christen ist ein einziger Kampf gegen die Mächte des Todes. Der Tod ist kein Freund. Es mag Religionen oder Weltanschauungen geben, die das behaupten. Zumindest die Trauernden wissen: Der Tod ist kein Freund.

Mag sein, dass der Tod eine Erlösung ist. Mag sein, dass Menschen des Lebens überdrüssig sind. Aber der Tod ist kein Freund.

Ich lese Ihre Todesanzeigen, und dort steht meist: plötzlich und unerwartet, viel zu früh, aus unserer Mitte, nach langem Leiden – alles Ausdrücke, mit denen Menschen, die einen anderen liebgehabt haben, sagen: Warum denn? Warum denn jetzt schon und warum so? Nein, der Tod ist kein Freund.

Der Tod ist ein Feind. In der Gestalt unheilbarer Krankheit wie in der Gestalt des Hungers oder der Flutwelle. In der Gestalt des Terrors ebenso wie in der Gestalt des Infarktes. Christen werden sich nie abfinden können mit dem Tod.

Christen sind Protestleute gegen den Tod, sagt der alte Christoph Blumhardt. Mir reicht das nicht.

Ja, Christen sind Protestleute gegen den Tod. Aber es muss dazu gesagt werden: Christus ist Sieger über den Tod.

Tod und Hölle – Paulus sagt, der Stachel sei ihnen gezogen:

> *Tod, wo ist dein Stachel? Tod, wo ist dein Sieg? Gott sei Dank, der uns den Sieg gibt durch unseren Herrn Jesus Christus.*
> (1. Kor 15)

Wie kann man so reden? Woher nimmt dieser Paulus und woher nimmt der Seher Johannes in unserem Predigttext die Kühnheit, zu behaupten, der Tod sei besiegt, das Entscheidende sei geschehen?

Das waren ja keine besseren Zeiten damals.

Wir sind ganz dicht an zentralen Fragen unseres oft schwachen Glaubens.

Wie ist das mit der Wiederkunft Christi?

Wie ist das mit dem Tod?

Gibt es etwas nach dem Tod, was nicht Tod ist?

Ja, was ist überhaupt »Tod«?

Die Beendigung aller Lebensfunktionen, ein unumkehrbarer Herzstillstand mit dem Zusammenbrechen aller Herz-Kreislauf-Funktionen, oder ein unumkehrbarer Ausfall des Gehirns …

So ungefähr lautet die medizinische Definition. Aber das ist keine Aussage, die mich befriedigt. Es geht mir um den Menschen, und nicht nur um die Funktion seiner Organe. Es geht mir um eine Person, und nicht um ein Gehirn.

Auch wenn der Mensch den Kampf gegen bestimmte Krankheiten gewinnt, objektiv betrachtet ist der Kampf gegen den Tod verloren.

Nichts ist sicherer von Lebensbeginn an als dein Tod.

Der Unterschied ist graduell, Jahre mehr und Jahre weniger. Und so fängst du im mittleren Alter, wenn die Krankheiten nicht mehr verfliegen, sondern dich ab und zu schon etwas mürbe machen, dann fängst du an mit Diäten, denn ein gesunder Magen ist weniger krebsanfällig, gehst laufen, denn ein gesundes Herz schlägt länger, achtest auf Cholesterin, legst dich nicht mehr so lange in die pralle Sonne, trinkst ein Glas weniger und lässt sogar das Rauchen sein.

Und dann fährst du in den Urlaub, und kurz vor Salzburg endet dein Leben an einer Autobahnleitplanke.

Die Macht des Todes ist eine andere Qualität.

Vielleicht wird der Tod in unserer Zeit deshalb so gerne harmonisiert oder verdrängt.

Unser gesellschaftlicher Kampf gegen den Tod ist nichts anderes als ein zäher, mit kleinen Erfolgen versehener Kampf um ein paar Tage, Monate oder Jahre Lebensverlängerung. Und wie dieses Leben aussieht, ist dabei noch gar nicht gesagt.

Und – wenn wir nicht »betroffen« sind, dann trifft uns der Tod anderer meist nur durch die gedankliche Möglichkeit: Das hätte ich sein können. Oder: Wenn das mein Kind gewesen wäre.

Ich bin regelrecht erschrocken, als ich in diesen Tagen eine kleine rückblickende Notiz las über den schlimmen Massentod 1984 in Indien, als 2.400 Menschen an Vergiftung durch einen Chemieunfall starben. Ich hatte das schon längst vergessen.

Auch in Bangladesch eben Tausende Tote durch den Wirbelsturm. Anfangs noch eine Top-Nachricht.

Man vergisst so leicht den Tod der anderen, der vielen anderen.

Es wäre ein Trost, und es wäre ein wichtiger Fortschritt der Menschheit, wenn wirklich jeder von uns alt und lebenssatt sterben könnte.

Der Hunger, die Kriege, die Unfälle, die Zerstörung der Natur – wir könnten eindämmen, wir könnten Leben, sehr viele Leben verlängern.

Das wäre ein Trost für all die, die viel zu früh auseinandergerissen werden.

Es fiele uns leichter, zu sterben, wenn wir wirklich gelebt hätten. Unser Leben ausgekostet, das Geschenk des Lebens ganz ausgepackt.

Ich verstehe gut, dass das Alte Testament diese Ängste und Erfahrungen ernst nimmt. Unser Text ist eine Zitatensammlung aus dem Alten Testament, neu formuliert.

Es ist kurz erzählt.

Die Propheten des Alten Testamentes sagen: Es wird eine Zeit kommen, da wird nicht mehr geweint, wird kein Krieg mehr geführt, regieren Recht und Gerechtigkeit, wer mit 100 Jahren stirbt, gilt als Knabe, Mensch und Natur vertragen und ergänzen sich. Eine neue Erde und einen neuen Himmel wird Gott schaffen. Und er wird bei seinem Volk wohnen.

Der Seher Johannes kennt all diese Texte, fasst sie zusammen und gibt aber dem Ganzen eine neue Wendung. Er sagt:

Ich hab es gesehen. Der neue Himmel und die neue Erde sind da.

Gottes Hütte, Gottes Zelt, Gottes Gegenwart ist da.

Er ist da als »Immanuel«, als Gott mit uns, als Jesus Christus.

Der Seher hört Gott sprechen: Siehe, ich mache alles neu – und kurz danach sagt Gott: Es ist geschehen.

Da stehen wir unter weinenden Menschen, unter ratlosen Ärzten, unter alleingelassenen Kindern, auf Kriegsschauplätzen und in Unfallkliniken und hören: Das Entscheidende ist geschehen.

Mir war diese Frage auch lange ein Rätsel. Wie kann man sagen, das Heil sei da, und es ist so wenig Heil sichtbar.

Ich habe für mich einen Schlüssel gefunden und hoffe, er passt auch auf Ihre Fragen.

Mir ist zuerst an dem Text aufgefallen, dass er mal in der Vergangenheit redet, mal in der Zukunft, mal in der Gegenwart.

»… und Gott wird abwischen alle Tränen von ihren Augen, und der Tod wird nicht mehr sein, noch Leid noch Schmerz wird mehr sein; denn das Erste ist vergangen. Und der auf dem Thron saß, sprach, siehe, ich mache alles neu. Und er sprach zu mir: Es ist geschehen, ich bin das A und O.«

Alle Zeiten in einer, das ist die Tiefe, aus der wir leben. Das ist der Grund unseres Seins, das ist Ewigkeit.

Alle Zeiten in einer:

Das ist der Tod mitten im Leben, von dem die Bibel oft spricht, dass einer längst schon gestorben ist, obwohl er noch lebt.

Das ist das Leben nach dem Tod. Dass einer lebt, den man gekreuzigt, hingerichtet und begraben hat.

Alle Zeiten in einer. Das ist Gottes Zeit.

Ich habe es auch an den wunderbaren Kalvarienbergen in der Bretagne gesehen. Bühnen aus Stein für die Geschichte Gottes mit den Menschen.

Die ganzen Evangelien dargestellt, die Passion bis zur Auferstehung. Um sich in die ganze Geschichte zu versenken. Da ist alles in einem. Von der Geburt bis zur Auferstehung. Tod und Leben. Heilung und Hinrichtung.

Da ist nicht alles zu seiner Zeit. Da ist alle Zeit in einer.

Wenn ich nun den Kalvarienberg meditierend umwandere, dann ist es mein Blickwinkel, der dazu führt, dass ich nur einen Ausschnitt sehe.

Heute vielleicht besonders den Ausschnitt Leid. Morgen vielleicht den Ausschnitt Hoffnung.

Es gibt keine Möglichkeit, das Ganze auf einmal zu sehen. Ich muss mich entscheiden, was ich betrachten will.

Es gibt Menschen, die aus der Tiefe des göttlichen Segens, durch Meditation, Gebet, Versenkung ein wenig mit den Augen Gottes die Welt betrachten durften. Einen kurzen ganzheitlichen Blick der Zeit geschenkt bekamen. So einer ist der Seher Johannes. Und er sieht: Einer hält die Zeit, die uns zwischen den Fingern zerrinnt, in Händen. A und O. Zugleich Anfang und zugleich Ende.

In unserem Anfang ist gleich Ende mitgegeben. Und unser Ende ist ohne Neuanfang.

Für unseren Gott, für »Gott mit uns«, fallen A und O zusammen, sind Anfang und Ende hineingenommen in *eine* Zeit, alle Zeiten in einer. Um das den Menschen ganz nahe zu bringen, bezieht Gott Wohnung bei den Menschen, wird Gott Mensch, Jesus Christus.

An seinem ganzen Leben können wir meditierend und uns hineinversenkend sagen:

Der Tod ist verschlungen in den Sieg.

Ich sehe den Sieger.

Ich sehe den Anfänger, und ich sehe auch den Vollender.

Ich sehe mit den Augen Gottes, und siehe, das ist für mich ein neuer Himmel, eine neue Erde.

Nicht nur, dass zeitliche Trennung aufgehoben ist, die uns ja so schmerzt. Nein, auch das alte Weltbild bricht zusammen. Da ist nicht mehr hier Himmel und da Erde und dort das Reich der Toten. Das ist alle Welt in einer.

Das ist oben und unten zusammen, hier ist die Mitte alles Seins.

So wollen wir den Tod unserer Verstorbenen betrachten. Und so wollen wir auch dem sicheren eigenen Tod begegnen. Mit den Augen Gottes. Mit dieser ganzheitlichen Sicht von Zeit und Raum.

Vielleicht ist dieser Gedanke auch für Naturwissenschaftler zumindest nachvollziehbar. Auch für kritische Menschen. Denn gerade kritische Menschen sind sich besonders dessen bewusst, dass alle Sicht nur einen Ausschnitt zeigt.

Aber vielleicht sagen Sie auch, ich kann so nicht sehen. Meine Augen sind noch voller Tränen. Meine Augen sind gefesselt vom Alltag. Ich habe keine Zeit. Ich kann nicht meditieren. Ich habe Schwierigkeiten mit dem Gebet.

Auch ich bin weiß Gott nicht jeden Tag frei für diese neue Sicht.

Deshalb braucht einer den anderen

Ein Letztes: Es gibt Kalvarienberge, da sehen wir nur ein Kreuz und die weinende Maria. Nur eine Szene. Da ist diese Ganzheitlichkeit weg.

Wir als Gemeinde Jesu Christi sind Abbild des Ganzen. Wir haben gebetet: … ich glaube an die Gemeinschaft der Heiligen, die Auferstehung der Toten, das ewige Leben …

Die große Hoffnung über den Tod hinaus, die neue Sicht steht eigenartigerweise im Zusammenhang mit dieser Gemeinschaft, mit dem Geist Gottes in uns und durch uns.

Unsere Aufgabe ist es, den Menschen unserer Zeit auf der Bühne der Geschichte Gottes mit den Menschen neben die Szenen des Todes Szenen des Lebens zu setzen.

Neben Bilder der Trauer solche der Hoffnung. Neben den Hunger das Brot für die Welt. Neben das Feindbild unsere Botschaft des Friedens.

Wir leben mitten unter den Mächten des Todes. Kein Zweifel. Aber wir dienen ihnen nicht.

Wir dienen dem einen Gott, dem »Gott mit uns«, dem, der den Tod überwunden und uns die Erkenntnis der Fülle Gottes gegeben hat: Jesus Christus. Unser Herr. Im Leben und im Tod. Im Tod und im Leben.

Andachten in der Friedensdekade

Meditation: Frieden, und ist doch kein Frieden

Bibeltext: Matthäus 10,34–39

Ihr sollt nicht meinen, dass ich gekommen bin, Frieden zu bringen auf die Erde.

Wie soll das zugehen? Hatten nicht die Engel bei seiner Geburt gesungen:

Ehre sei Gott in der Höhe und Frieden auf Erden allen Menschen seines Wohlgefallens.

Ich bin nicht gekommen, Frieden zu bringen, sondern das Schwert.

Hat er denn nicht Petrus das Schwert aus der Hand gerissen? Hat er nicht in seiner Abschiedsrede gesagt: Meinen Frieden gebe ich euch ...? Hat er nicht gewarnt: Wer das Schwert ergreift, der wird durch das Schwert umkommen?

Denn ich bin gekommen, den Menschen zu entzweien mit seinem Vater und die Tochter mit ihrer Mutter und die Schwiegertochter mit ihrer Schwiegermutter.

Das fehlt gerade noch. Alles bricht auseinander. Familien zerbrechen. Ehen zerbrechen. Generationen brechen auseinander. Gibt es nicht schon genug Scherbenhaufen? Nun auch noch ein göttlich verursachter Scherbenhaufen als Krönung?

Und des Menschen Feinde werden seine eigenen Hausgenossen sein.

Das erinnert an Zeiten der Diktatur, an die NS-Zeit, an die Zeit in der DDR. Einer bespitzelt den anderen. Sohn verrät Vater. Deine Nachbarn notieren Besuche und melden der Stasi jeden deiner Schritte.

Wer Vater oder Mutter mehr liebt als mich, der ist meiner nicht wert; und wer Sohn oder Tochter mehr liebt als mich, der ist meiner nicht wert.

Aha. Das also ist des Pudels Kern. Ist Jesus eifersüchtig auf die Liebe und die gegenseitige Achtung von Menschen? Und: Wie verträgt sich das mit dem vierten Gebot der Elternliebe?

Und wer nicht sein Kreuz auf sich nimmt und folgt mir nach, der ist meiner nicht wert.

Will Jesus mein Leiden, vielleicht meinen Tod? Ist sein Joch nicht sanft, seine Last nicht leicht? Gilt nicht die Verheißung: Ich lebe, und ihr sollt auch leben?

Wer sein Leben findet, der wird's verlieren; und wer sein Leben verliert um meinetwillen, der wird's finden.

Das mag sich sprachlich gut anhören. Aber ist es nicht sein Auftrag, den Sinn meines Lebens zu entdecken? Ist nicht gesagt, wir sollten Leben in voller Genüge haben?

Wesentliche Fragen.

Wesentliche Fragen erfordern ausführliche Klärungen.

Das Bild der Familienentzweiung stammt fast wörtlich aus dem griechischen Alten Testament (Micha 7,1–7).

Und das ist dann eindeutig. Im Talmud heißt es:

»Kurz vor dem Auftreten des Messias wird die Unverschämtheit groß werden und der Druck (der Gewalthaber) zunehmen. Der Weinstock gibt seine Frucht, aber der Wein ist teuer. Die Regierung wendet sich zur Ketzerei, und es gibt keine Zurechtweisung. Das Versammlungshaus wird zur Unzuchtsstätte, Galiläa wird verwüstet und Gablan verheert werden und die Einwohner des Grenzlandes ziehen von Stadt zu Stadt und finden kein Erbarmen. Die Weisheit der Gelehrten wird stinkend, und die

sich vor der Sünde scheuen, werden verachtet, und die Wahrheit wird vermisst. Jünglinge beschämen das Angesicht der Greise, Greise stehen auf vor Knaben, der Sohn verunehrt den Vater, die Tochter lehnt sich wider ihre Mutter auf, die Schwiegertochter wider ihre Schwiegermutter, die Feinde des Mannes sind seine Hausgenossen. Das Aussehen des Geschlechts (der dann lebenden Generation) ist wie das Aussehen des Hundes, indem der Sohn sich nicht vor seinem Vater schämt. Auf wen sollen wir uns stützen? Auf unsren Vater, der im Himmel ist.«
(Sota 9,15)

Schon im Judentum also wird der Micha-Text, den Matthäus wieder wörtlich Jesus in den Mund legt, benutzt, um die Endzeit zu beschreiben. Es ist wahrscheinlich, dass Jesus also dieses Wort nicht selbst gesagt hat. Auch wenn er selbst in seiner eigenen Familie eine Spaltung bewirkte:

»Und es kamen seine Mutter und seine Brüder und standen draußen, schickten zu ihm und ließen ihn rufen. Und das Volk saß um ihn. Und sie sprachen zu ihm: Siehe, deine Mutter und deine Brüder und deine Schwestern draußen fragen nach dir. Und er antwortete ihnen und sprach: Wer ist meine Mutter und meine Brüder? Und er sah ringsum auf die, die um ihn im Kreis saßen, und sprach: Siehe, das ist meine Mutter und das sind meine Brüder! Denn wer Gottes Willen tut, der ist mein Bruder und meine Schwester und meine Mutter.«
(Mt 3,31–35).

Aber das weiß auch der Schreiber des Matthäusevangeliums.

Um Endzeit geht es, um Krisenzeit, um Zeichen für Endzeit.

Der Blick in die jüdische Tradition, in der die Gemeinden des Matthäus immer noch tief verwurzelt sind – es werden ursprünglich jüdische Gemeinden in Syrien gewesen sein –, zeigt, dass in diesen Bildern Krisenzeit angesprochen ist, Endzeit, Messiaszeit.

Zur messianischen Zeit gehört die Vorstellung, dass der Riss quer durch die Familien geht, es gibt Spaltungen unter den Allernächsten.

Es gibt in der jüdischen Literatur keine Parallele zum »Schwert-Wort«.

Der griechische Begriff, den wir mit Schwert übersetzen, bedeutet eigentlich »ein großes Messer«. Es ist ein Kurzschwert im Unterschied zum großen, breiten Schwert, das man als Waffe im Krieg gebraucht.

So ist auch die Deutung des Lukas einsichtig: Es ist das »Auseinanderschneiden«, das Zweiteilen von Familien gemeint, nicht der Krieg. Dann bedeutet Frieden hier auch nicht den politischen Frieden, sondern das harmonische Zusammenleben von Eltern und Kindern, Mann und Frau.

Matthäus redet hier ebenso scharf wie zum Beispiel in 8,21f:

> *»Und ein anderer unter den Jüngern sprach zu ihm: Herr, erlaube mir, dass ich zuvor hingehe und meinen Vater begrabe. Aber Jesus spricht zu ihm: Folge du mir, und lass die Toten ihre Toten begraben!«*

Die Radikalität dieser Worte muss für jüdische Hörer sehr befremdlich wirken:

> *»Solche Spaltungen erwartete man im Judentum für die Zeit vor dem Kommen des Messias und verstand sie als Ausdruck eines letzten Triumphs der Sünde und des Bösen. In unserem Wort sind sie mit dem Kommen Christi verbunden: Gerade die Sendung Christi wird die Schrecken der Endzeit bringen.«*
> (U. Luz, Das Evangelium nach Matthäus, S. 138)

Wir dürfen also das Wort vom Bringen des Schwertes lesen als radikale Verschärfung der Konflikte, die mitten in die Familien einbrechen mit dem Kommen des Messias. Er kommt also nach diesem Verständnis nicht als Friedensbringer, sondern mit seinem Kommen ist erst einmal größter Konflikt angesagt, Spaltung, Trennung, das Zerschneiden dessen, was vor Gott zusammengehört.

Familie, Gemeinschaft, auch Kirche, das sind Ordnungen, die einen möglichst großen Wohlstand der Teilhaber zum Ziel haben. »In vollkommenem Gegensatz dazu möchte Matthäus seine Gemeinde eingerichtet sehen. Die maßgeblichen Worte dazu entnimmt er bereits Markus 6,7–11, wo Jesus den zwölf Jüngern, als er sie in die Städte Galiläas schickt, ausdrücklich verbietet, irgendetwas auf den Weg mitzunehmen:

> *»... kein Brot, keine Tasche, kein Geld im Gürtel, allein Sandalen untergebunden, und: Zieht euch nicht doppelte Gewänder an!«*

Lediglich einen Stab mitzunehmen gestattet Jesus den Jüngern bei Markus. Matthäus indessen, der in 10,5–10 diesen Worten folgt, korrigiert sogar diesen rigorosen Text nach dem noch radikaleren Vorbild der ursprünglichen Text-Quelle: Nicht einmal Schuhe sollen die Jünger mitnehmen, auch einen Stab sollen sie nicht mitführen, und (natürlich!) sollen sie weder Gold noch Silber noch Kupfer mitnehmen. Vollkommen mittellos, barfuß und wehrlos also, das ist die Art, wie Matthäus sich die »Apostel« des »Herrn« vorstellt, wenn sie in seinen Augen glaubwürdig bleiben sollen. Gewiss, das folgt der Einstellung, die sich auch sonst bei dem ersten Evangelisten zeigt, zum Beispiel, wenn Jesus in der Bergpredigt die Menschen zwischen Gott und dem Geld vor die Wahl stellt:

> *»Ihr könnt nicht Gott dienen und dem Mammon«*
> (Mt 6,26);

doch entscheidend ist, dass Matthäus die Armut zu einer unbedingten Forderung der Verkündigung selbst erhebt, ... weil er von einem absoluten Reichtum in Gott ausgeht:

> *»Umsonst habt ihr empfangen, umsonst gebt!«*
> (Mt 10,8.)

Diese Erfahrung stellt für ihn die Grundlage dar, um sich rückhaltlos vor allem den »Kranken« und »Besessenen« zuzuwenden. Es ist die gelebte Bitte des »Vaterunsers«:

> *»Gib uns heute das Brot, das wir brauchen.«*
> (Mt 6,17)
> (Eugen Drewermann, Das Matthäusevangelium, Bd. 1, S. 38)

Wenn Jesus im Matthäusevangelium sagt: Kehrt um!, dann meint er nicht mehr wie Johannes, die Menschen sollten wieder die gegebenen Gebote halten, sich anstrengen, dem Gesetz zu genügen, er meint vielmehr: Vertraut auf Gott. Verlasst euch auf Gott. Fürchtet Armut und Konflikt nicht. Das ist eine andere Umkehr. Die damit gegebene neue Ordnung wächst von innen, aus dem Vertrauen.

Kehrt um, weg von der Angst vor Gott, weg von der Furcht, Fehler zu machen und nicht zu genügen, hin zum Vertrauen, geliebte Menschen, begabte, befähigte, befreite Menschen zu sein.

Eugen Drewermann meint deshalb zu Recht, das Matthäusevangelium tauge ganz und gar nicht dazu, eine hierarchisch strukturierte, mächtige Kirche als Vorstellung Jesu aus dessen Worten abzuleiten. Er schreibt:

»Wenn sich aus solchen Grundlagen eines gemeinschaftlichen Zusammenlebens die ›Ordnung‹ einer ›Gemeinde‹ ableiten lässt, so ist sie im Sinne des Matthäus gewiss das strikte Gegenteil dessen, was wir heute als die Verfassung insbesondere der katholischen Kirche vor uns sehen: Sie ist eindeutig und in aller Entschiedenheit nicht patriarchalisch, nicht autoritär, nicht lehramtlich verfasst, nicht macht- und weisungsgebunden. Sie ist eine Gemeinschaft von Menschen, denen nur Christus selber als Lehrer gilt (Mt 23,10) und die in sich selber die Gegenwart ihres Meisters verkörpern: ›Denn wo zwei oder drei in meinem Namen versammelt sind, da bin ich mitten unter ihnen‹ (Mt 18,20).«
(Eugen Drewermann, Das Matthäusevangelium, S. 27)

Der Jesus des Matthäusevangeliums sagt:

Nun macht euch nichts vor. Ich bin kein Harmoniebringer. Ich bin aber auch kein Revolutionär, der die Römer aus dem Land jagt.

Aber ich bin es. In mir ist erfüllt, was die Hoffnung genährt hat. Doch es kommen nicht eure Bilder, es kommt ein Ich. Der Sohn in Vollmacht.

Das bringt durcheinander, das reißt auseinander, das ist mit Gefahr verbunden. Wer sich mir anschließt, wird zum Kriterium. Sein Friedensgruß wird zurückgewiesen, sein Eintritt ist unerwünscht.

Nun fürchtet euch nicht vor den Folgen.

Es ist ganz normal, dass ihr euch Feinde macht, besser: dass andere euch zu ihren Feinden machen. Nun fallt nicht um, wenn ihr Gegenwind spürt. Ihr seid aufgestanden, ihr habt euch aufgerichtet, ihr habt euch befreit, nun geht und lasst euch nicht von der Furcht aufhalten. Ich bin bei euch.

So wie dieses »Ich« die Bruchstücke des Textes verbindet, so hält dieses »Ich« eben auch alles Auseinanderbrechende, alles Leben und Sterben, alles Streiten und Versöhnen, alle Welt zusammen. Ich bin bei euch alle Tage bis an der Welt Ende. Deshalb seid ohne Furcht, wenn sie euch trennen, euch verfolgen, euch Schlimmes antun. Lasst euch nicht wieder umbiegen, klein machen, krank machen, ängstigen. Im Gegenteil, geht aufrecht, setzt euch aus, steht auf, folgt nach. Mir.

Lässt sich das nun übertragen, übersetzen, was wir zusammengetragen haben?

Wir bewegen uns auf sensiblem Terrain. Wir bewegen uns auf den Wunden von Menschen. Nach Sterben und Tod sind neben gravierenden Unfällen mit bleibenden gesundheitlichen Schäden und beruflichen Einbrüchen Trennungen und Scheidungen wohl die menschlichen Erfahrungen, die die tiefsten Wunden hinterlassen. Ich habe noch keinen Geschiedenen erlebt, der »gelassen« reagiert hätte auf Bemerkungen, Fragen, Urteile. Er zeigt wie nach einer Operation Nebenwirkungen der Medikamente, Nachwirkungen des Eingriffs. Die mit der »Schöpfung« verbundene Freiheit muss er sich stetig neu erkämpfen, gegen die eigenen Erfahrungen und gegen die Urteile anderer.

Wie unmenschliche Forderungen legen sich manche Worte Jesu quer zu unseren Einstellungen:

Dem jungen Mann, der ihm nachfolgen will, der alle Gesetze eingehalten hat und auf so viel Positives verweisen kann, verlangt er ab, all seinen Besitz herzugeben. Alle Sicherungen soll er lassen, um zu leben.

Dem, der seinen Vater beerdigen möchte – was für ein selbstverständlicher Wunsch –, sagt er: Lass die Toten ihre Toten begraben. Du aber mache dich los, brich auf und verkündige das Reich Gottes.

Dem, der Abschied nehmen will »von denen, die in seinem Haus sind«, von den »Seinen«, hält er vor, man könne, die Hand am Pflug, sich nicht nach hinten orientieren.

Von Abraham, dem der Bruch mit der eigenen Familie, der Heimat, der Kultur und der eigenen Religion zugemutet wird, damit er auf Geheiß des fremden Gottes in ein fremdes Land ziehe, um dort ein großes Volk zu werden, bis zu Paulus, den die Begegnung mit dem Auferstandenen vor Damaskus aus der Gemeinschaft herausreißt, der er vorher mit Leib und Seele angehört, für die er »geeifert« hat, immer wieder begegnen wir dem gleichen Motiv: Gott ist ein eifernder, liebender Gott, erträgt und duldet keine anderen Götter. Er reißt aus alten Bindungen heraus. Er »sondert die Seinen ab«, »führt sie heraus«, »befreit«, »erwählt« aus allen Völkern ein Volk. Die Taufe in seinem Namen ist der »Tod des alten Menschen«, das Alte ist vergangen, siehe, Neues ist geworden. Der Getaufte ist aus alten Besitzverhältnissen befreit, ist »niemandes Knecht« mehr, die »Schuldscheine sind zerrissen«, das Wasser ist Zeichen dafür, dass alles Alte, der Sünde und dem Tod Gehörende »abgewaschen« ist. Ecclesia, ein früher Name für »Kirche«, heißt »die Herausgerufene«.

Ein besonderes Zeichen für den schöpferischen Akt des Trennens, Scheidens und Lösens ist im hebräischen Begriff für »einen Bund schließen« festgehalten (karat berith). Wörtlich übersetzt heißt der für Juden und Christen gleichermaßen zentrale Begriff: »einen Bund schneiden«. Wenn man nun noch weiß, dass der Begriff für »Bund« wahrscheinlich auf ein altes Wort zurückgeht mit der Bedeutung »Fessel, Bindung«, dann spürt man die Dynamik, die Symbolsprache und ihre innere Kraft: Wenn Gott einen Bund schließt – sein Zeichen ist für die Juden die »Beschneidung«, für die Christen die Taufe –, dann geht diesem Akt eine Trennung, ein Herausschneiden, eine Scheidung und Befreiung, ein – für die Beteiligten von Abraham bis Paulus – schmerzhafter Prozess der Trennung voraus. Ob nun von der religiösen Bindung an andere Götter, aus der Macht von Götzen und Dämonen oder aus der Gewalt der Sünde und des Todes befreit wird, Trennung ist ein schöpferischer Akt.

Die in der Geschichte des Volkes und in der Biografie des Einzelnen allein Leben schaffende Bindung ist die Treue Gottes. Sätze wie »Ich kann ohne dich nicht leben«, »Du bist mein Ein und Alles«, die Welt der Schlager und Kaufhausträume, der Operette und der Schicksalsmächte sind Sinnbild der Welt, aus der Abraham und Paulus weggeholt werden.

Die Welt der Händler und Götzen verspricht Frieden auf der Grundlage von Abhängigkeit und Gewalt. Jesus tröstet mit einer Wahrheit, die »frei macht«.

Auf der Suche nach einem Halt, nach einem Lot im Leben haben wir angesichts all der Abschiede und Unwägbarkeiten dies zu wenig im Blick gehabt. Religion soll beruhigen, Gott wird zum Garanten, die »heilige Familie« verkommt zur Ideologie. In dieses Falschbild passt die provokative Rede Jesu nicht:

»Meint nicht, dass ich gekommen sei, Frieden auf die Erde zu bringen; ich bin nicht gekommen, Frieden zu bringen, sondern das Schwert. Denn ich bin gekommen, den Menschen zu entzweien mit seinem Vater und die Tochter mit ihrer Mutter und die Schwiegertochter mit ihrer Schwiegermutter; und des Menschen Feinde werden seine eigenen Hausgenossen sein. Wer Vater oder Mutter mehr liebt als mich, der ist meiner

nicht würdig; und wer Sohn oder Tochter mehr liebt als mich, der ist meiner nicht würdig.«

(Aus Mt 10; Übersetzung nach Elberfelder Bibel)

Ich erlebe sie täglich: Mütter und Väter, die ihre Kinder »vergöttern«. Männer, die ihre Frauen »anbeten«. Familien, die auf Gedeih und Verderb zusammenhalten. Namen und Ruf, über den man nichts kommen lässt. Politische Parteien, die andere Vorstellungen verteufeln. Firmen, die am liebsten eine Gesamtbetreuung anbieten würden, vom PKW über das Parfüm bis zur Lebensversicherung: von der Wiege bis zur Bahre, soweit eben ein menschlicher Arm reicht, möglichst noch weiter. Harmonie und Zusammenhalt, Liebe und Treue sind verkommene Begriffe, angeschlagene Werte im Land der Händler und Götzen. In diese Welt passt der Mann aus Nazareth nur als Christkind und Osterhase.

Die Bibel ist kein Buch, das Harmonisierung anstrebt. Sie deckt die Schäden und Wunden auf, enthüllt die Blöße, aber eben nicht, um den Angeschlagenen und Entblößten zur Schau zu stellen oder auszugrenzen, wie das in der Welt der Händler und Götzen geschieht, sondern um ihn zu heilen.

»Die Gesellschaft ist der Käfig. Der Weg ins Freie ist die Einsamkeit« (Simone Weil). Es ist ein Irrtum, wenn man meint, die Entdeckung des Einzelnen, des Individuums, sei eine Folge der Aufklärung des 18. Jahrhunderts. Längst zuvor begegnen uns in der Geschichte der Menschheit Einzelne, nicht selten auch Einsame: Konfutse oder Alexander, Sokrates oder Hildegard von Bingen, Amos (Schafzüchter aus Thekoa), Hiob (der Mann aus dem Lande Uz) oder Maria (aus Magdala), sie alle sind »Individuen«. Sie heben sich ab von anderen, unterscheiden sich, werden abgesondert. Diese Unterscheidung, die Entstehung eines unterscheidbaren Ichs, ist ein schmerzlicher, gleichzeitig ein schöpferischer Prozess. Der Einzelne wird »erwachsen«, wächst aus bisherigen Bindungen und Sicherheiten heraus.

Jesus redet gegen den Geist der Furcht. Jesus redet in Sorge um die Menschen, die ihm nachfolgen.

Ihr könnt es nicht allen recht machen. Aber ihr könnt alle einladen.

Ihr werdet manchmal in den Wind reden. Geht bei der Predigt dennoch auf die Dächer.

Versteckt euch beim Abendmahl nicht in der Speisekammer. Setzt euch an den größten Tisch im Haus.

Man redet viel davon, die Kirche verliere in der Öffentlichkeit an Einfluss und Macht. Das ist provinzielles Denken. Ökumenisches, einladendes, weites Denken geht den Menschen ohne Scheu dahin nach, wohin wir sie verloren glauben. Es hat ja auch seine Gründe, dass wir nicht mehr das Gewissen der Nation sind. Die Gründe liegen auch bei uns selbst.

Ich habe einmal geschrieben:

»Jeder suche
mit größter Entschlossenheit
die Nähe Jesu.
Jeder dort,
wo es ihm am allerwichtigsten ist.
Und teile dies für ihn so Wichtige mit anderen.
Dann wird
in näherer oder fernerer Zukunft
ein Nichtchrist, wenn er Christ werden will, die Bibel lesen
und nicht das Vereinsregister.«

Jeder teile das für ihn Wichtigste mit anderen. Das bleiben wir Christen den Menschen in ihrer zum Teil großen Not schuldig. Ich sage bewusst »Christen« und nicht »Kirchen«. Es geht um Christus und nicht um die Kirchen.

Dafür mag man Prügel beziehen innerhalb der eigenen Kirche und Kopfschütteln ernten bei distanzierten Beobachtern des Geschehens. Aber an diesem Punkt, bei dem Bekenntnis zu Jesus Christus als dem Heil unseres Lebens und der Hoffnung unseres Sterbens, dürfen wir vor den Prügeln und dem Gerede keine Furcht haben.

Wie viel Profil braucht ein Christ?
So viel
dass einer, der ihm ins Gesicht schaut,
darin die Liebe
des Mannes aus Nazareth
entdeckt.

Jesus mutet uns viel zu.

Jesus weiß, das trennt sogar Familien, das kann wie ein Riss quer durch Freundschaften gehen.

Er bindet diese Zumutung deshalb ein in einen Trost. Fürchtet euch nicht. Ich bin bei euch alle Tage. Ich bekenne euch vor meinem himmlischen Vater.

Jörg Zink schreibt:

»Als ein abgehetzter Mensch kommst du an den Tisch, und als ein Kind Gottes verlässt du ihn. Als ein beladener kommst du, als ein versöhnter, entlasteter verlässt du ihn. Als ein heimatloser Mensch kommst du und findest ein Recht und eine Hoffnung auf Heimat. Und schau auf die anderen: Ein Einzelner kommt, ein Bruder, eine Schwester der anderen geht. Ein Verlassener kommt, ein Begleiteter geht.

Ein Leidender kommt, ein Getrösteter geht wieder hinaus auf die Straße. Wie immer man diese Wandlung beschreiben will, sie ist der Sinn des heiligen Mahls.

Christen wissen, dass sie Gastgeber an einem Tisch sind, an dem es um das Heil und den Frieden von Menschen geht, und sie wissen, dass an diesem Tisch eine Wandlung mit ihnen und mit ihren Gästen geschehen soll.

Und wo ein Tisch ist, hat dieses Volk sein Haus, ob es eine Höhle ist, eine Hütte, ein Schloss, eine Fabrik, eine Kathedrale. Es hat den Schutz und die Festigkeit eines Hauses um sich. Und wenn dieses Mahl in Krieg und Not unter freiem Himmel, ohne ordinierten Priester und nicht mit Wein, sondern mit Wasser gefeiert wird, hat es doch das Haus um sich, in das der – verlorene – Sohn am Ende heimkehrte, das Haus, das Gott selbst ist.

Ich träume jedenfalls von einer Kirche, die keine Türen hat und schon gar keine Schlösser an ihren Türen. In die wir hineingehen können oder hinaus, in voller Freiheit, weil das Innen und das Außen eins sind.

Ich träume von einer Kirche, deren Wände sich auflösen und sich verlieren, so, dass das Licht von allen Seiten eindringt; von einer Kirche, die sich selbst und ihre Grenzen und Wände nicht wichtig findet, die ihr Dach und ihre Wände und Pfeiler dem Glanz des Himmels zum Opfer bringt.

Ich träume von einer Kirche, die durchscheinend wie Glas ist. Oder noch mehr: von einer Kirche, die so offen und so frei ist wie die Welt selbst. Denn die Kirche ist doch wohl nicht eine Institution innerhalb der Welt.

Sie ist vielmehr die Welt selbst, soweit in ihr verständlich, einladend von Jesus Christus erzählt und sein Mahl gefeiert wird.«

(aus: Jörg Zink, Die goldene Schnur. Anleitung zu einem inneren Weg © KREUZ VERLAG in der Verlag Herder GmbH, Freiburg i. Br. 2. Aufl. 2011, S. 196–197)

Kirche ist selbstverständlich ökumenische Kirche.

Wir mögen trennen. Er eint.

Wir mögen schneiden. Er heilt.

Wir mögen um des Lebens willen scheiden und trennen, sortieren oder getrennt werden. Dann üben wir uns furchtlos in Geduld, gehen weiter auf dem Weg, den er vorangegangen ist. Wir reden keinem nach dem Mund und widersetzen uns furchtlos allem, was Angst machen will, was klein machen will.

Ökumenische Kirche als wirtliches Haus.

In der Küche steht Jesus Christus.

Am Ausschank steht Jesus Christus.

Wir bedienen nur.

Und haben gemeinsam unsere Freude daran.

Frieden mit mir selbst

1. Mose 3,6–10

Kaum ist der Mensch geschaffen, beginnt er sich zu verstecken.

Adam, wo bist du?

Mensch, wo bist du?

Was ist, dass du dich verstecken musst vor dir selbst und vor deinem Gott?

Von einem, der sich versteckt, kann kein Frieden ausgehen.

Adam, wo bist du?

Mensch, wo bist du?

Warst du dabei, als sie Jesus kreuzigten, wird Petrus gefragt.

Adam, wo bist du?

Warum belügen wir uns selbst?

Warum enttäuschen wir uns selbst?

Warum laufen wir vor uns selbst davon?

Wie kann einer einen anderen lieben, der sich selbst nicht liebt?

Adam, wo bist du?

Ich bin gefragt.

Luthers Reformation hat dieses Ich erst wirklich öffentlich gemacht. Viele andere vor ihm haben den Weg bereitet und darauf hingewiesen, waren Individuen und nicht gestaltlose Masse.

Zu einem politisch und handwerklich günstigen Zeitpunkt gelang es Luthers Reformation, das Ich des Menschen, das Individuum öffentlich, publik zu machen. Darauf können wir Evangelischen ruhig stolz sein.

Der unkonturierte Haufe, die gestaltlose Masse, die vor Gott Vertreter brauchte, weil sie nicht für sich selbst sprechen kann, löst sich auf in einzelne, erkennbare Gesichter, in Namen, in Geschichten, in Menschen, die für sich selbst sprechen können und keinen Priester oder keine Heiligen mehr brauchen. Jeder ein Priester, jeder hat einen Namen bei Gott, jeder wird gehört, jeder ist geliebt.

Doch es überfällt uns die Lust, in die Anonymität zu versinken, ein Namenloser zu sein, den man mit dem Ruf »Adam, wo bist du?« nicht erreicht.

Rudolf Hess gab die Verantwortung für das, was er befahl und tat, an seine Befehlsgeber weiter.

Die Bomberpiloten über Hiroshima gaben die Verantwortung für das, was sie taten, an ihre Befehlsgeber weiter.

Wir sagen heute nicht anders: Der Staat soll, die Kirche soll, die Menschheit müsste, die Europäer könnten, die Regierung hätte längst ...

Es ist gefragt: Adam, wo bist du?, und wir tauchen ab in die Anonymität, in das Chaos der gestaltlosen Masse, die kein Gesicht, keinen Namen und keine Geschichte hat.

Ist es deshalb, weil wir unsere Grenzen spüren? Weil wir merken: Bosnien, Tschetschenien, Ruanda, Zaire, Georgien, Nigeria, Millionen Arbeitslose, täglich Konkurse, Gewalt gegen Frauen und Kinder, Drogentote und Unfallopfer – wir sind dem allem nicht mehr gewachsen, es ist wie eine Lawine. Wenn wir anfangen wollten, uns zu stellen, risse es uns mit.

Oder – wenigstens ein Nachdenken ist es wert – laufen wir nicht nur vor den Problemen, sondern auch vor uns selbst davon? Überarbeitet, überlastet, genervt, verbraucht, enttäuscht, Menschen mit schlechten Erfahrungen. Verstecken uns wie Adam, der Mann, und Eva, die Frau, im Unterholz, weil wir uns schämen. Weil wir uns unserer Nacktheit schämen. Weil wir nicht wollen, dass uns einer entblößt sieht. Weil wir uns keine Blöße geben wollen. Weil wir uns selbst so nackt und bloß nicht mögen. Weil wir den langen Blick in den Spiegel auf unser nacktes Leben nicht ertragen.

Lächerlich, der Seitensprung ins Unterholz. Als ob Gott sie nicht sehen würde. Als ob nicht meine Adresse, meine Telefonnummer, mein Name, meine Geschichte bekannt wären.

Wie kann ein Mensch einen anderen lieben, der vor sich selbst davonläuft? Der sich versteckt hinter Zahlen, Büchern, Akten, Argumenten, Verträgen, öffentlichen Meinungen, Terminen, Blutwerten und Titeln?

Wie kann ein Mensch einen anderen lieben, der sich nicht auch selbst liebt?

Frieden fängt damit an, dass ich Frieden mit mir selbst finde. Dass ich mit mir in Frieden lebe. Dass ich mit mir zufrieden bin.

Adam, wo bist du? Gott fragt, Gott begegnet. Gott gibt sich die Blöße. Und sagt: Ich liebe dich. Nun komm heraus aus deinem Versteck. Wirf Bett und Krücken weg. Geh aufrecht. Komm ans Licht, öffne die Augen. Trau dich auf den Markt, gib das lächerliche, tödliche Versteckspiel auf. Übe es, dich selbst zu lieben. Wie soll dich ein anderer lieben, wenn du dich schon selbst nicht leiden kannst?

Du bist es wert, dass Gott sich vor dir bückt, sich vor dir erniedrigt. Du bist unendlich wertvoll. Entdecke die Einmaligkeit deiner Gedanken. Kein Sandkorn ist dem anderen gleich, kein Mensch ist wirklich austauschbar.

Schließe Frieden mit dir selbst, Gott hat längst Frieden mit dir geschlossen.

Schließe Frieden mit dir selbst, und du wirst gelassen und überzeugend dem Frieden dienen.

Ein König besaß einen Garten mit Weinstöcken, Feigen und Granatäpfeln und anderen Früchten. Er beschloss, den Garten einem Pächter anzuvertrauen. Nach Jahren kam er an seinem Besitz vorbei. Alles war von Disteln und Unkraut überwuchert. Rasch entschlossen wollte er die Bäume umhauen lassen und brachte Holzfäller herbei. Doch da sah er zwischen den Disteln eine Lilie blühen. Er nahm sie an sich und roch ihren wunderbaren Duft. Sogleich war er versöhnt.

Die Lilie bist du.

Frieden in der Kirche

Lukas 10,1–6

Warum schickt Jesus die, die seine Zeugen sein sollen, so in die Welt? Ich lasse die Frage ein wenig stehen und denke nach über den Anspruch, den unsere Kirche an sich selbst hat. Sie betont seit ihren Anfängen ihren dienenden Charakter.

Die Pfarrer bezeichnen sich gerne als Diener am Wort Gottes, die Bischöfe und Päpste wohl noch mehr: »Ein Diener der Kirche ist gestorben« oder ähnlich. Kirche will den Menschen dienen, ihrem Heil, ihrer Heilung, ihrem inneren und äußeren Frieden dienen. Will dem jeweiligen Volk dienen, seiner Moral, seinem inneren Frieden. Fühlt sich wie der Knecht Gottes als Diener an der Gerechtigkeit. Will im Grunde sogar sich so weit zurücknehmen, dass sie dient, bis ihr Dienst nicht mehr nötig ist. Hat Märtyrer in ihrer Ahnenreihe und selbstlose Arme. Dankt Menschen, die ihre Zeit oder auch ihr Geld opfern für die anderen, für den Dienst der Kirche.

Kirche hat immer ihre dienende Funktion betont, manchmal auch ihre vorläufige. Gott dienen durch den Dienst am Menschen. Den Menschen dienen, weil Jesus uns dient. So wäre der Doppelschluss vollzogen, den mit unterschiedlichen Schwerpunkten wohl alle Diener der Kirche unterstreichen. Gottes Dienst an mir macht mich frei zum Dienst an den Menschen.

Schon in der frühen Kirche muss es sehr deutlich gewesen sein, dass Menschen in diesem Dienst und dass die Kirche selbst mit ihrem Dienst an Grenzen stoßen.

Jesus betont es ganz besonders:

> *Ihr wisst, dass die Herrscher ihre Völker niederhalten und die Mächtigen ihnen Gewalt antun. So soll es unter euch nicht sein; sondern wer unter euch groß sein will, der sei euer Diener; und wer unter euch der Erste sein will, der sei euer Knecht.*

Er lehrt Demut. Auch Paulus weist in seinen Paränesen immer wieder auf Liebe und Demut hin: In Demut achte einer den anderen höher als sich selbst.

Demut ist fast ein Fremdwort geworden.

Der deutsche Begriff Demut heißt althochdeutsch diomuoti. Dio ist der Diener, muot ist die Gesinnung. Demut ist die Gesinnung eines Dienenden. Eines Menschen, der sich in den Dienst eines anderen stellt. Gerne in den Dienst eines anderen stellt.

Demütig ist, wer die anderen wie sich selbst fühlt und sich in den anderen. Hochmut heißt: sich gegen andere messen, sich abheben.

Es ist die große Kunst der Liebe zweier Menschen, auch eigentlich die Kunst der christlichen Gemeinde, dass einer möchte, dass der andere zum Glänzen kommt. Ich tue alles, damit du »ganz« sein kannst. Damit du im Licht stehst.

Schon jedes Messen und Zählen und Vergleichen ist eigentlich Zeichen von fehlender Demut. Will den anderen unter meinen Bedingungen zum Glänzen bringen, will ihn vielleicht zum Klingen bringen, aber nach meiner Melodie.

Jesus schickt seine Kirche los unter dem Vorzeichen, mit ihr könne etwas ganz anderes in die von Mächtigen gepeinigte, von Herrschern kleingehaltene, ausgebeutete, durch Kriege und Unrecht gezerrte Welt kommen: So soll es unter euch nicht sein; sondern wer unter euch groß sein will, der sei euer Diener; und wer unter euch der Erste sein will, der sei euer Knecht.

Er sendet seine Boten, seine Zeugen, seine Friedensboten und Menschendiener wie Lämmer mitten unter die Wölfe. Und so leicht vergessen sie dann ihren Herrn und werden Wölfe, wollen mitheulen und mitfressen und mitjagen und teilhaben am zu verteilenden Rock. Wollen ein eigenes Revier und achten eifersüchtig auf Hack- und Beißordnungen.

Ich sende euch wie Lämmer unter die Schafe. Tragt keinen Geldbeutel, keine Tasche und keine Schuhe und grüßt niemanden unterwegs.

Verzichtet auf Eitelkeiten, sonnt euch nicht im »Es ist uns eine besondere Ehre, Herrn Pfarrer ... unter uns begrüßen zu dürfen, der doch so viel zu tun hat. Es ist schön, lieber Herr Pfarrer ..., dass Sie sich gerade für uns Zeit genommen haben und damit die Sache der Akkordeonmusik in ... zu Ihrer Sache machen. Wo doch schon die Bibel sagt, dass Berge und Täler musizieren ... usw.« – das mit dem Akkordeon ist austauschbar.

Sonnt euch nicht darin. Grüßt niemanden unterwegs. Eigenartige Aufforderung. Nein, sie ist nicht unanständig. Jesus kennt die Eitelkeit. Kennt die Bereitschaft, sich grüßen, sich in die erste Reihe setzen, sich hofieren, sich bedienen zu lassen.

Eine Kirche, in der kein Frieden herrscht, kann nicht vom Frieden zeugen.

Eine Kirche, die keine Kurse anbietet für Demut, kann nicht dem Frieden dienen.

Eine Kirche, in der es Herrschaft gibt eines über den anderen, ist keine Alternative zur Ellenbogengesellschaft, zum Parteiengerangel, zum Kapitalismus, zum Sozialismus, zur Welt der Angst und zur Welt der Macht, wer immer sie auch hat oder wie immer er sie auch ausübt. Von einer Welt ohne Macht, von einer ohnmächtigen Welt sollen wir zeugen und versagen auf dem ersten Schritt.

Ein Gedanke aus dem Judentum leuchtet mir ein, ohne dass ich jetzt sagen wollte, es sei dort wirklich gelungen. Es geht um Armut, und um Dankbarkeit, um Segen: Wer uns segnet, weil wir ihm geholfen haben, dem sollten wir dankbar sein. Nicht umgekehrt.

Ich soll dankbar sein, dass ich jemand helfen kann. Dass ich dienen kann. Wer dienen will, bedarf des anderen, so haben wir zu denken.

Es ist eine Chance, die Gott uns schenkt, wenn er uns jemanden zum Liebhaben, zum Bedienen über den Weg schickt. Äußerst schwierig, diese Denkweise nicht nur für gut zu halten, sondern nach diesem Vorsatz zu leben. Gibt es doch schon innerhalb der Kirche genügend, die mir zum Stolperstein werden, Kotzbrocken, Anfechtungen Schritt auf Schritt. Einer des anderen Legitimation fürs Nichtstun. Einer des anderen Legitimation für den Rückfall in die Welt der Mächtigen und Händler. Wo doch keiner etwas preisgibt, am wenigsten eine Blöße. So soll es unter euch nicht sein. Geht ohne Erwartung, ohne Geldbeutel, ohne Pfeifen, nach denen andere tanzen sollen, ohne Bilder, nach denen sich andere verhalten sollen, geht nur als Dienerinnen und Diener. Und wenn ihr in ein Haus kommt, sprecht zuerst: Friede sei diesem Haus.

Friede sei diesem Haus. Sprecht das zuerst.

Und wenn einer dich bittet, dass du ihn eine Meile begleiten sollst, dann nötige ihn, dass du ihm zwei Meilen weit dienen kannst, und gib ihm zwei Röcke statt einem – und lass dich nicht aus dem Konzept bringen durch das Klingeln deines Handys.

Frieden in unserer Stadt

1. Mose 18,20–32

Es ist ein großes Geschrei über die Stadt. Ihr Treiben schreit zum Himmel. Sie kamen aus den Wüsten und kamen aus den wenig fruchtbaren Grünstreifen am Rand der Wüste. Sie sahen die Städte und bekamen die Abhängigkeit zu spüren. Sie standen vor den festen Häusern, in die man ihre Töchter weggeholt hatte, und hörten das Lachen der Stärkeren. Schon immer gab es dies Gefälle Stadt – Land. Dort gab es das Gefälle Stadtbewohner – Nomade. Und war der Gott Israels nicht ein eher wüstentauglicher Gott? Sein Sitz passte in ein Zelt, sein Allerheiligstes in eine Kiste, und sein heiliger Boden war bedeckt mit ein paar Quadratmetern Teppich.

Jesus sieht die Stadt und weint: Sie hat ihre Propheten erschlagen, sie wird Judas erschlagen, sie wird Petrus umdrehen, sie wird dreißig Silberstücke haben für sein Leben und eines anderen Grab für seinen Tod. Sie wird zwischen Nacht und Tag Urteil sprechen und die Störung des Festes draußen vor der Stadt beseitigen. Tod am Kreuz, am Mittag. Rechtzeitig vor dem Fest.

Draußen vor der Stadt, auf den Feldern vor Bethlehem, waren die Engel erschienen. Am Rand der Stadt, in Hütte, Scheune oder Stall war er dürftig geboren, mit den Eltern zu unstetem Leben verurteilt, auf der Flucht.

Aus der Heimatstadt jagt man ihn davon, Kapernaum, Chorazim, die Städte seiner Jugend und seines Wirkens sind verflucht, schlimmer mag es ihnen ergehen als Sodom und Gomorrha. Sie wollten ihn nicht, benannten keine Straße nach ihm, setzten ihm kein Denkmal.

Ist der christliche Glaube eine Religion fürs Dorf, fürs Land, für die Provinz? Man könnte es meinen. Alarmierende Zahlen erreichen uns aus den Städten. Leere Kirchen. Hohe Austrittszahlen. Fehlende Bindung. Die größten Städte – unsere kirchlichen Problemzonen der ersten Kategorie. Kirchliche Arbeit wird zur reinen Sozialarbeit. Ein undankbares Geschäft, wenn der Asylant nicht anschließend in die Kirche kommt, der Arbeitslose längst ausgetreten und die Türkin Muslimin ist. Die Arbeit in den Städten rechnet sich nicht. Schließt die Kindergärten, sagt man dann. Übergebt die Kindergärten und die Sozialstationen der Kommune, Kirche wird doch nur ausgenützt. Kleinstädte und Dörfer sind dagegen die heile Welt.

Es ist die Stadt, sagen sie. Die Stadt verdirbt. Die Stadt verdirbt die Sitten. Die Stadt ist ein Sammelbecken für Drogendeal, Rotlicht, Lärm und Gottlosigkeit. Die Städte schreien zum Himmel. Eastend. Wellblech, Prostitution, brodelnde Masse, alles außer Kontrolle, Verkehrschaos und Smog, Unterschlupf und Kriminalität. Die Mütter schicken ihre Töchter nach Manila. Dort warten die deutschen Männer, sie machen in der Stadt Urlaub. Das zwölfjährige Mädchen füttert mit ihrem verkauften Körper die Familie auf dem Land durch.

Es gibt schon immer und es gibt überall dies Gefälle Stadt – Land. Hier die Eitelkeit der Städter, die hohen Nasen, die Selbstgefälligkeit, die Weltgewandtheit. Städter sind schneller, beschlagener, gewandter, reicher. Die auf dem Land leben hinter dem Berg. Die Stadt frisst das Land. Die Stadt ist zu teuer. Die Stadt macht Schulden. Die Stadt macht uns kaputt.

Es gab schon immer diese Wellen, mal hinein in die Stadt – in der frühen Industrialisierung, mal zurück aufs Land. Mal in die Städte, mal wieder in die reine Natur. Und über allem der andauernde Brandgeruch von Sodom und Gomorrha: Mein Kind, geh nicht in die Stadt. Die Städter werden dich kaufen. Und du wirst dich nicht mehr erkennen. Und du wirst eine andere Sprache sprechen. Wirst deine Vergangenheit leugnen. Das geht nicht zusammen, Stadt und Land. In der Stadt wohnt die Sünde, sie hat schon immer Gott verdrängt und dem Geld Tempel gebaut.

In der Stadt marschierten Hitlers SA-Trupps auf. In der Stadt stehen die Banken, die Konzerne, die weltweit die Fäden in der Hand halten. In der Stadt gibt es Arbeit und große Kirchen. In der Stadt sind das Gymnasium und der Facharzt. In der Stadt sind das Gefängnis und das Finanzamt. In der Stadt sind der Notar und der Anschluss für den Intercity. In der Stadt ist auch die Sünde.

Abraham findet keine zehn Gerechten in der Stadt. Die Stadt wurde bombardiert, April 1945, und man stieg im Dorf auf Wälle und Hügel und wurde schweigend Zeuge des Brandes der Stadt. Die Stadt verbrannte vor den Augen meines Großvaters, meiner Mutter, meines Cousins. Und der Bauer von gegenüber machte dumme Bemerkungen. Und das Verbrannte roch man, so weit, wie der Feuerschein reichte.

Zwanzigtausend Tote oder mehr oder weniger. Wenn die Stadt untergeht, vergisst man das Zählen. Man steht und staunt, dass ihr, der Großen, so etwas passieren kann. Die große Hure Babylon stirbt. Rom versinkt in Schutt und Asche. Jerusalem wird ausgelöscht. Berlin wird verbrannt. Tokio erstickt. New York ist nicht mehr zu regieren.

Abraham findet keine zehn Gerechten. Die Städte werden ausradiert. Die Bunker der Mächtigen stehen auf dem Land. Und dort gibt es auch noch Butter nach dem Brand, Gemüse nach dem GAU.

Babel hat die Sprachen verwirrt. Babel hat ihre Kinder gefressen. Babel verbrennt. Und aus dem Feuer erhebt sich nichts.

Vom Himmel kommt das neue Jerusalem, die neue Stadt. Und Gott hat nichts dazugelernt, baut seine neue Welt als Stadt. Geschmückt wie eine Braut ihrem Mann. Eine Stadt ohne Tod, ohne Schmerz, ohne Geschrei und Unrecht. Die Stadt ist verbrannt, es lebe die Stadt. Eigenartige Welt.

Die Stadt Gottes soll fein lustig sein. Die Stadt Gottes hat Türme, von denen die Wächter Freudenlieder singen. Die Stadt Gottes hat offene Tore für Flüchtlinge, sieht im aufgewirbelten Wüstenstaub die Masse der Heimkehrenden, der Schutzsuchenden, der Verirrten. Die Stadt Gottes hat Bäume und Gärten, die in allen Jahreszeiten Frucht tragen. Hat Fülle und Schönheit und Stille. Gott wohnt Tür an Tür, Haus an Haus, und keiner, der ihn nach draußen jagt, kein Sündenbock, der in der Wüste vor der Stadt sein Leben lässt.

Durch die Stadt ziehen Flüsse, Gräben, Ströme lebendigen Wassers, frisches Wasser, gereinigt von Gott selbst, aus der Quelle des Lebens für jeden Dürstenden ein Leben spendender Schluck, umsonst. Das ist die Stadt Gottes. Und keiner muss Gerechte suchen. In ihren Toren hört man kein Klagen und Schreien, keiner wird übergangen, keiner übervorteilt. Die Stadt Gottes ist fein lustig und Heimat für alle.

Und dazwischen wir. Auf dem Weg wohin. Und welche Lieder singen wir den Flüchtenden und welches Recht sprechen wir den Klagenden? Und was machen wir mit Propheten? Und wo stehen die Schulen des Friedens? Die Stadt ist die Schule des Friedens. Jerusalem, Jeruschalajim – Schule des Friedens. Das ist ihr Name. Die Stadt Gottes heißt Jeruschalajim, heißt übersetzt Schule des Friedens. Und wir sind die Lehrer, sind die Schüler des Friedens, oder wir sind der Stadt Tod. Man wird sehen.

Frieden jenseits unserer Grenzen

Apostelgeschichte 9,1–7

Lieber Bruder Saul.

Mich stört an der tausendfachen Wiedergabe dieser Geschichte, begonnen bei der Überschrift in der Lutherbibel, gewaltig, dass es da um die Bekehrung des Saulus geht. Saulus, Paulus.

Viel interessanter ist doch der andere. Ein Mann namens Hananias, vorher unbekannt, nachher wieder vergessen.

Aber ich will anders beginnen.

Frieden jenseits unserer Grenzen.

Ich will nicht reden über den Frieden in Ruanda, in Tschetschenien oder für die Kurden in der Türkei oder im Irak. Auch wenn sich das eine nicht sauber trennen lässt. Ich will reden über den Frieden jenseits unserer Grenzen, über den Frieden, der an unseren Grenzen scheitert. Und der damit beginnt, dass wir zu unseren Grenzen Ja sagen, die Maske abziehen und ehrlich zu uns selbst sind. Das Machen dieses Friedens aus unserer Hand geben, dafür die Hände falten und bitten: Gott, hilf.

Gott hilf, ich habe den falschen Beruf gewählt, habe es zu spät gemerkt, und nun sitze ich da, quäle mich, quäle vielleicht auch andere, werde und werde nicht glücklich.

Gott hilf, ich habe den falschen Mann geheiratet, habe es zu spät gemerkt, und nun sitze ich da, und quäle mich, quäle vielleicht auch andere, werde und werde nicht glücklich.

Gott hilf, ich habe mich tief verschuldet, habe es zu spät gemerkt, und nun sitze ich da, und quäle mich, quäle vielleicht auch andere, werde und werde nicht glücklich, komme aus den Schulden nicht mehr heraus, kann machen, was ich will.

Gott hilf, ich lebe im Streit, habe mich verrannt und komme nicht mehr heraus. Die ganze Familie leidet darunter, aber ich kann nicht über den Schatten springen. Am liebsten würde ich nicht mehr leben.

Gott hilf, ich lebe ständig in Angst. Nachts liege ich wach und zittere, höre Geräusche und schwitze mich nass. Ich quäle mich, quäle vielleicht auch andere. Jedenfalls komme ich so nicht weiter.

Aber ich finde den Weg nicht zu einer Therapie, kann mit niemandem darüber reden.

Ich weiß nicht, wo du deine Grenzen spürst, ob nun in einem der genannten Aspekte oder bei etwas ganz anderem. Wo du spürst: Der Frieden beginnt jenseits meiner Grenzen. Ich wüsste es. Da wäre es. So sollte es sein. Aber ich kann meine Grenze nicht überwinden. Kann nicht über meinen Schatten springen.

Und das bindet mich. Das bindet und kostet Kräfte. Und so wird in meinem Leben kein Friede und geht von meinem Leben keine Ausstrahlung aus. Frieden ist jenseits meiner Grenzen. Und so habe ich auch keine Kraft, dort dem Krieg der anderen zu wehren. Ich führe Krieg mit mir selbst.

An dieser Stelle sollte von Hananias erzählt werden. Es ist eine schlimme Zeit für Christen. Jedenfalls in bestimmten Gegenden des Landes werden sie verfolgt. Sie sind ihres Lebens nicht mehr sicher, müssen um Kinder, um Beruf und Gesundheit fürchten.

Da ereilt einen von ihnen nachts der Ruf. Hananias! Ja, Herr! Steh auf und geh in die Straße, die die Gerade heißt, zu einem Mann namens Saulus, der betet. Lege ihm die Hand auf. Er ist blind. Dann wird er sehen.

Was verlangst du von mir?

Hat er mit seiner Frau geredet?

Hat sie ihn ermutigt, oder wollte sie ihn zurückhalten?

Hat er sich länger als sonst von den Kindern verabschiedet?

Hat er sich mit anderen noch besprochen?

Hat er sich Mut angetrunken?

Hat er gebetet, geweint, gelacht, gezittert?

Hat er Fieber bekommen und schweißnasse Hände?

Hat er Ausreden gesucht, andere vorschieben wollen?

Einer von vielen, kein Held, kein Prophet, kein Apostel, kirchengeschichtlich, wenn man den Überlieferungen trauen darf, eine kleine Nummer.

Der kleine Mann hat Angst.

Es gelingt Jesus nicht, ihn auf Anhieb zu überzeugen.

Der kleine Mann kennt das Leben.

Der kleine Mann kennt seine Grenzen.

Der kleine Mann hat Angst. Aber dann geht er. Geht zu Saulus, legt ihm die Hand auf, sagt: Lieber Bruder Saul.

Wo nimmt er die Kraft her?

Gut, ein herrliches Happy-End, Saulus kann wieder sehen, wird getauft, heißt Paulus, wird zum größten Missionar. Hananias tritt von der Bühne ab. Nie wird er wieder erwähnt. Er hat ein kurzes Gastspiel in der Kirchengeschichte gegeben, aber welch ein Gastspiel: Er hat seine Angst besiegt.

Wenn wir nur schon so weit wären! Wenn wir nur schon jenseits unserer Grenzen wären, welches Licht dann plötzlich in unser Leben fiele. Wir tauften und würden getauft. Wir verlören die Blindheit und könnten andere sehen machen. Wir könnten auffahren mit Flügeln wie Adler, mitten im Herbst unseres Lebens. Wir feierten Auferstehung mitten in den Passions- und Kriegsritualen und entwickelten Friedenskräfte, an denen andere Genesung fänden.

Aber so bleiben wir sitzen auf unserer Angst, halten unsere Grenzen für gottgegeben, eben nicht für gottgenommen. Sehen den Frieden jenseits unserer Grenzen und trauen ihm nicht. Falten nicht die Hände, weil wir meinen, das sei eben so.

Und wehe, uns sagt das einer.

Wehe, einer thematisiert unsere Grenzen.

Wehe, einer ruft mich nachts aus dem Schlaf und sagt: Geh, dort wartet ein Blinder auf deinen Segen.

Es muss ja nicht gleich ein Paulus sein, den ich fände. Gar nichts Weltbewegendes vielleicht. Ein anderer Mensch eben, der um einen Engel bat, und Gott hatte mich geschickt. Damit er Frieden findet.

Frieden beginnt bei mir selbst. Innerhalb meiner Grenzen. Im Glauben daran, dass meine Grenzen nicht gottgegeben, sondern von Gott genommen sind.

Ob die DDR zerbrochen wäre, wenn Wolf Biermann nicht schon seit den 60ern gesungen hätte? Ob wir heute hier säßen, wenn Hananias seinen Segen verweigert hätte? Ich weiß es nicht.

Hätte selbst nur gerne mehr Weite und Gelassenheit und Frieden. Wäre gerne, wenn nicht schon ein Adler, dann doch eine Lerche oder eine Schwalbe. Oder ein Spatz.

Ich neide dir den Segen nicht

1. Mose 4,15b

Und der Herr machte ein Zeichen an Kain, dass ihn niemand erschlüge, der ihn fände.

Es gibt Menschen, die tragen Male an sich. Kinder werden darüber nicht lachen. Eher erschrecken. Werden zurückhaltend zu Hause fragen: Was ist denn mit dem?

Wir werden sagen: Der hat sich verbrannt.
Wir werden sagen: Der hat eine Verletzung aus dem Krieg.
Wir werden sagen: Die ist einmal schwer gefallen.
Wir werden sagen: Sie hat einen schlimmen Unfall gehabt.

Es gibt Menschen, die tragen Male an sich. Kinder werden darüber nicht lachen. Eher erschrecken. Werden kurz aufhorchen und merken, dass das Leben mehr ist als ein Tanz von heute nach morgen.

Kain trägt ein Zeichen, damit ihn keiner erschlüge.

Er tat, was wir alle tun.

Er schichtete auf seinem Altar Können auf Können, Wissen auf Wissen, Haben auf Haben, Geschick auf Geschick, Erbe auf Erbe.

Und Gott sah diesen Berg nicht an. Gott sah Abels Berg an. Der nicht besser und nicht schlechter gearbeitet hatte.

Und Gott – so verstehe ich die Geschichte – hätte es gerne gesehen, wenn Kain dem Abel den Segen nicht geneidet hätte.

Wenn Frieden gelingen soll, darf ich der Schwester und dem Bruder den Segen nicht neiden.

Dafür tragen wir alle ein Zeichen auf der Stirn. Bei der Taufe über unserem winzig kleinen, so wenig bevorzugten und unterscheidbaren Körper geschlagen. Ein Kreuz. Auf die Stirn gezeichnet vielleicht.

Ein Kreuz – das Zeichen des Kain: ein Kreuz. Das Zeichen des Brudermörders: ein Kreuz. Damit Abel, habel – der Hauch, das Nichts, die Asche auf Hebräisch –, damit du und ich auferstehen könnten zu neuem Leben. Unbeneidet. Damit keiner Kain erschlage und keiner Abel den Segen neide. Damit keiner mich und dich erschlage für den zugeteilten Segen. Damit keiner seinen Segen horte und für sich behalte. Es würde ihm gehen wie dem Manna, gehortet, über Nacht faulte, schimmelte und stank es zum Himmel. Gehorteter Segen stinkt zum Himmel. Geneideter Segen klagt wie frisches Blut auf unschuldiger Erde.

Das Zeichen des Kain ist das Kreuz.

Für mich, den Christen, ist das Zeichen des Kain das Kreuz.

Gezeichnet auf meine Stirn, dass mich keiner erschlägt. Keiner, der mich dabei erwischt, wie ich meinem Bruder und meiner Schwester neide, was Gott ihr und ihm schenkt.

Der Mythos von Kain und Abel erzählt vom Bruder, der am Bruder stirbt. Bis heute stirbt einer am Leben des anderen. In Kriegs- und zu Friedenszeiten Brudermord.

Wir sagen Bruder und Schwester. Wir sagen das auch manchmal in unserer Kirche. Wenn es sich nicht um fromme Worthülsen handelt, steht hinter diesen Begriffen ein hoher Anspruch.

Den Bruder kann ich mir nicht aussuchen. Die Schwester kann ich mir nicht aussuchen. In diese Beziehung bin ich hineingeboren. Das gilt für Familie und Kirche.

Ich will Ihnen eine jüdische Legende erzählen:

> *Zwei Brüder wohnten einst auf dem Berg Morija. Der Jüngere war verheiratet und hatte Kinder, der Ältere war unverheiratet und allein. Die beiden Brüder arbeiteten zusammen, sie pflügten das Feld zusammen und streuten zusammen den Samen aus. Zur Zeit der Ernte brachten sie das Getreide ein und teilten die Garben in zwei gleich große Stöße, für jeden einen Stoß Garben. Als es Nacht geworden war, legte sich jeder der beiden Brüder bei seinen Garben nieder, um zu schlafen. Der Ältere aber konnte keine Ruhe finden und sprach in seinem Herzen: »Mein Bruder hat eine Familie, ich dagegen bin allein und ohne Kinder, und doch habe ich gleich viele Garben genommen wie er. Das ist nicht recht.« Er stand auf, nahm von seinen Garben und schichtete sie heimlich und leise zu den Garben seines Bruders. Dann legte er sich wieder hin und schlief ein.*
>
> *In der gleichen Nacht nun, geraume Zeit später, erwachte der Jüngere. Auch er musste an seinen Bruder denken und sprach in seinem Herzen: »Mein Bruder ist allein und hat keine Kinder. Wer wird in seinen alten Tagen für ihn sorgen?« Und er stand auf, nahm von seinen Garben und trug sie heimlich und leise hinüber zum Stoß des Älteren.*

Als es Tag wurde, erhoben sich die beiden Brüder, und wie war jeder erstaunt, dass ihre Garbenstöße die gleichen waren wie am Abend zuvor. Aber keiner sagte dem anderen ein Wort. In der zweiten Nacht wartete jeder ein Weilchen, bis er den anderen schlafend wähnte. Dann erhoben sie sich, und jeder nahm von seinen Garben, um sie zum Stoß des anderen zu tragen. Auf halbem Weg trafen sie plötzlich aufeinander, und jeder erkannte, wie gut es der andere mit ihm meinte. Da ließen sie ihre Garben fallen und umarmten einander in herzlicher brüderlicher Liebe. Gott im Himmel aber schaute auf sie hernieder und sprach: »Heilig, heilig sei mir dieser Ort. Hier will ich unter den Menschen wohnen.«

Kain und Abel tragen das Zeichen des Kreuzes.

Tragen Zeichen des Friedens.

Und Kain neidet seinem Bruder nicht den Segen.

Und Abel kann leben, weil sein Bruder ihn nicht erschlägt.

Beide tragen Gottes Zeichen.

Beide sind gezeichnete Menschen.

Es gibt Menschen, die tragen Male an sich. Kinder werden darüber nicht lachen. Eher erschrecken. Werden zurückhaltend zu Hause fragen: Was ist denn mit dem?

Und wir werden sagen: Was du siehst, das ist sein ganz besonderes Zeichen der Nähe Gottes.

Und dein Kind wird fragen: Und warum hat diese Frau dann Narben? Und warum trägt der Mann Falten im Gesicht?

Und wenn du ehrlich bist, wirst du keine auswendig gelernte Antwort aufsagen. Du wirst mit Tränen in den Augen dein Kind in die Arme nehmen und sagen: »Das ist so. Nun lass es gut sein. Ich weiß die Antwort auch nicht.«

Aber ohne solche Zeichen wären wir nichts. Ohne das Kreuz auf der Stirn wären wir ohne Geschichte und – vielleicht sogar – ohne Gott.

Ich suche dein Recht

2. Korinther 5,21

Er hat den, der von keiner Sünde wusste, für uns zur Sünde gemacht, damit wir in ihm die Gerechtigkeit würden, die vor Gott gilt.

Zentral ist dem, was Jesus Reich Gottes nennt, eine eigenartige Gerechtigkeit. Sie sucht das Recht des anderen.

Wir sind anderes gewöhnt.

Wir schauen, dass wir zu unserem Recht kommen, dass unsere Kinder zu ihrem Recht kommen, dass den uns Nahen und Wichtigen Recht geschieht.

Martin Luther sagt: Unsere Art zu lieben sucht sich immer das Schöne aus, das, was uns gefällt. Gottes Art zu lieben sucht sich das Hässliche aus, die, die enttäuschen.

Frieden wird – so machen wir dann doch die Erfahrung – nur dann, wenn wir das Recht der anderen suchen.

Und es sind damit wirklich »die anderen« gemeint. Die uns auf die Nerven gehen, die uns auf die Pelle rücken, die anders riechen oder essen, anders denken oder glauben.

Gab es nicht und gibt es nicht in unserem Leben dunkle Stellen, an denen wir gescheitert wären, wenn nicht andere Gerechtigkeit eingeklagt hätten für uns, auch wenn wir eigentlich gar nicht im Recht waren?

Das ist Gottes Recht. Recht für den, der Unrecht getan hat.

Und das Friedensprogramm traut uns Menschen dann zu, dass wir das uns geschenkte – nicht »verdiente« – Recht mit anderen teilen und den uns geschenkten Frieden so weitergeben.

Der gute Wille ist meist da. Der Anfang ist manchmal recht schnell gemacht. Der erste Schritt ist gar nicht so schwierig, wie es manchmal heißt. Dann aber durchhalten, das ist die Kunst. Nicht beim ersten Gegenwind stehen bleiben, das ist die Herausforderung.

Wie eigentlich ging die Zachäus-Geschichte weiter?

Zachäus, einer von den vielen kleinen Gaunern, die am Unrecht Geld verdienen; der in Jericho am Zoll die Mitbürger übers Ohr gehauen hat. Der auf einen Maulbeerbaum klettert, als Jesus in die Stadt kommt. Jesus holt ihn, sehr zum allgemeinen Erstaunen, runter vom

Baum und lädt sich bei ihm zum Essen ein. Die Mitbürger sind empört. Und Zachäus ist so überwältigt, dass er verspricht, alles wiedergutzumachen. Vierfach will er das zu Unrecht Erworbene zurückgeben.

Ich möchte die Geschichte einfach weitererzählen. Denn mittendrin hört sie auf. Da, wo es spannend wird. Ich will vier kurze Versionen erzählen, wie die Geschichte weitergehen könnte.

Wir haben die Geschichte verlassen, als Zachäus vierfach den Schaden wiedergutmachen will und Jesus sagt: Heute ist diesem Haus Heil widerfahren.

1. Version:
Und als Jesus das alles geredet hatte, ging er nach Jerusalem. Zachäus aber wollte sein Versprechen wahr machen und alles, was er unrechtmäßig genommen hatte, vierfach zurückgeben. Doch so viel Geld hatte er nicht. Und die Bank, zu der er ging, verlangte 13,5 Prozent Zinsen. Da wandte sich die eigene Frau an den enttäuschten Zachäus und sagte: Siehst du!?

2. Version:
Und als Jesus das alles geredet hatte, ging er nach Jerusalem. Zachäus aber machte sein Versprechen wahr und besuchte alle, die er betrogen hatte, und wollte ihnen ihr Geld vierfach zurückgeben. Doch keiner nahm sein Geld an. Sie nannten ihn Heuchler und Dieb, wenn sie ihm überhaupt zur Wiedergutmachung die Tür öffneten. Einer nahm sein Geld doch und jagte ihn dann mit Fußtritten davon. Da wandte sich die eigene Frau an den enttäuschten Zachäus und sagte: Siehst du!?

3. Version:
Und als Jesus das alles geredet hatte, ging er nach Jerusalem. Zachäus aber machte sein Versprechen wahr und besuchte alle, die er betrogen hatte, und gab ihnen ihr Geld vierfach zurück. Da herrschte große Freude in Jericho, denn alle hatten nun plötzlich zusätzliches Geld. Und Zachäus erzählte von Jesus und wie gut es tue, Unrecht wiedergutmachen zu können. Doch keiner hörte zu, denn alle waren sie schon unterwegs zu Kaufhof, Hertie und zu den Autogeschäften. Da wandte sich die eigene Frau an den enttäuschten Zachäus und sagte: Siehst du!?

4. Version:
Und als Jesus das alles geredet hatte, ging er nach Jerusalem. Zachäus aber machte sein Versprechen wahr und besuchte alle, die er betrogen hatte, und gab ihnen ihr Geld vierfach zurück. Da herrschte große Freude in Jericho. Wenn ein Sünder sich bekehrt, dann feiern die Engel im Himmel ein Fest, sagten sie. Und sie feierten auch. Und alle priesen Gott über das Wunder, das geschehen war. Das Geld gaben sie zur Hälfte den Armen in Jericho. Zachäus aber selbst wurde ein gerechter und geliebter Mann, den alles Volk achtete und dessen Rat unter den Frommen gefragt war.

Und genau das ist der Punkt, dass sich diese vierte und letzte Version anhört wie ein Märchen. Und solange sich der Ausgang der Geschichte anhört wie ein Märchen, so lange ist sie noch offen.

Vielleicht begegnet Ihnen morgen oder in der kommenden Woche Zachäus. Sie könnten dann mithelfen, dass die Geschichte ein gutes Ende bekommt.

Ich erinnere mich, dass es für mich als Kind die schlimmste Strafe war, etwas nicht wiedergutmachen zu dürfen. Tun Sie das bitte niemandem an. Lassen Sie keinen auf seiner Vergangenheit sitzen.

Ich feiere deine Versöhnung

2. Korinther 5,19.20

Gott war in Christus und versöhnte die Welt mit sich selber und rechnete ihnen ihre Sünden nicht zu und hat unter uns aufgerichtet das Wort von der Versöhnung. So sind wir nun Botschafter an Christi Statt, denn Gott ermahnt durch uns; so bitten wir nun an Christi Statt: Lasst euch versöhnen mit Gott!

Es ist der eigene Bruder, der das böse Wort sagt, der Verlorene habe sein Geld mit Huren durchgebracht. Ob er ihn heimlich beobachtet hat? Ob er ihm Saus und Braus neidet? Oder ob er ihm jetzt einfach neidet, dass Vater und Sohn sich versöhnt haben?

Die gute Nachricht ist: Gott geht dem Verlorenen nach.

Gott schenkt aus purer Freude am Leben Versöhnung.

Die tragische Gestalt ist der andere Bruder.

Nicht schlimm genug, wenn ich die ausgestreckte Hand ausschlage.

Nicht schlimm genug, dass ich nicht vergebe.

Ich neide dem anderen seine sichtbare Versöhnung.

Viele kennen Simon Wiesenthal, den Direktor des berühmten Wiener Dokumentationszentrums für die jüdischen Verfolgten des Naziregimes, nur als den »Nazi-Jäger«, dem es gelungen ist, Adolf Eichmann in Argentinien aufzuspüren und vor ein Jerusalemer Gericht zu bringen. Wenige aber kennen seine schlichte Erzählung, die unter dem Titel »Die Sonnenblume« erschienen ist. In diesem autobiografisch gefärbten Text schildert Wiesenthal einen Zwischenfall während seiner Zeit im Lemberger Konzentrationslager. Der Ich-Erzähler wird eines Tages an das Bett eines 21-jährigen SS-Mannes geholt, der im Sterben liegt und ihm als einem Juden seine Mordtaten an jüdischen Menschen beichtet.

Wiesenthal lässt keinen Zweifel daran, dass das Geständnis des jungen Deutschen aufrichtig ist. Zwischen Abscheu und Mitleid hin- und hergerissen, verlässt der Jude das Zimmer des Sterbenden, das Wort der Vergebung bringt er nicht über die Lippen.

Menschen sind in der Lage, sich gegenseitig Schlimmstes anzutun.

Bei aller Anstrengung – es ist uns oft nicht möglich, zu vergeben, zu vergessen, zu versöhnen.

Unser Rechtsempfinden ist durch den demokratischen Staat wesentlich geprägt. Er verlangt Strafe für eine Tat, Sühne, er verlangt Wiedergutmachung der Tat, wenn dies überhaupt möglich ist. Er nimmt die Strafe aus der Hand der Geschädigten und unterbricht damit den Kreislauf der Gewalt, verhindert Rache.

Und doch will es uns bei den Taten, die für uns »schlimm« sind, bei denen »für uns« subjektiv oder objektiv Wiedergutmachung nicht möglich ist, nicht gelingen, wirklich zu heilen.

Der Punkt des tiefsten Schmerzes erweist sich aber als entscheidender Ort der Gnade, weil er die Kraft der Humanität freilegt.

Ein Beispiel aus dem Jahre 1994. Es ist auch heute noch unter Historikern strittig, ob die Ermordung von über 4000 polnischen Offizieren in Katyn, einem russischen Ort am oberen Dnjepr, 20 km westlich von Smolenzk, die schreckliche Tat deutscher Soldaten war oder die Tat von Russen.

Der Historikerstreit ist mir nicht wichtig. Wichtig ist mir, was anlässlich eines der vielen Besuche an der Gedenkstätte bei den Massengräbern geschah. In einem Bericht lese ich:

»Als die deutschen Männer von Chatyn zurückkehren, sitzen sie mit russischen Frauen und Männern beisammen.
Martin Rosowski wird diesen Abend nicht vergessen: ›Die Trinksprüche waren sehr persönlich gehalten. Und dann stand ein Mann aus unserer Gruppe auf und rang sich durch, ein paar Worte zu sprechen. Ich merkte, wie sehr er von dem Besuch der Gedenkstätte in Chatyn noch im wahrsten Sinne des Wortes übermannt war. Er sprach von seiner eigenen Geschichte, dass er im Krieg war, dass er nach Kriegsende in Weißrussland im Kriegsgefangenenlager gewesen sei, und dann stockte er irgendwann, und alle wussten: Jetzt ist der Moment gekommen, wo es mit der Erinnerung nicht weitergeht, sondern jetzt kann etwas Erlösendes passieren – das passierte auch.
Dieser Mann entschuldigte sich, er sagte, dass es ihm zutiefst leid tut, was er persönlich und was die Deutschen in Russland getan haben, und dann versucht er zu sagen, dass dies in Zukunft nie wieder geschehen dürfe, da brach ihm die Stimme, er musste sich setzen, weil er sehr weinte.
Um ihn herum saßen junge Leute, die waren überwältigt, sie weinten

auch. Eine ältere Frau stand auf, ging zu ihm hin, eine Weißrussin, sie nahm ihn in den Arm und küsste ihn.«

(D. Weber, »Ich musste den Weg noch einmal zurückgehen«. Wie die alten Männer aus Deutschland in Belorussland Versöhnung suchten, Publik Forum 24, 20.12.1994, S. 48)

Das erfordert größte Kraft, größten Mut, größte Versöhnungsbereitschaft. Ich lasse mich überwältigen von der Reue des Schuldigen, ohne die Opfer zu verraten.

Das ist wohl das Schwierigste für Opfer, für Mütter und Väter vergewaltigter, missbrauchter und gar ermordeter Kinder nicht anders als für die Angehörigen der Opfer des Holocausts, für die Mutter des Kindes, das von einem Betrunkenen überfahren wurde.

Holen Sie es herunter auf Ihre Ebene, auf Ihr Leben. Prüfen Sie Wunden, die nicht verheilt sind. Prüfen Sie, wo Sie es nicht »übers Herz« bringen, Versöhnung zuzulassen, den Täter in den Arm zu nehmen und zu küssen.

Das Neue Testament der Bibel schenkt uns nur begrenzt Versöhnungsfähigen den Weg über den Sündenbock Jesus Christus: ihm als Last anrechnen, was mir auf der Seele liegt. Ihm und Gott die Rache überlassen.

Wenn wir dem Schuldig-Gewordenen Vergebung und Versöhnung neiden, ist der Kreislauf der Gewalt noch nicht zu Ende, bleibt seine Reue liegen, kann nicht heilen, was heilen soll bei allen Beteiligten.

Es bleibt auch für mich offen, ob wir dazu fähig sind. Ich weiß es nicht. Ich war noch nicht in dieser ganz extremen Lage. Ich weiß nur, dass ich mir dann diese Gabe wünsche.

Gott hat uns mit sich selber versöhnt durch Christus und uns das Amt gegeben, das die Versöhnung predigt.
Denn Gott war in Christus und versöhnte die Welt mit sich selber und rechnete ihnen ihre Sünden nicht zu und hat unter uns aufgerichtet das Wort von der Versöhnung.
So sind wir nun Botschafter an Christi Statt, denn Gott ermahnt durch uns; so bitten wir nun an Christi Statt: Lasst euch versöhnen mit Gott!
(2. Kor 5,18–20)

Familiengottesdienste – Gottesdienste für Kinder und Erwachsene

Osterei und leeres Grab

Meditation zum Symbol des Eies

Eigenartig, dass das Osterei zum Zeichen für Ostern geworden ist.

Es ist eigentlich kein christliches Zeichen. Ein Zeichen ist es für Fruchtbarkeit. Schon uralt. In allen möglichen Kulturen kommt es vor. Christen haben dieses Zeichen von Heiden übernommen und umgedeutet.

Es wird auf die Auferstehung hin gedeutet. So, als ob die Schale aufbricht, der alte Leib, und die Seele sich befreit und in ein neues Reich gelangt.

Aber da merkt man schon: Solche Zeichen sind verführerisch, sie können auch zu erheblichen Missverständnissen führen.

Von der Auferstehung heißt es nicht, dass wir aus dem Leib schlüpfen wie das Küken aus dem Ei oder der Schmetterling aus der Puppenhülle.

Auferstehung heißt Neuschöpfung, neu ins Leben gerufen werden, ein neuer Leib, der ganze Mensch wird von Gott ins Leben gerufen.

Das Ei ist ein schlechtes Bild für die christliche Auferstehungshoffnung, denn auch das ausgebrütete Küken wird einmal alt und stirbt. Christus ist nicht aus dem Grab hervorgebrochen wie das Küken aus der Schale. Eine solche Auferstehungshoffnung ist brüchig.

Es gibt früh in der Kirche auch schon einen heftigen Streit um die »Ostereier«, um dieses Bild vom Ei, der Schale und dem Küken.

Mich hat beim Lesen dessen, was es über das Symbol Ei zu sagen gibt, eigentlich nur eines angesprochen und überzeugt. Was der Heilige Augustinus dazu sagt.

Er geht aus von einer Bibelstelle. In Lukas 11,11.12 heißt es:

»Wo ist unter euch ein Vater, der seinem Sohn, wenn der ihn um einen Fisch bittet, eine Schlange für den Fisch biete? Oder der ihm, wenn er um ein Ei bittet, einen Skorpion dafür biete?«

Das ist etwas anderes. Wenn ein Ei noch ganz ist *(Ei zeigen)*, weiß ich nicht, was daraus wird. Wird da ein Küken daraus? Oder nicht?

Und wenn ich gar Eier von unterschiedlichen Vögeln nehme – Strauß, Ente, Huhn, Amsel, Lerche, Meise?

Könnte es nicht sein, dass aus einem ein Skorpion schlüpft? Ein giftiger, vielleicht sogar tödlich giftiger Käfer?

Jesus nimmt das Ei als Zeichen für Verborgenheit, Zeichen für die Angewiesenheit auf einen anderen. Ich muss wissen, dass mir kein falsches Ei ins Nest gelegt wird. Dass da keine Schlange schlüpft oder ein Skorpion. Ja, überhaupt, dass da was draus wird, dass sich darin überhaupt Leben entwickelt.

Augustinus schreibt:

»Die Hoffnung wird, wie mir scheint, mit dem Ei verglichen, denn die Hoffnung ist noch nicht zur Wirklichkeit geworden. Auch das Ei ist etwas, aber es ist noch nicht das kleine Hühnchen. Vierfüßige Tiere bringen Junge zur Welt, Vögel aber die Hoffnung auf Junge. ... Wohl sind wir gerettet, aber wir stehen noch im Hoffen. ... das ist das Ei; aber das Küken ist noch nicht vorhanden. Die Schale deckt es, man sieht es nicht, weil es verhüllt ist. In Geduld möge man es erwarten; es muss durchwärmt werden, um zum Leben zu gelangen ... Legen wir also unser Ei, das ist unsere Hoffnung, unter die Flügel Gottes.«

(Forstner, Die Welt der christlichen Symbole, S. 432f)

Das überzeugt mich. Wie es die Geduld einer Mutter braucht, die die Eier wärmt, so lebt unser Glauben von der Liebe Gottes, und doch weiß und sieht man nicht, was daraus wird. Erst später.

Leben? In diesem Ei (Osterei) steckt kein Leben mehr. Es ist, wie alle Ostereier, gekocht. Es kann nur noch gegessen werden.

In diesem Ei, es ist roh (rohes Ei), wäre noch eher Leben gewesen. Aber auch ihm fehlt die Wärme.

(Ei aufschlagen)

Mit dem Eigelb stellten die russischen Ikonenmaler die Farbe Gelb her. Und diese wieder versinnbildlicht die Gegenwart Gottes, wie wir es hier auf dieser Ikone sehen.

Ich würde mit Eigelb nicht malen. Und ich würde euch raten, die gekochten Eier zu essen. Nicht zu viele.

Mein Vertrauen setze ich nicht auf solche Bilder. Ich setze es auf Jesus Christus, auf Gottes lebendiges Wort.

Aber manchmal ist es ja ganz wichtig, dass man ein Geheimnis birgt, so wie die Schale das mögliche Küken.

Das Grab Jesu – keine Kultstätte
(Kurzpredigt zum Osterevangelium)

Lesung Matthäus 28,1–10

Da sind auch eine Menge Bilder und Zeichen im Osterevangelium.

Ein Erdbeben.
Lesen Sie in der Bibel – wenn Gott die Erde »betritt«, bebt sie. Das ist bei Mose so, das ist auch an Karfreitag so, nicht anders bei der Auferstehung Jesu. Das heißt: Jetzt geht es um Gott.

Ein Engel.
Wann kommt ein Engel vom Himmel herab? Immer, wenn Gott der Welt etwas Entscheidendes mitteilt. Elisabeth und Maria, Jesaja und Elia. Ein Engel. Der Engel steht für Gott.

Wie der Blitz.
So hell ist die Erscheinung vor dem leeren Grab. So grell, dass es ein Auge nicht erträgt. Kein Auge hat Gott gesehen. Kein Mensch kann, ohne zu sterben, sagt die Bibel, Gott sehen. Der Blitz, das Weiße, das Helle sagt: Es geht um Gott.

Nun begegnet der auferstandene Jesus selbst den Frauen.

Sie umfassen seine Füße und fallen vor ihm nieder.

Das ist die Geste der Unterwerfung. Hier haben Menschen den Herrn ihres Lebens gefunden. Mit den Frauen unterwirft sich die ganze Kirche und sagt: Dieser ist der lebendige Gott – mitten unter uns.

Das Grab ist leer. Der Engel sagt: Geht weg von hier. Geht zu den Jüngern. Erzählt. Tragt weiter. Geht weg von hier.

Damit ist gesagt: Das leere Grab ist nicht der Ort eures Heils. Veranstaltet keine Wallfahrten zum leeren Grab, erzählt, dass Christus mitten unter euch lebendig ist!

Ich glaube, dass Jesus auferstanden ist, auch wenn mir die Art und Weise ein Geheimnis bleibt. Ich kann und will dieses Geheimnis nicht lüften. Ich will entdecken, wo unter uns, wo in unserer Mitte der lebendige Jesus gegenwärtig ist.

Das kann dort sein, wo von ihm gepredigt wird. Das kann dort sein, wo in seinem Namen Brot und Wein geteilt wird. Das kann dort sein, wo in seinem Namen geheilt wird, wo Sünden vergeben werden. Das kann dort sein, wo Gefangene frei werden und Hungernde satt.

Das alles sind Zeichen. Wenn Gutes geschieht, dann sind das Zeichen der Hoffnung. Christen wallfahren nicht zu einem leeren Grab, sondern mitten in dieser Welt bezeugen sie: Jesus lebt, mit ihm auch ich.

Diese Hoffnung hüten Christen wie ein rohes Ei und legen sie unter die Flügel Gottes. In seiner Wärme kann die Hoffnung wachsen. Und eines Tages sehen wir, dass es der Vater »gut mit uns meint«.

Bis dahin sprechen wir uns immer wieder neu zu, was die Frauen den ungläubigen Männern sagen: Christus ist auferstanden. Er ist wahrhaftig auferstanden!

Tauferinnerung: Ich bin getauft auf deinen Namen

2. Korinther 4,5–10

EG 334,1–6 (Danke)

Gebet:
Ewiger, dreieiniger Gott,
eingeladen sind alle,
es gibt keine Ausnahme,
alle lädst du ein zum Fest des Lebens.
Wo wir Gräben errichten,
baue du Brücken.
Wo wir Nein sagen,
öffne du Türen.

Sabrina, Raphael und Simon werden heute getauft.
Wir nehmen sie in die Mitte
und bitten um deinen Heiligen Geist,
der uns alle zusammenwachsen lässt
zu einer Lebensgemeinschaft.

Lesung: Matthäus 3,13–17

EG 200,1.2.4 (Ich bin getauft auf deinen Namen)

Unser Tun hat Folgen.
Unser Lassen hat Folgen.
Unsere Worte haben Folgen.
Ein Kind weiß das noch nicht.
Ein Kind denkt nicht an die Folgen.
Ein Kind möchte jetzt und hier und gleich.

Manche sagen, wenn ein Schmetterling in China mit den Flügeln flattert, dann hat das auch Folgen für uns.

Schwierig.

Andere sagen: Wenn wir jetzt Schulden machen, dann müssen das unsere Enkel bezahlen.

Schon einfacher zu verstehen.

Wieder andere sagen: Wenn ich Aktien einer Firma kaufe, die Soja anbaut, dann werden in Brasilien die Bäume gefällt.

Stimmt.

Wieder ein anderer sagt: Wenn ich bei Rot über die Ampel fahre, gefährde ich mein Leben und das Leben anderer.

Das ist so.

Ein anderer sagt: Wenn ich für die Englisch-Arbeit nichts lerne, dann kann ich keine gute Note schreiben.

Stimmt.

Ein anderer sagt: Wenn ich jemanden anlache, dann lacht der meist zurück.

Ist so.

Ein anderer sagt: Wenn ich die Tabletten nicht nehme, geht es mir schlechter.

Stimmt. Der Arzt muss es wissen.

Jeder Schritt von dir hat Folgen.

Jeder Gedanke von dir hat Folgen.

Erst einmal vielleicht für dich, dann aber für mehr und mehr und mehr.

Der, den du anlachst, der lacht einen Dritten an usw.

Der, den du trittst, der tritt einen Schwächeren usw.

Unser Tun hat Folgen.

Unser Lassen hat Folgen.

Unsere Worte haben Folgen.

Ein Kind weiß das noch nicht.

Ein Kind denkt nicht an die Folgen.

Ein Kind möchte jetzt und hier und gleich und ohne »wenn« und »aber«.

So liebt Gott.

Ohne »wenn« und »aber«.

Simone Weil, eine jüdische Theologin, ermordet wie so viele, sagt: »Gott ist Liebe, wie ein Smaragd grün ist.«

Ein Smaragd kann gar nicht anders als grün sein. Ein Rubin kann gar nicht anders als rot sein. So ist Gott.

Und darauf vertrauen wir, wenn wir taufen.

Darauf vertrauen wir, wenn wir beten.

Darauf vertrauen wir, wenn wir segnen.

Jetzt ein Zweites:

Woran erkennt man einen Christen?

Ich werde nachher gleich zu zwei Fußballspielen gehen.

Zuerst fahren wir nach Karlsruhe – dort spielt der KSC gegen Paderborn. Dann fahren wir zurück und nach Sinsheim – dort spielt Hoffenheim gegen den Tabellenführer Leverkusen.

Und ich werde in Karlsruhe einen KSC-Schal tragen, in Sinsheim – wie es sich gehört – einen Hoffenheim-Schal. Ob's was nützt?

Ich trage beide Schals. Ich gebe mich zu erkennen. Ich »oute« mich. Ich bin nicht mehr »anonyme Masse«, ich zeige mich. Ich traue mich. Weil andere sich trauen.

Da mag also jemand unter euch sein, der Bayern-Fan ist oder Fußball überhaupt für blöd hält – das ist mir egal: In guten und in schlechten Zeiten stehe ich zu meinem Verein.

Jetzt wird es komisch, denken Sie vielleicht.

Was hat denn der KSC und Hoffenheim mit der Taufe und gar mit Gott zu tun?

Hört, was der Apostel Paulus an die Gemeinde in Korinth schreibt. Ich lese heute ausnahmsweise nicht aus der Lutherbibel, sondern aus der »Guten Nachricht«:

Lesung 2. Kor 4,5–10 nach »Gute Nachricht«

Nun also: Mein Leben hat Folgen.

Was ich tue und was ich lasse, hat Folgen.

In der alten Kirche sind im großen Tauchbad die Täuflinge von Westen gekommen mit alten Kleidern, wurden drei Mal im großen Bassin untergetaucht und sind dann im Osten aus dem Bassin gestiegen. Dann hat man ihnen weiße, ganz reine und leuchtende Kleider angezogen.

Drei Mal untergetaucht.

Drei Mal das Alte und Böse ertrunken.

Nichts bleibt, was uns trennt.

Auftauchen als neuer Mensch.

Von Gott geliebt.

Taufe kann man nicht zurücknehmen.

Du kannst aus der Kirche austreten.

Du kannst alles Mögliche für besser halten.

Aber die Taufe lässt sich nicht mehr abwaschen.

Die Taufe hängt auch nicht von deiner Leistung ab. Wie toll und schön und fromm du bist.

Die Taufe ist ein Geschenk Gottes. Ein Familienpass. Du gehörst jetzt dazu.

Die Taufe schließt auch euch drei ein in die Gemeinschaft. Wo immer ihr seid und wohin immer es euch verschlägt, auch dort sind Christen, die mit euch teilen, die mit euch leben, die euch einladen, die für euch beten, mit euch singen, mit euch auf Wohnungssuche gehen, euch trösten, wenn ihr traurig seid, und euch schützen in Not.

Bis wir eines Tages alle eins sind in Christus.

Zeigt durch euer Leben, dass ihr getauft seid.

Zeigt durch euer Leben, dass ihr dazugehört.

Gebt euch als Christen zu erkennen.

»Outet« euren Glauben.

Mischt euch ein.

Zeigt euch.

Traut euch.

Die Taufe ist nachhaltig.

Sie reicht für ein Leben und mehr.

Sie reicht für einen Himmel und weiter – bis in die Ewigkeit.

Else Lasker-Schüler, eine Jüdin, hat einmal geschrieben:

»Früher war eine große Frömmigkeit am Himmel,
Gaben sich die Sterne die Bibel zu lesen.
Könnte ich einmal Gottes Hand fassen.
Oder den Mond an seinem Finger sehn.
O Gott, o Gott, wie weit bin ich von dir!«

Ja, das tut einerseits weh.

Bin weit weg von Gott.

Und doch, dieses Wasser, die segnende Hand, die Lieder miteinander, eure Fragen und unsere brüchigen Antworten – wir sind doch nah dran.

Schön, dass es euch gibt. Schön, dass es uns gibt.

Und morgen wird das nicht anders sein. Und am Ende unserer Tage wird das nicht anders sein. Andere werden beten. Sie werden neue Lieder singen. Gut so.

Zelt oder Kirche – Gemeinsam unterwegs (Gottesdienst vor den großen Ferien)

Apostelgeschichte 2,41–47

Unterwegs 1:
Menschen werden zu Sklaven gemacht. Aufrechte Menschen werden geknechtet. Sie müssen in der Fremde arbeiten. Zu Hause gibt es nichts zu essen und zu trinken. Die Sonne hat alles kahl gebrannt.

Damit sie mit ihren Familien überhaupt leben können, flüchten die Menschen aus der Wüste dorthin, wo sie Wasser und Leben vermuten. An die fruchtbare Einmündung des Nils in das Mittelmeer.

So kommen die Vorfahren der Israeliten nach Ägypten. Dort arbeiten sie. Zuerst als willkommene Fremdarbeiter. Mehr und mehr werden sie zu Sklaven. Die einen wehren sich, die anderen halten still. Gott nimmt einen von ihnen, den jungen Mann Mose, und macht ihn zum Führer über Israel. So soll es nicht sein. Kein Mensch soll Sklave eines anderen werden.

Mose ist unterwegs in der Wüste mit den Schafen seines Schwiegervaters. Da sieht er etwas ganz Seltsames. Vielleicht irrt er sich? Vielleicht ist es eine Halluzination? Da brennt ein Busch in der Wüste. Und hört nicht auf zu brennen. Mose geht näher und hört eine Stimme: Halt, zieh deine Schuhe aus, der Ort, den du jetzt betrittst, ist heiliges Land. Mose zieht die Schuhe aus und geht weiter.

Und dann fragt er: Wer bist du?

Und Gott antwortet: Ich bin der Gott Abrahams, der Gott Isaaks und Jakobs. Bring mein Volk heraus aus Ägypten.

Und Mose sagt: Ich bin zu jung. Ich tauge nicht als Redner.

Und Gott antwortet: Bring mein Volk heraus aus Ägypten.

Und Mose sagt: Was soll ich ihnen denn sagen, wer hier in der Wüste zu mir gesprochen hat?

Und Gott sagt: Sag ihnen: Ich bin der, der ich bin. Ich war der, der ich sein werde. Und ich werde der sein, der ich bin.

Mose ist verwirrt. Der Dornbusch brennt weiter.

Die Stimme schweigt.

Und Mose macht sich auf den Weg, zu tun, was Gott ihm befohlen hat.

Unterwegs 2:
Wir haben in der Kirche ein Zelt aufgebaut. Nicht, weil wir hier auch noch Urlaub machen wollen. Und auch nicht zum Spielen nachher für die Kinder. Dazu ist es zu wenig stabil. Und Heringe wollten wir dann doch nicht in den Boden schlagen. Dieses Zelt soll uns einfach ein wenig auf Ferien, auf Leichtigkeit, auf Beweglichkeit, auf Neuland einstimmen. Es ist der letzte Gottesdienst vor den großen Ferien.

Mit dem Bild eines Zeltes könnte man sich auf einen Streifzug durch die Geschichte Israels machen, könnte beginnen bei den Zelten Abrahams, Isaaks und Jakobs. Die wandernden Nomaden, die Hirten, auch die Soldaten im Krieg wohnten in Zelten. Das Laubhüttenfest erinnert an das Leben in Zelten während der Wüstenwanderung. Mit der Stiftshütte ist die Vorstellung verbunden, dass dort Gott auf Zeit wohnt und dass ihm dort die Menschen begegnen können. Selbst von Jesus heißt es im Johannesevangelium: Das Wort ward Fleisch und schlug sein Zelt auf mitten unter uns. Und am Ende der Zeit, so lesen wir in der Offenbarung, baut Gott seine Hütte unter den Menschen und wird so bei ihnen wohnen. Auch unter einer Hütte muss man sich einen Bau aus Zeltstangen, Matten und Teppichen vorstellen.

Ich will das nicht überstrapazieren, aber diese Sommerzeit legt es doch nahe, einmal biblisch über das Zelt nachzudenken. Wir stehen ja eigentlich kirchlich in einer ganz anderen Tradition: große, feste Steinbauten, unverrückbare Altäre, Orgeln für die Ewigkeit, Türme als Wahrzeichen, meterdicke Mauern. Das ist eher die Tradition des Tempels, nicht die des Zeltes. Ein Zelt kann ich hier aufschlagen und dort. Die Nomaden folgen damit ohne große Hindernisse dem lebenswichtigen Regen, wechseln Weideplätze. Die Kirche als Zelt, das ist das Bild einer beweglichen Kirche, die nicht wartet, bis alle zu ihr kommen, die aufbruchbereit ist dahin, wo Gott sie braucht, vom Heiligen Geist bewegt, stets unterwegs zum Leben.

Ein Zelt ist leicht. Handlich. Man kann es tragen, mitnehmen. Hat damit, wo immer man hinkommt, ein Dach über dem Kopf.

Die Kirche als Zelt ist das Bild einer Kirche ohne großen Ballast. Eine materiell und von der Ausstattung her arme Kirche. Sie weiß sich nur dem Nötigsten verpflichtet. Sie lebt von den Menschen. Und ist vielleicht gerade deshalb brennend an den Menschen interessiert, zu denen sie geschickt ist.

Wer zeltet, macht sich angreifbar. Da hört man jeden Ton, riecht und sieht eben viel mehr als sonst. Die Kleiderordnung ist entsprechend. Wer zeltet, will nicht in erster Linie seine Ruhe haben und unbeobachtet bleiben. Die Kirche als Zelt ist das Bild einer Kirche, die ganz nah, hautnah mit den Menschen lebt. Die keine Berührungsängste und keine Geheimnisse hat.

Aber das Zelt hat auch seine negativen Seiten. Nicht nur bei schlechtem Wetter oder kaputtem Kreuz. Es ist einfach nicht stabil genug, nicht von Dauer. Bleiben zu können ist ein verständlicher menschlicher Wunsch. Das Zelt ist auch ein Zeichen der Vergänglichkeit. Der Prophet Hesekiel klagt auf dem Krankenlager: »Mein Haus wird abgetragen, man rollt's zusammen wie ein Hirtenzelt.« Das Zelt als Bild für unser Leben ist ein ehrliches Bild. Aufbauen, kurze Zeit bewohnen, abschlagen. Und doch ist es voll Hoffnung. Denn in dem abgeschlagenen Zelt bewahrt sich die Chance, eines Tages wieder einen neuen Zeltplatz zu finden und mit ihm ein Zuhause.

Aber noch ist nicht das Reich Gottes. Noch gibt es Tränen der Enttäuschung, Schreie von Menschen in Not, hier feste und stabile Häuser, dort Wellblechbuden und Flüchtlingsquartiere. Noch sehnen sich Menschen nach Urlaub, weil der Alltag sie entfremdet.

Das Bild des Zeltes als leichtes Gepäck, als Zeichen der Offenheit und Nähe eines christlichen Lebens soll uns begleiten, auch wenn wir selbst in den Ferien ein festeres Dach über dem Kopf vorziehen.

Unterwegs 3:
Von den ersten Christen wird erzählt, sie seien täglich in den Tempel in Jerusalem gegangen. Sie hätten alles geteilt, Überflüssiges verkauft und den Erlös den Armen gegeben. Sie seien täglich beieinander gewesen, einmütig im Handeln, im Gebet, beim Abendmahl.

Dies soll so gewesen sein in der Zeit gleich nach Pfingsten. Der Geist Gottes, der Heilige Geist muss für die Verhältnisse der kleinen Gemeinden damals »Massen« bewegt haben. Allein an einem Tag sollen 3000 Menschen getauft worden sein. Nun, ob man an diesen Zahlen zweifelt, ist nicht so wichtig. Wichtig ist: Es hat die, die später kamen, ungeheuer beeindruckt. Diese Bewegung des Miteinanders, ausgelöst durch das Pfingstwunder.

Heute gibt es solche Massenbewegungen nur in der Sommerzeit. Ferien nennen wir das. Wünschen wir allen, die sich in die Ferien in Bewegung setzen, Begegnungen mit der Stille, Gelegenheiten des Staunens, erleichterte Seelen und Herzen, bleibende Erinnerungen, eine gesunde Rückkehr und ein frohes Wiedersehen.

Über die kleinen Wunder staunen

Ein Liedblatt mit einer Weltzeituhr wird zum Gottesdienst ausgeteilt. Eine solche erdgeschichtliche Weltzeituhr finden Sie auf der beigefügten Material-CD-ROM oder im Internet unter der Eingabe von »Erdgeschichte«, »Erde Zeitstrahl«, »Erdgeschichte Uhr« o. Ä. bei »google.de«.

Psalm 8,4.5

Was ist ein Wunder?
Ein Konfirmand, der beim VfB Wiesloch mehr schlecht als recht Fußball spielt, sagt mir: Ein Wunder ist, wenn der Waldhof und der KSC am selben Samstag beide auswärts jeweils 4:0 gewinnen und gleichzeitig die Bayern bei St. Pauli 8:0 verlieren und Wiesloch Meister wird.

Was ist ein Wunder?
Eine Mutter sagt mir: Schauen Sie sie sich doch an, drei Monate. Gesund, und wie sie lacht und wir uns mögen. Wie alles so gut geht.

Was ist ein Wunder?
Ein Mann, Jahrgang 28, am Kriegsende noch beim Volkssturm, Elternhaus zerbombt. Mutter tot. Vater in Gefangenschaft. Mit 17 schon mit dem Leben am Ende. Dass dann noch was kam, nach dem Krieg, dass da noch was Gutes kam! Dass aus mir jungem Gauner, der die Zonen passierte wie der Wind die Grenzen, der manchen Mist gebaut hat und noch mehr, dass aus mir ein Mensch wird, mit – mit Enkeln!

Was ist ein Wunder?
Im Dezember hitzefrei, sagen unsere Kindergottesdienstkinder. Oder wenn Ihnen mal kein Lied mehr einfällt. Oder wenn die Frau Steinbach erklären kann, was Abseits im Fußball ist.

Was ist ein Wunder?
Staunen. Kopfschütteln. Vor Freude weinen. Sich nach dem allseits sogenannten verflixten siebten Ehejahr immer noch lieben, oder gar noch mehr. Irgendwie merken wir alle: Wenn wir »Wunder« sagen,

dann haben wir die Finger selbst nicht im Spiel. Das kommt von außen, das ist überraschend. Eher so etwas wie Geschenk und Gabe, wie hitzefrei im Dezember und Leben nach dem Tod. Das ist nicht geschmacklos, wenn ich das so sage. Für unsere Kinder ist der Tod etwas anderes als für uns. Aber hitzefrei im Dezember? Das eine ist so unwahrscheinlich wie das andere. Was bleibt, ist das Staunen.

Schade um jeden Menschen, der verlernt hat zu staunen. Es gibt Kinder, die können sich über nichts mehr freuen, die können nicht mehr staunen.

Denen fängst du einen winzig kleinen Molch aus dem Teich, und die können nicht mehr staunen. Denen zeigst du nachts die Milchstraße am klaren Himmel, und die können nicht mehr staunen. Die bekommen ein Schwesterchen oder Brüderchen und haben keine Fragen. Es gibt Kinder, die sehen einen Schmetterling und machen ihn tot. So arm dran sind die, dass die sogar einen Schmetterling totmachen oder eine Raupe. Es gibt Kinder, die sind arm dran.

Und Kinder, es gibt Erwachsene, das müsst ihr euch mal vorstellen, die geben kleinen Kälbern schon Spritzen, damit sie dicker werden und mehr wiegen beim Schlachten.

Kinder, es gibt Erwachsene, die, stellt euch das vor, die schütten ganze Tanklastzüge voll Gift in die Nordsee, weil das kein Geld kostet. Und die wissen genau, dass Fische und Seehunde daran sterben.

Und Kinder, es gibt Erwachsene, die schießen mit Gewehren und Raketen so lange aufeinander, bis alle tot sind. Es gibt Erwachsene, die arm dran sind. Dass sie so was tun. Und wissen genau, Freunde, die wissen genau, wie schlimm das ist, was sie tun, und sie tun es doch. Versteht ihr das, Kinder?

Wisst ihr, ich glaube, auch die meisten Erwachsenen können nicht mehr staunen. Seit man alles kaufen kann, bar oder auf Raten oder auf Kredit, seit man alles kaufen und haben kann, können Kinder nicht mehr so richtig staunen, und Erwachsene sowieso nicht. Denn die haben ja das Geld, mit dem man alles kaufen kann. Aber was nützt das ganze Geld, wenn ich nicht mehr staunen kann und mich freuen.

In ein paar Wochen wird ein russischer Atomreaktor auf die Erde fallen, vom Himmel. Es könnte auch ein amerikanischer, chinesischer oder deutscher sein. Was da passiert? – Wir können nur hoffen, dass er irgendwo ins Meer stürzt und nur Fische sterben. Überlegt mal, Kinder, so weit sind wir.

Der Mensch, der verlernt hat, zu staunen, für den das Wirtschaftswunder wichtiger geworden ist als all die Schöpfungswunder, dieser Mensch kommt langsam an sein Ende. Die Schöpfung Gottes ist geschändet wie nie seit Millionen von Jahren. Vom Himmel strahlt uns der Krebstod, in den Meeren sterben Fische aus und Seehunde, das Wasser wird ein kostbares Gut, um das man Krieg führen wird, wie heute um Öl. Überlegt, dass ihr und eure Kinder mal froh sein werdet über Wolken und Regen. Nur keine Sonne, ja keine Sonne. Und bei Sonne ja nicht aus dem Haus. Hitzefrei wäre nichts mehr, worauf ihr euch freut.

Liebe Kinder, liebe Mit-Erwachsene. Ich kann auch nicht mehr tun als klagen und warnen und die Wahrheit beim Namen nennen. Ich kann auch nicht mehr tun als euch bitten, Kleine und Große: Das darf nicht sein! Wehrt euch. Ändert euch. Ihr habt Einfluss als Erwachsene, und ihr als Kinder jetzt auch schon, in ein paar Jahren umso mehr. Manchmal bin ich verzweifelt, auch ein Pfarrer ist manchmal verzweifelt. Ich kann es nicht mehr hören, wenn sie von Entsorgung reden und genau wissen, bis hinters Komma, wie verlogen das alles ist.

Ich kann genauso wenig an einem Knopf drehen wie ihr, und dann ist alles wieder in Ordnung. Ich mach' das selten oder eigentlich nie, so zu reden: Aber ich soll heute drei Kinder taufen. Und ihr und Sie, ihr spielt mit Spielzeugraketen, ihr habt zu wenig Lehrer, bei einem Sonnenbrand im Freibad muss man erschrecken, Maikäfer habt ihr nie gesammelt, an Weihnachten gibt es kein Geheimnis mehr und an Ostern nur Ferien.

Und Sie? Genügt es, zu klagen? Genügt es, zu beten? Ist nicht die Zeit gekommen, dass Gott von uns Christen mehr erwartet als richtige Lehre, Gottesdienste und Klage über die Not? Dass wir in Gottes Namen endlich das tun, was wir seit 2000 Jahren predigen und was Albert Schweitzer, den wir mit dem Nobelpreis abgespeist, aber ansonsten schlichtweg verdrängt haben, was Albert Schweitzer, nach dem eine Straße auf unserem Gemeindegebiet heißt, was er sagt: Ehrfurcht vor dem Leben, sagt er. Ehrfurcht vor dem Leben. Und Leben? Leben ist nicht nur meines!

Ja. Gott hat die Macht, unsere größten Fehler wiedergutzumachen. Ja, das glaube ich. Aber ich meine, wir versuchen ihn zu sehr in diesen Jahren, als dass es gutgehen könnte.

Und dabei war alles gut, wie er es geschaffen hat. Nicht für alle Ewigkeit, behauptet ja auch keiner in der Bibel. Aber es war – wenigstens gut. Sonne war eine Freude und keine Bedrohung. Die Berge waren eine Quelle und keine Gefahr. Es war wenigstens gut.

Und noch einmal meint es Gott gut mit uns. Er spürt: Sie haben mich nicht verstanden. Jesus Christus kommt. Der Mann aus Nazareth lebt und erzählt, wie es wieder gut werden kann zwischen Mensch und Mensch, zwischen Mensch und Gott. Gott gibt sein Bestes, ich hab's in einem meiner Weihnachtslieder geschrieben, Gott gibt sein Bestes, gibt es für uns. Dass endlich ein Schlussstrich gezogen wird. Es ist, als wenn einer 200.000 Euro Schulden hat und ein anderer zahlt sie einfach. Verstehen Sie, das ist Karfreitag: Gott hat einfach unsere Schuld abbezahlt. In der Hoffnung, dass wir uns danach ändern.

Psalm 8,4.5
Wenn ich sehe die Himmel, deiner Finger Werk,
den Mond und die Sterne, die du bereitet hast:
Was ist der Mensch, dass du seiner gedenkst,
und des Menschen Kind, dass du dich seiner annimmst?

Versteinerungen zeigen; Kinder (und Erwachsene) kommen nach vorne

Als diese Tiere, die ich euch hier in Versteinerungen zeige, als diese Tiere gelebt haben, da gab es noch gar keine Menschen. Die Menschen, vielleicht wisst ihr das nicht, die Menschen sind erst arg spät dazugekommen. Nach den Pflanzen und nach den Tieren. Als diese Tiere lebten, gab es noch keine Menschen.

Erst seit einer Sekunde gibt es Menschen. Ihr habt alle ein Blatt mit einer Weltzeituhr in der Hand. Hier vorne hängt so eine Uhr an der Altarwand, etwas vereinfacht.

Seit einer Sekunde erst gibt es Menschen. Was die in der Zwischenzeit alles angerichtet haben!

Stellt euch das einfach mal vor. Diese Versteinerungen. Das sind Tiere, die gelebt haben, lange bevor es Menschen gab. Bevor Gott gesagt hat: Jetzt ist es soweit, jetzt will ich der Erde Menschen schenken. Als Geschenk für die Erde sind wir geschaffen. Als Bereicherung der Schöpfung. Gott traut uns so viel Gutes zu.

Ich weiß, ich bin moralisch heute. Das ist eine Moralpredigt, ich weiß. Aber heute finde ich es auch wichtig, dass ich Moral predige. Wir taufen heute drei Kinder. Drei Wunder. Schaut sie euch doch an! Ist das kein Wunder? Die Friederike, die Anna Katharina und die Vera;

dass die Kinder gesund sind, die Mütter auch, und die Väter glücklich. Ist das kein Wunder?

1. Mose 1,26–28a.31
Und Gott sah an alles, was er gemacht hatte, und siehe, es war sehr gut.

Angesichts dessen, was wir anrichten, und angesichts dessen, was wir Gutes tun könnten, frage ich mich nicht allein: Wo bleibt Gott? Ich frage mich auch: Was eigentlich ist der Mensch? Der in einer Sekunde zerstört, was ein anderer in 24 Stunden aufgebaut hat.

Nun sagt mal ehrlich, Kinder, was ihr von einem haltet, der eine Sekunde vor dem Klingeln in der Schule vor den großen Ferien ins Klassenzimmer kommt und sagt: »So, jetzt bin ich der Chef! Jetzt fängt die Schule erst an.«

Nicht so einen Lehrer! Das wäre das Ende.

Psalm 8,4.5
Wenn ich sehe die Himmel, deiner Finger Werk,
den Mond und die Sterne, die du bereitet hast:
Was ist der Mensch, dass du seiner gedenkst,
und des Menschen Kind, dass du dich seiner annimmst?

Ja, das frage ich mich auch, immer mehr. Und ich entdecke, dass Gott längst nicht die Hoffnung aufgegeben hat, dass wir seiner Schöpfung einen guten Dienst tun könnten. Sie hat es nötig, mehr als je zuvor. Erste Lektion: Wieder staunen lernen.

Eine Ähre, ein Ammonit, ein Kind, die Milchstraße, die Liebe unter den Menschen.

Erste Lektion: Wieder staunen lernen.

Erntedank – Wie ein Baum

Psalm 1

Kinder bringen Erntegaben

Brot

Brot ist unser Grundnahrungsmittel. Wir haben das fast vergessen. So wie in anderen Erdteilen Reis oder Hirse das wichtigste Nahrungsmittel war und ist, so sind es bei uns Weizen, Roggen, Gerste – Getreide. Wir haben fast verlernt, Brot zu genießen. Wir wissen kaum noch, welche Gabe wir damit in Händen halten.

Hab Dank, Gott, für unser tägliches Brot. Amen.

Wasser

Ohne Wasser gibt es kein Leben. Die Biologen sagen uns, alles Leben kommt aus dem Wasser. Brot und Wasser ist das Mindeste, was man einem Menschen in früheren Jahrunderten an Essen und Trinken gab. Für so viele Menschen auf der Erde ist Wasser ein seltenes und besonders kostbares Gut.

Hab Dank, Gott, für das Wasser. Amen.

Licht (Kerzen)

Wir sehen einander, wir erkennen Farben, wir erfrieren nicht – so vieles, was uns das Licht der Sonne schenkt.

Ohne Licht gäbe es kein Leben, weder pflanzliches noch tierisches oder menschliches. Deshalb sagen wir zu Jesus Christus auch, er ist das Licht des Lebens.

Hab Dank, Gott, für die Sonne, für das Licht der Sterne, für Mond und Gestirne, für Feuer und Wärme. Amen.

Wein

Nicht nur die Menschen in einer Weinstadt wissen den Wein besonders zu schätzen. Vielleicht sie sogar weniger als diejenigen, bei denen kein Wein wächst und die ihn von weither teuer importieren müssen. Wein macht die Herzen froh, das gilt von alters her. Auch sonst steht Wein hier auf dem Altar. Immer dann, wenn wir Abendmahl feiern, erinnert uns der Wein an das Leiden, Sterben und Auferstehen Jesu, macht uns frei und unsere Hoffnung gewiss.

Herr, unser Gott, hab Dank für den Wein, für alles, was uns Freude macht am Leben. Amen.

Salz

Salz ist eines der ältesten Gewürze, aber auch Heilmittel, Desinfektionsmittel. Ohne Salz hielten manche Speisen nicht. Salz ist scharf und brennt. Aber hier auf dem Altar soll es stehen für alle Gewürze, die unsere Speisen verfeinern und schmackhaft machen.

Herr, unser Gott, hab Dank für das Salz und alle Gewürze. Amen.

Öl

Öl ist Zeichen des Reichtums, des Lebens. Der Olivenbaum ist in den Ländern des Orients ähnlich dem Weinstock ein Lebensbaum. Öl ist nicht einfach Fett, das man zum Backen oder Braten benötigt. Es ist auch ein Gesundheitsmittel, viele Öle haben heilende Kraft.

Herr, unser Gott, wir danken dir für das Öl vieler Pflanzen. Wir danken dir für Medikamente, für Salben und andere Mittel für unsere Gesundheit. Amen.

Milch und Honig

Für die Menschen aus der Wüste oder aus dem hohen kargen Bergland waren sie Zeichen des Überflusses, der Fruchtbarkeit, ja, des Paradieslandes. Ein Land, in dem Milch und Honig fließen. Milch und Honig sollen hier auf dem Altar stehen für all das, was wir ernten, ohne gesät zu haben, für alles, was uns unverdient geschenkt ist, womit wir nicht sparen müssen, was wir im Überfluss besitzen und teilen können.

Herr, unser Gott, hab Dank für alle guten Gaben. Amen.

Lesung Psalm 1 Wie ein Baum

Wurzel

Menschen werden in allen Kulturen und Religionen mit Bäumen verglichen. Menschen gehen aufrecht wie Bäume, ihre Arme gleichen den Ästen, ihr Körper dem Stamm, ihre Beine den Wurzeln.

(Wurzel holen)

Diese Wurzel stammt von einem kleinen Apfelbaum aus dem Pfarrgarten. Der Baum war sehr, sehr krank, wir mussten ihn ausgraben. Deshalb haben wir hier seine Wurzel. Man sieht, wie sie sich verfeinert, um immer tiefer und besser in die Erde eindringen zu können. Man sieht auch, wie eine noch gesunde, kräftige Wurzel ausweicht, weil sie nicht tiefer wachsen kann.

Menschen können sagen: Ich möchte sein wie ein Baum mit einer starken, kräftigen, tiefen Wurzel. Verwurzelt möchte ich sein bei meiner Familie, meinen Freunden, bei Gott. Niemand soll mich herausreißen aus den Zusammenhängen, die mir Lebenskraft und Halt geben.

Stamm (Jahresringe-Scheibe)
Menschen betrachten staunend die Jahresringe eines Baumes. Trockene und feuchte Jahre, heiße und kalte Jahre hinterlassen Spuren, so wie die Jahre eines Lebens auf unserer Haut Spuren hinterlassen, Narben und Falten.

Menschen können sagen: Ich möchte sein wie ein Baum, dem immer wieder eine neue Haut wächst, der Erfahrung an Erfahrung häuft und dadurch stärker wird, kräftiger, fester. Dem es gelingt, sich gute und schlechte Jahre einzuverleiben und daran zu wachsen. Niemand soll mir meine Erfahrungen nehmen, meine Wege und Umwege. Das bin ich. So bin ich von Gott geliebt.

Ast mit Blättern
Menschen freuen sich nach der Blüte an den Blättern der Bäume. Staunen, wie aus kahlen Ästen frisches, vielfarbiges Grün wächst, größer und größer, Schatten spendet. Vögel bauen ihre Nester, der Wind fängt sich in den Blättern, jeder Baum hat so sein ganz eigenes Lied für den, der noch nicht das Hören verlernt hat.

Manche Bäume flüstern, wispern, andere raunen, die großen Bäume sind wie Bassgeigen, wie ein ganzes Orchester.

Menschen können sagen, ich möchte so beweglich sein wie die jungen Blätter eines Baumes, möchte spielen im Wind und wissen, der Sturm reißt mich nicht fort.

Möchte mich der Sonne entgegenstrecken und dem kühlenden Regen. Menschen wissen aber auch, dass jedes Blatt seine Zeit hat, eine kurze Zeit. Menschen denken, wenn das Herbstlaub fällt, an die eigene Vergänglichkeit.

Früchte
Das ist die Frucht eines gesunden Apfelbaumes. Auch ihr sieht man die Geschichte des Sommers an: im Rot der Farbe, in den Narben von Hagelkörnern.

Diese Frucht birgt das Kostbarste, was ein Baum zu bieten hat, eigentlich das Kleinste. Das, was er weitergibt, aus dem ein neuer Baum wächst, seine Kerne.

Menschen können sagen: Auch mein Leben soll gute Früchte tragen. Wie dieser Apfel soll mein Leben strahlen, gesund und schön sein. Und doch weiß ich, seinen Sinn hat es nicht allein in sich. Mein Leben birgt neues Leben für andere. Ob ich das als Frau sage, die Mutter wird, oder als Mann, der den guten Kern anderer hegt und pflegt. Ob ich weit weggerollt bin von meinem Stamm – deshalb auch sind die Früchte rund –, ob ich eine Freude für die Augen und Herzen anderer war – deshalb auch sind die Früchte bunt –, ich darf mir sicher sein, in jedem von uns, auch in mir steckt ein guter Kern. Ihn zu entfalten ist der Sinn meines Lebens, dann werde ich so, wie Gott mich gedacht hat. Dann werde ich Früchte tragen und das entstehende Leben um mich zur höchsten Entfaltung bringen. Und dann, ja, dann kann ich auch sterben.

Zwischengebet:

Du guter Gott, Hüter unseres Lebens, lass uns wachsen wie Bäume an Wasserbächen, lass uns Wurzeln entwickeln in gesunder Erde, lass uns Früchte tragen im Sommer unseres Lebens, lass unser Leben eine Freude sein für uns und andere und hilf uns, den guten Kern in uns und in anderen so zu pflegen, dass wir den Herbst und den Winter unseres Lebens nicht fürchten müssen.

Lesung 1. Mose 2,9 Baum mitten im Paradies

Warum steht in so vielen Kulturen und Religionen ein Baum mitten im Paradies, mitten im heiligen Land, mitten im Himmel oder wie immer sie das ersehnte Reich des Friedens nennen?

Auch in unserer Bibel steht dieser Lebensbaum am Anfang im Garten Eden und am Ende inmitten der neuen Erde:

Und er zeigte mir einen Strom lebendigen Wassers, klar wie Kristall, der ausgeht von dem Thron Gottes und des Lammes; mitten auf dem Platz und auf beiden Seiten des Stromes Bäume des Lebens, die tragen zwölfmal Früchte, jeden Monat bringen sie ihre Frucht, und die Blätter der Bäume dienen zur Heilung der Völker.
(Offenbarung 22,1.2)

Im Baum erkennen sich Menschen wieder, irgendwie sind wir verwandt, schlagen Wurzeln, treiben Äste, tragen Früchte und sind in den dunklen Zeiten wie Herbstlaub im Wind.

Bäume stehen aufrecht wie Menschen, und wenn sie fallen, erinnert das unwillkürlich an unser menschliches Ende. Aber es ist mehr als dies. Der Baum ist Symbol des Lebens in allen Religionen. Symbol auch des Sieges des Lebens über den Tod, treibt ein Baum doch nach langem Winter und todesähnlichem Schlaf wieder neu.

Es kommt ein Drittes hinzu, das bei uns Christen dann seine ausgeprägteste Entfaltung erfährt.

Der Baum, weil er so aufrecht steht, Erde mit Himmel, Himmel mit Erde verbindet, ist heiliger Ort. Im Alten Testament lesen wir, dass unter Bäumen geopfert, Altäre errichtet und Gott gesucht wurde. Die Legende erzählt, dass der Lebensbaum des Paradieses, der Paradiesbaum, nicht allein der Schicksalsbaum der Menschen gewesen sei, an dem sie scheiterten.

Die Legende erzählt auch, dass dieser Baum des Lebens der Baum sei, aus dem später das Kreuz Christi geschlagen wurde. Christliche Legenden aus Jerusalem bezeichnen Golgatha als die Mitte der Erde, dort habe der Paradiesbaum gestanden, dort sei Christus für uns gestorben, damit wir leben können.

Wie gesagt: Legenden. Und doch sind sie Träger von Wahrheit: Am Ort meiner Sünde, meiner Entfremdung steht Gott, steht Jesus Christus für mich ein. Jesus Christus sagt: Ich lebe, du sollst auch leben.

Gute, tröstliche Nachricht in schwieriger Zeit. Grund, Gott zu danken für das entscheidend Gute, das er uns tut. Grund auch, zu teilen, denn das Entscheidende kann uns keiner nehmen. Grund, uns zu bewegen, denn Gott bleibt.

Jeder auf seine Weise: Wir haben alle Grund, Gottes Barmherzigkeit zu preisen. Für die Ernte, für unser Leben, für alles Gute und für die Möglichkeit zu danken.

Erntedank – Wasser ist Leben

(I)
Wasser ist Leben! Das soll uns heute Morgen bewusst werden. Nichts von dem, was hier auf dem Erntealtar liegt, gar nichts wäre gewachsen ohne Wasser.

Ihr wisst es vom Fernsehen und habt es vielleicht selber schon im Urlaub erlebt: In den Ländern, in denen es nicht regnet, haben es die Menschen viel schwerer, für ihre Nahrung zu sorgen. Oft brechen sogar schlimme Hungersnöte aus.

Wir haben einen Riesen-Vorteil. Bei uns regnet es häufig und viel, in einem Jahr ca. 80 cm pro Quadratmeter *(zeigen!)*; in der Wüste ist ein Zentimeter *(zeigen mit Daumen und Zeigefinger)* Niederschlag schon viel.

Aus diesem Grund wachsen bei uns die Pflanzen, die wir zum Essen brauchen, und natürlich auch alle anderen bis hin zu den größten Bäumen sehr gut, und das ist gut für uns.

Da ist doch klar, dass man eigentlich nicht von schlechtem Wetter reden kann, wenn Regen zu erwarten ist. Die Leute, die den Wetterbericht machen, haben sich das leider so angewöhnt.

Doch: Ohne Regen hätten wir es ganz schwer. Das Leben wäre viel mühsamer, und unser Wohlstand könnte nicht so hoch sein, wie er jetzt ist. Deshalb reden in Israel die Leute, wenn die Sonne scheint, von schönem Wetter, und wenn es regnet, von gutem Wetter.

Heute machen wir uns das bewusst und danken Gott an diesem Erntedankfest speziell für das Wasser, von dem wir leben.

Wir danken Gott für alles, was uns das Leben erst möglich macht. Dazu gehört das Wasser ganz bestimmt als etwas ganz besonders Wichtiges.

(II)
Noch etwas möchte ich ansprechen, wenn wir über Wasser nachdenken. Ich meine den Durst.

Der Mund ist total ausgetrocknet, die Kehle brennt und lechzt nach einem Tropfen Flüssigkeit. Wie gut das tat, als das Brennen mit frischem kühlem Wasser oder Apfelsaft gestillt wurde ...

Darüber denken wir noch ein wenig nach: Es gibt ja nicht nur den körperlichen Durst. Auch unsere Seele hat Durst. Auch sie braucht etwas, um ihren Durst zu stillen, sonst wird sie ganz matt und geht zugrunde. Wir sagen Lebensdurst dazu, Durst nach Anerkennung, nach Geborgenheit und Wertvoll-Sein, ohne alles verdienen und nachweisen zu müssen, unsere Sehnsucht nach Liebe. Dass wir die Seele nicht vergessen und für sie sorgen!

»Wer von diesem Wasser trinkt«, sagt Jesus zu einer Frau, die ihm in der Mittagshitze aus einem Brunnen frisches Wasser schöpft, »wer von diesem Wasser trinkt, wird wieder Durst bekommen. Wer aber von dem Wasser trinkt, das ich ihm geben werde, wird in Ewigkeit nicht verdursten.«

Jesus weiß, was durstig sein bedeutet. Das Evangelium macht uns Hoffnung: Er kann den Durst nach Leben stillen, uns satt machen mit dem Wasser des Lebens, damit wir Frieden finden für unsere Seele.

So wird uns das Alltäglichste heute zum Gleichnis, zum Hinweis auf das kostbare Geschenk Wasser, das uns Leben ermöglicht. Indem wir uns dessen bewusst werden, werden wir dankbar, und es kommt dann von ganz alleine von innen heraus: »Alle gute Gabe kommt her von Gott, dem Herrn, drum dankt ihm, dankt, drum dankt ihm, dankt und hofft auf ihn.«

Wenn wir Kinder – wie jetzt – mit Wasser taufen, dann sagen wir damit: Gott hat diese Kinder ins Leben gerufen. Es soll ein Leben sein, dem alle Grundlagen geschenkt sind, damit sich die Kinder entfalten können.

Wachsen wie die wunderschönen Früchte und Pflanzen hier vorne. Wachsen kreuz und quer, jedes ein Original wie die Taufkerzen.

Jedes Kind einmalig, etwas Wunderbares für die Eltern und ein Segen für die Welt.

So wie alles Leben Wasser braucht, braucht auch alles Leben den Atem.

Die Pflanzen atmen auf ihre Weise, die Fische anders als die Säugetiere, die Menschen anders als ein Baum. Aber alles lebt auch vom Atem, von der Luft.

Ein Bild für den Heiligen Geist.

Lebenswasser, Lebensgeist.

Dass unsere Kinder wachsen können in einer Welt des Friedens, in der jedes Kind leben darf inmitten von Leben, das auch leben darf.

Tiefsinniges und Alltägliches – Sinngeschichten durch das Kirchenjahr

Gerhard Engelsberger legt hier eine stimmige Textsammlung vor mit Geschichten und Gedichten, in denen Alltägliches seinen ganz eigenen Hintersinn offenbart. Thematisch orientiert er sich dabei an den Wochensprüchen, sieht die Texte als Einstieg für eine Predigt, Andacht oder Ansprache, wo sie das jeweilige Sonntagsthema ergänzen, vertiefen oder auch mal einen Kontrapunkt setzen.

Gerhard Engelsberger
DES HUTMACHERS TRAUM
Sinngeschichten durch das Kirchenjahr
192 Seiten / gebunden
ISBN 978-3-579-05867-2

GÜTERSLOHER VERLAGSHAUS

www.gtvh.de